Ubuntu 16.04
Praxiswissen für Einsteiger

Christoph Troche

Ubuntu 16.04
Praxiswissen für Einsteiger

mitp

Bibliografische Information der Deutschen Nationalbibliothek
Die Deutsche Nationalbibliothek verzeichnet diese Publikation in der Deutschen Nationalbibliografie; detaillierte bibliografische Daten sind im Internet über <http://dnb.d-nb.de> abrufbar.

Bei der Herstellung des Werkes haben wir uns zukunftsbewusst für umweltverträgliche und wiederverwertbare Materialien entschieden.
Der Inhalt ist auf elementar chlorfreiem Papier gedruckt.

ISBN 978-3-95845-471-2
1. Auflage 2016

http://www.mitp.de
E-Mail: mitp-verlag@sigloch.de
Telefon: +49 7953 / 7189 - 079
Telefax: +49 7953 / 7189 - 082

Lektorat: Sabine Janatschek
Sprachkorrektorat: Petra Kleinwegen
Covergestaltung: Christian Kalkert, www.kalkert.de
Satz: Petra Kleinwegen
Druck: Medienhaus Plump, Rheinbreitbach
Bildnachweis: @ julien tromeur / fotolia.com

Inhalt

Linux? Ubuntu? ... **13**

Keine Angst vor Linux ... 13
Was ist Ubuntu und für wen ist es geeignet? ... 14
Die Ubuntu-Versionen ... 16
Die Konzeption dieses Buches ... 16
Der Inhalt der Buch-DVD ... 17

1 Ubuntu – zu den Quellen ... **19**

1.1 Ubuntu im Internet ... 20
1.2 Ubuntu auf einer DVD-ROM ... 22
1.3 Ubuntu auf einem bootfähigen USB-Stick ... 23

2 Ubuntu-Live und vollständige Installation ... **27**

2.1 Live-Version oder Festinstallation, allein oder parallel? ... 28
2.2 Ubuntu per Live-Version ausprobieren ... 28
2.3 Auf eine defekte Windows-Installation zugreifen ... 31
2.4 Ubuntu parallel zu einem anderen Betriebssystem installieren ... 33
Sicherung, das A und O ... 33
2.5 Ubuntu dauerhaft installieren ... 36
Hardware-Voraussetzungen ... 36
2.6 Die Sache mit UEFI ... 42
2.7 Ubuntu 16.04 per Upgrade installieren ... 47

3 Was finde ich wo? Die grafische Oberfläche Unity ... **49**

3.1 Linux und die zugeschweißte Motorhaube ... 50
3.2 Unity, Ihr Arbeitsplatz ... 50
3.3 Der Starter ... 51
3.4 Der Dash-Startbildschirm ... 55
So entfernen Sie die Suche bei Amazon ... 57
Eigene Lenses im Dash installieren ... 57

3.5 Das Panel ... 58
So schalten Sie das globale Menü ab ... 58
3.6 Die Benutzermenüs ... 59
3.7 Die Arbeitsfläche ... 60
3.8 Zwei Programme parallel auf einer Arbeitsfläche ... 61
3.9 Der persönliche Ordner ... 62

4 Finetuning – Ubuntu wird eingerichtet ... 65

4.1 Ubuntu nach den eigenen Bedürfnissen einrichten ... 66
4.2 Die Netzwerkverbindungen einrichten ... 67
Per LAN-Kabel ... 67
Per WLAN ... 68
Per Smartphone ... 72
Per UMTS-Stick ... 74
Mit Ihrem WLAN im Netzwerk anmelden ... 76
4.3 System aktualisieren ... 78
4.4 Sprachpakete komplettieren ... 81
4.5 Die Grafikkarte einrichten ... 81
4.6 Drucker einrichten ... 84
4.7 Einen Scanner einrichten ... 85
4.8 Anwendungen nachinstallieren ... 85
Troubleshooting ... 89
4.9 Programme aus einer anderen Quelle installieren ... 89
Programme mit Hilfe des Terminals installieren ... 91
4.10 Weitere Quellen in Ubuntu-Software einbinden ... 92
PPA einbinden ... 92
Zu Guter Letzt: Aufräumen ... 94

5 Nicht nur Thunderbird und Firefox: Kommunikation mit Ubuntu ... 95

5.1 Das bisher vorhandene E-Mail-Konto nutzen ... 96
POP3-Konto ... 98
IMAP-Konto ... 98
5.2 Von Outlook & Co. zu Thunderbird ... 100
5.3 Lightning, ein Terminkalender in Thunderbird ... 102
5.4 Der online gespeicherte Kalender ... 105
5.5 Mit Thunderbird arbeiten ... 112
5.6 Firefox, der Internetbrowser ... 115

5.7 Mit Firefox umziehen 116
5.8 Mit dem Internet Explorer zu Ubuntu umziehen 117
Einige empfehlenswerte Add-ons 122
5.9 Skypen mit Ubuntu 122

6 Windows-Programme mit Ubuntu nutzen 125

6.1 Windows und Linux – schließt sich das nicht aus? 126
6.2 Wine (Wine is not an Emulator) 126
6.3 Windows-Programme mit PlayOnLinux installieren 131
6.4 Die Königsdisziplin: die virtuelle Maschine 133
VirtualBox installieren 135
Extension-Packs installieren 135
Gasterweiterungs-CD erstellen 135
DKMS installieren 136
Gasterweiterungen installieren 140
6.5 Die Windows-Partition von der Festplatte entfernen 142

7 Ubuntu in der Gruppe 147

7.1 Warum ein Mehrbenutzersystem? 148
7.2 Benutzer und Benutzergruppen 148
7.3 Der Systemverwalter 149
7.4 Die Benutzerverwaltung 149
7.5 Der Besitzer 151

8 LibreOffice – das Heimbüro 157

8.1 LibreOffice, die Microsoft-Office-Alternative? 158
8.2 LibreOffice starten 159
8.3 LibreOffice anpassen 160
8.4 Textverarbeitung LibreOffice Writer 164
8.5 Menüleiste 164
8.6 Symbolleisten 165
8.7 Statusleiste 166
8.8 Ein neues Dokument erstellen 166
8.9 Ein Dokument öffnen 166
8.10 Rechtschreib- und Grammatikprüfung 167
8.11 Ein Dokument schließen 169
8.12 Ein Dokument als Word-Dokument speichern 170

8.13 Ein Inhaltsverzeichnis erstellen ... 170
8.14 Rechnen mit Calc, der Tabellenkalkulation ... 171
8.15 Eindrucksvolle Präsentationen mit Impress ... 174
8.16 Diagramme erstellen mit Draw ... 178

9 Mit Ubuntu in der Cloud ... 183

9.1 Die Cloud: Daten online speichern und aktualisieren ... 184
9.2 Server und Client ... 185
9.3 Sicherheit ... 187
9.4 Der Klassiker: Dropbox ... 187
Dateien zum Download freigeben ... 189
9.5 Speicherriese: Magentacloud ... 190
9.6 Microsoft OneDrive ... 192
9.7 Verschlüsselt: TeamDrive ... 193
9.8 Sicher: Seafile ... 193
9.9 Eine Alternative: Spideroak ... 194

10 Safety first – Sicherheit im System ... 195

10.1 Ist Linux sicher? ... 196
10.2 Die Privilegien bei Linux ... 196
10.3 Sichere Passwörter erstellen ... 198
Oberste Regeln ... 198
Buchstaben-durch-Zahlen-ersetzen-Methode ... 199
Die Anfangsbuchstabenmethode ... 199
10.4 Verriegelt und verschlossen – Verschlüsselung sensibler Daten ... 202
10.5 Sicherheit und Datenschutz im Internet ... 202
10.6 Firefox absichern ... 203
10.7 Social Engineering – Phishing ... 205
10.8 Ihre Dateien sichern ... 207
10.9 Speichern im Cloud-Speicher ... 210
10.10 Nach einem Festplattencrash ... 211

11 Nautilus, Kommandozeile und Verzeichnisbaum ... 213

11.1 Der Linux-Verzeichnisbaum: eine etwas andere Logik ... 214
11.2 Geräte im Verzeichnisbaum ... 216
11.3 Das Terminal ... 221

11.4 Nautilus 223
Lesezeichen 223
Verborgene Dateien ansehen 223
Nautilus als Systemadministrator nutzen 223
Nautilus mit Scripts erweitern 224

12 Die Programme der Ubuntu-Distribution 227

12.1 Die Software der Ubuntu-Distribution 228
12.2 Systemprogramme 228
Aktualisierungsverwaltung 228
Anwendungen & Aktualisierungen 228
Anzeigegeräte 228
Archivverwaltung 228
Benutzer 228
Bluetooth 229
Information 229
Nautilus 229
Energiestatistiken 229
Baobab 229
Farbe 229
Remmina Bildschirmbetrachter und Freigabe der Arbeitsfläche .. 230
Kalender 230
Leistung 230
Laufwerke 230
Tastatur 230
Maus und Touchpad 230
Netzwerk 230
Online-Konten 231
Seahorse 231
Sicherheit und Datenschutz 231
Déjà Dup 231
Startmedienersteller 231
Startprogramm 231
Checkbox 232
Ubuntu-Software 232
Systemprotokoll 232
Systemüberwachung 232

	Terminal, XTerm, UXTerm	232
	Xdiagnose	232
	Unity	233
12.3	Barrierefrei	233
	Onboard	233
	Zugangshilfen	233
12.4	Multimedia	233
	Cheese Webcam-Automat	233
	ImageMagic	233
	Rhythmbox Musikwiedergabe	233
	Bildbetrachter	234
	Shotwell	234
	Bildschirmfoto	234
	Totem	234
12.5	Office-Programme	235
	Textbearbeitung	235
	LibreOffice	235
	Evince-Dokumentenbetrachter	235
	Simple-Scan	235
12.6	Kommunikation und Internet	235
	Browser	235
	Firefox	236
	Thunderbird	236
	Online-Konten	236
	Transmission	236
12.7	Sinnvolle Zusatzprogramme	236
	GIMP	236
	Wine (Wine Is Not an Emulator)	237
	VirtualBox	237
	Skype	237
13	**Virtuelles Persönliches Netzwerk (VPN) einrichten**	**239**
13.1	Eine sichere Sache	240
13.2	Die Einrichtung eines DynDNS-Servers	242
	Die dynamische IP-Adresse	242
	DynDNS-Server	242
13.3	Den Router einrichten	245
	Mit einer Firmware-Version ab 6.0	245
13.4	Die Einrichtung des VPN-Clients im Ubuntu-PC	247

14 Ubuntu einmal anders **251**

14.1 »Derivate« – was ist das 252
14.2 Ubuntu Gnome 253
Mindestvoraussetzungen 253
14.3 Kubuntu 255
Mindestvoraussetzungen 255
14.4 Lubuntu 258
14.5 Xubuntu 261
14.6 Spezialisierte Varianten 262
Ubuntu-Studio 262
Mythbuntu 262
Edubuntu 263

Index **265**

Linux? Ubuntu?

Keine Angst vor Linux

Wie fast alle PC-Benutzer kennen und nutzen Sie sicher Microsoft Windows, erreicht dieses Betriebssystem doch einen weltweiten Marktanteil von über 90% auf Desktop-PCs und Notebooks. Und wie alle anderen Nutzer auch sind Sie schon mit den Mängeln und Fehlern dieses Systems konfrontiert worden. Viren und andere Schadsoftware bedrohen Ihre Daten, das System wird im Laufe der Zeit immer langsamer und regelmäßig treten Sicherheitslücken auf, die geflickt werden müssen.

Sie können dem sicher begegnen, das nötige Kleingeld vorausgesetzt, indem Sie auf Apple-Produkte ausweichen. Aber vielleicht haben Sie schon einmal von der Alternative *Linux* gehört. Linux ist ein Betriebssystem, das Anfang der 90er Jahre vom finnischen Informatikstudenten Linus Torvalds entwickelt wurde. Der Legende nach wollte er im Winter einfach nicht die Wohnung verlassen und begann eine Möglichkeit zu entwickeln, sich mit seinem 386-PC auf den Universitätscomputer einzuloggen. Irgendwann erkannte er dann wohl, dass er gerade im Begriff war, ein neues Betriebssystem zu entwickeln. So postete er seine Entwicklung im gerade entstehenden Internet und forderte andere Interessierte auf, am System mitzuarbeiten und Verbesserungsvorschläge zu machen (»Nur so als Hobby, es wird nicht groß und professionell ...«).

Eine Reihe von Programmierern stürzte sich auf das neue Betriebssystem, schickte Torvalds ihre Wünsche, bastelte an Treibern und portierte erste Programme. Den Grundstock dazu lieferte das 1984 von Richard Stallman gegründete GNU-Projekt, das eine Vielzahl klassischer Unix-Tools so programmiert hatte, dass sie sich auf unterschiedlichen Unix-Systemen einsetzen ließen. Zu einem kompletten Betriebssystem fehlte lediglich der Kernel, und den lieferte nun Linus Torvalds: GNU/Linux war geboren – in einer Form, in der es sich (auf der Kommandozeile) bis heute gehalten hat. Seither ist das Betriebssystem quelloffen und frei, was bedeutet, dass jeder, der sich hierzu in der Lage fühlt, darf die Software nutzen, studieren, verändern, solange das Ergebnis ebenfalls frei bleibt.

Linux hatte lange Zeit den Ruf des Elitären: ein hoch funktionelles System, aber nur von weltfremden Computerfreaks, die kryptische Befehle in Terminals tippen, zu bedienen. Doch diese Zeiten sind längst vorbei. Softwarezusammenstellungen wie Ubuntu, RedHat und Mint haben Linux längst aus dieser Nische befreit und zu einem benutzerfreundlichen Betriebssystem mit hochwertigem Office-Programm, Internetanbindung und einer Vielzahl von Programmen für den täglichen Gebrauch gemacht. Dabei ist von Vorteil, dass Linux ein überaus sicheres und stabiles System ist. Die Architektur des Systems macht es sehr schwer angreifbar, weswegen es so gut wie keine Schadsoftware gibt, die mit Linux funktionieren würde, das System sorgt selbst für seine Aktualisierungen und es behält seine Geschwindigkeit auch nach Monaten und Jahren des Gebrauchs.

Inzwischen sind unter anderem die französische Polizei und die Stadtverwaltung der Stadt München auf Ubuntu umgestiegen und sparen so Millionen Euro an Lizenzgebühren. Neben der hohen Funktionalität ist Ubuntu vor allem eines: eine für Einsteiger hervorragend geeignete Distribution.

Was ist Ubuntu und für wen ist es geeignet?

Ubuntu ist ein traditionelles afrikanisches Konzept und beschreibt das soziale Miteinander in der Gemeinschaft, in der das Verhalten des Einzelnen alle Mitmenschen beeinflusst. Die Initiatoren von Ubuntu haben sich diesem Konzept verschrieben: Es ist der Zusammenschluss von Menschen, die auf unternehmerischer und freiwilliger Basis ein Softwareprojekt vorantreiben, das den größtmöglichen Nutzen für den Anwender bringen soll. Es soll zweckmäßig sein und den Anwender unterstützen und ihn nicht mit zusätzlichen Problemen belasten. Und es soll darüber hinaus kostenlos bleiben. Dies wird durch Unternehmen, Freiwillige und die besten Programmierer, nämlich die weltweite Community, ermöglicht. Nicht zuletzt deswegen hat sich Ubuntu zu einem der meistgenutzten Software-Bundles in der Linux-Welt entwickelt.

Hinter dem Projekt steht die Firma Canonical des südafrikanischen Unternehmers Mark Shuttleworth. Sein Ziel war es die Schwächen von Linux anzugehen und ein wettbewerbsfähiges, einfaches und freies System zu erstellen und zu verbreiten. Dazu wurde das sogenannte Ubuntu-Versprechen als Leitbild formuliert:

Dementsprechend wird Ubuntu immer kostenfrei sein, bedient sich der besten Funktionen zur Barrierefreiheit und zu Übersetzungen, die die Internetgemeinde zu bieten hat, und bekennt sich zu freier und Open-Source-Software

Unter Ubuntu arbeiten Sie, wie Sie es gewohnt sind, unter einer grafischen Oberfläche (*GUI* = ***G****rafical* ***U****ser* ***I****nterface*). Seien Sie allerdings darauf vorbereitet, dass einige Funktionen anders sind, als Sie gewohnt sind.

Sinnvoll wird der Umstieg für Sie dann, wenn Sie wie die meisten Menschen den Rechner für Textverarbeitung, das Surfen im Internet, E-Mail und die übrigen gängigen Tätigkeiten eines z. B. Computernutzers, wie z. B. Bildbearbeitung, benutzen.

- Für den Windows-Umsteiger: Der Erwerb einer Windows-Lizenz kostet einige hundert Euro, bei dem Kauf eines Microsoft-Office-Pakets werden Sie gleich noch einmal so viel los. Bei Ubuntu hingegen brauchen Sie weder für das Betriebssystem noch für notwendige Software zu bezahlen. Sie können die umständlichen Software- und Betriebssystem-Updates von nun an vergessen und sich an einem System erfreuen, das frei ist von Viren, Würmern und anderer Schadsoftware. Das System ist mindestens ebenso leicht nutzbar wie Windows-Systeme allerdings ist es stabiler und benötigt sehr viel weniger Computerressourcen.
- Sie haben einen älteren PC, den Sie Ihren Kindern für die Hausaufgaben und die Recherche im Internet einrichten wollen? Ubuntu benötigt keine modernste Hardware, selbst dieses Buch wird auf einem Uralt-Rechner verfasst. Es kostet nichts und alle notwendige Software ist an Bord.

Bitte beachten Sie allerdings Folgendes:

- Ubuntu ist gemeinschaftsbasiert. Das bedeutet, dass es keine Betreuung durch ein Computergeschäft oder eine Telefonhotline geben wird. Allerdings ist die Gemeinschaft auch da, um zu helfen. In den Internetforen werden Sie meist auf geduldige und kompetente Hilfe stoßen. Selbsternannte Koryphäen, die zuerst auf Google und auf das Handbuch verweisen, sind hier seltener zu finden.
- Viele für Microsoft Windows oder Mac OS X programmierte Anwendungen laufen nicht unter Linux. Für die allermeisten Aufgaben, die man auf dem Rechner erledigen möchte, sind jedoch entsprechende Anwendungen verfügbar. Mittlerweile werden sogar einige Anwendungen, die ursprünglich nur unter Linux benutzt wurden, zu Hits unter anderen Betriebssystemen. Viele professionelle Anwendungen allerdings, wie z. B. Abrechnungssoftware für Firmen werden nicht für Ubuntu entwickelt. Möglichkeiten, auch Programme anderer Betriebssysteme unter Linux zum Laufen zu bringen, werden in diesem Buch erläutert.
- Wenn Sie viele, vor allem neue rechenintensive Spiele nutzen, werden Sie mit Ubuntu nicht glücklich, da die Hersteller die Spiele nur für Windows und Mac OS X kompatibel entwerfen.
- Sie könnten Probleme mit sehr spezieller Hardware bekommen. Zwar hat sich die Hardwareerkennung in den letzten Jahren gewaltig verbessert, allerdings gibt es wohl einige Grafikkarten und Scanner, die nicht gleich unter Linux und Ubuntu laufen.

Die Ubuntu-Versionen

Ubuntu existiert in einer ganzen Reihe verschiedener Varianten:

- Ubuntu: Die offizielle Version mit der Unity-Arbeitsoberfläche. Diese wird in diesem Buch vorgestellt.
- Ubuntu GNOME: Diese Version entstand aus der Abneigung einer Vielzahl von Nutzern gegen die Unity-Oberfläche. Hier wird GNOME als Desktop-Umgebung genutzt.
- Kubuntu: Hier kommt KDE als Desktop zum Einsatz. Dieser ist umfangreicher konfigurierbar, benötigt aber auch die meisten Ressourcen und wird gerne als »Klickibunti« verschrien.
- Xubuntu und Lubuntu: Sind für den Einsatz auf leistungsschwacher Hardware konzipiert.
- Ubuntu Studio: Ist für die Anforderungen der Multimediabearbeitung optimiert.

Ich werde in *Kapitel 14* diese verschiedenen Versionen, *Derivate* genannt, etwas genauer vorstellen, konzentriere mich allerdings auf die Standardversion. So können Sie leichter entscheiden, welche Version für Sie und Ihre Ansprüche am besten geeignet ist.

Alle zwei Jahre erscheint dabei eine Ubuntu-Version, die Langzeit-Unterstützung genießt, die so genannten LTS-(Long-Term-Support)Version. Diese wird für fünf Jahre von Ubuntu unterstützt. Im Unterschied dazu erscheint jedes halbe Jahr eine weitere, eine STS-(Short-Term-Support)Version. Hier ist eine Unterstützung von neun Monaten garantiert.

Bei der hier vorgestellten Version handelt es sich um eine langzeitunterstützte, die bis April 2021 aktuell sein wird.

Die Konzeption dieses Buches

Dieses Buch ist ein Praxisbuch. Das bedeutet, dass ich darauf verzichten werde, Sie mit den Grundlagen von Linux zu langweilen. Stattdessen zeige ich Ihnen, wie Sie Ubuntu bekommen können, wenn die beiliegende DVD einmal nicht mehr aktuell sein wird. Ich werde Sie durch den Installationsvorgang führen, und Ihnen bei der Sicherung und Migration Ihrer persönlichen Daten aus dem Internetbrowser und Ihrem E-Mail-Programm sowie bei der nachträglichen Installation von weiteren Programmen helfen. Sollten dies Ihre ersten Erfahrungen mit Ubuntu sein, empfehle ich Ihnen, das Buch von Anfang an durchzuarbeiten, weil ich mich bemüht habe, den Ein- oder Umstieg in einer chronologisch sinnvollen Weise zu gestalten.

Damit Sie sofort starten können, werde ich Sie mit *Unity*, der Arbeitsoberfläche von Ubuntu vertraut machen.

In jeweils einem weiteren Kapitel erläutere ich Ihnen die Möglichkeiten, wie Sie mehrere Benutzer einrichten, und stelle Ihnen LibreOffice, ein mächtiges Office-Paket, sowie die Möglichkeiten, Ubuntu multimedial zu nutzen, vor. Natürlich werden auch Sicherheitsaspekte nicht zu kurz kommen. Im letzten Kapitel dieses Buches stelle ich Ihnen die Einrichtung eines VPN, eines virtuellen persönlichen Netzwerks, vor. Dieses ermöglicht Ihnen, von jedem Hotspot aus eine sichere, verschlüsselte Verbindung zu Ihrem heimischen Router herzustellen. Dieses Kapitel stelle ich bewusst ans Ende, denn es bedarf zu seiner Umsetzung einiger Kenntnisse, die Sie in den vorausgehenden Kapiteln erwerben.

Der Umfang dieses Buches, bringt es mit sich, dass ich Ihnen nur einen Einstieg ermöglichen kann. Allerdings bin ich zuversichtlich, dass Sie, nachdem Sie einmal Linux-Luft geschnuppert haben, andere Betriebssysteme nicht mehr vermissen werden.

Der Inhalt der Buch-DVD

Damit Sie mit Ubuntu sofort starten können, haben wir die vollständige Distribution 16.04, auch *Xenial Xerus* genannt, beigelegt. Dies ist die aktuelle, im April 2016 veröffentlichte Version, die bis zum April 2021 unterstützt wird.

Wenn Sie diese DVD in Ihren Rechner einlegen, bieten sich Ihnen zwei Möglichkeiten:

- Sie können Ubuntu als eine sogenannte *Live-Version* starten: So können Sie Ubuntu testen, ohne dass Sie an Ihrem Computer irgendetwas verändern. Sie können für sich ausprobieren, ob Ihre Hardware funktionieren wird und ob Ihnen das Handling gefällt. Allerdings ist Ubuntu in dieser Form sehr langsam und mit weniger Speicherplatz ausgestattet als in der installierten Form.
- Sollten Sie sich entschließen Ubuntu zu installieren, können Sie das ebenfalls von der DVD aus tun. Sie haben die Möglichkeit, Ubuntu als alleiniges Betriebssystem oder in Kombination mit einem anderen zu nutzen, ganz wie Sie wollen. Jetzt können Sie schalten und walten, wie Sie wollen.

Ich wünsche Ihnen viel Spaß und viel Erfolg mit Ihrem neuen Ubuntu-Betriebssystem.

Köln, im Juli 2016

Christoph Troche

Kapitel 1

Ubuntu – zu den Quellen

Ziel des Kapitels

- Hier erfahren Sie, wie Sie die aktuelle Version von Ubuntu aus dem Internet laden und wie Sie sich selbst eine Ubuntu-DVD oder einen bootfähigen USB-Stick erstellen.

Schritte zum Erfolg

- Ubuntu im Internet finden
- Das DVD-Image mit BitTorrent laden
- Die eigene Ubuntu-DVD brennen
- Einen bootfähigen USB-Stick erstellen

1.1 Ubuntu im Internet 20

1.2 Ubuntu auf einer DVD-ROM 22

1.3 Ubuntu auf einem bootfähigen USB-Stick 23

1.1 Ubuntu im Internet

Wenn Sie sich dieses Buch gekauft haben, ist es naheliegend, die beiliegende DVD zur Installation zu nutzen. Diese DVD enthält die 64-Bit-Version als bootfähige Variante. Falls die DVD jedoch fehlerhaft ist, Ihr System nur eine 32-Bit-Architektur unterstützt oder Sie die aktuellste Version haben möchten, finden Sie ein installationsfähiges Abbild dieser DVD im Internet. Diese dürfen Sie sich kostenlos herunterladen und verwenden. Sie sollten jedoch über einen schnellen Internetanschluss und eine Datenflatrate verfügen, immerhin beträgt die Datenmenge ca. 1,5 GB.

WEB

Die wichtigste Quelle im Internet für Ubuntu ist die offizielle Webseite des Projekts *http://www.unbuntu.com* und das deutschsprachige *http://www.ubuntuusers.de*. Auf diesen Seiten finden Sie nicht nur die Download-Quellen, sondern auch Hilfe zu fast allen denkbaren Fragestellungen rund um Ubuntu.

	Desktop-DVD						Desktop-CD
	Ubuntu	Ubuntu GNOME	Ubuntu MATE	Kubuntu	Lubuntu	Xubuntu	Server Edition
	Direktlink	Direktlink	Direktlink	Direktlink	Direktlink	Direktlink	Direktlink
64-Bit	Torrent	Torrent	Torrent	Torrent	Torrent	Torrent	Torrent
	Prüfsumme	Prüfsumme	Prüfsumme	Prüfsumme	Prüfsumme	Prüfsumme	Prüfsumme
	Direktlink	Direktlink	Direktlink	Direktlink	Direktlink	Direktlink	Direktlink
32-Bit	Torrent	Torrent	Torrent	Torrent	Torrent	Torrent	Torrent
	Prüfsumme	Prüfsumme	Prüfsumme	Prüfsumme	Prüfsumme	Prüfsumme	Prüfsumme

Abb. 1.1: Download-Links auf der deutschsprachigen Webseite des Ubuntu-Projekts

Wie Sie sehen, stehen Ihnen auf der Download-Seite mehrere Images – das sind 1:1-Abbilder der beiliegenden DVD – zur Verfügung. Aber welches Image ist das Richtige? Wenn Sie nicht wissen, ob Ihr PC die 64-Bit-Version unterstützt, können Sie dies leicht mit dem kostenlosen Tool CPU-Z herausfinden. Dieses Programm können Sie im Internet von der Webseite *http://www.cpuid.com* beziehen. Nachdem Sie das Programm installiert und gestartet haben, können Sie im ersten Reiter CPU die entscheidenden Daten ersehen.

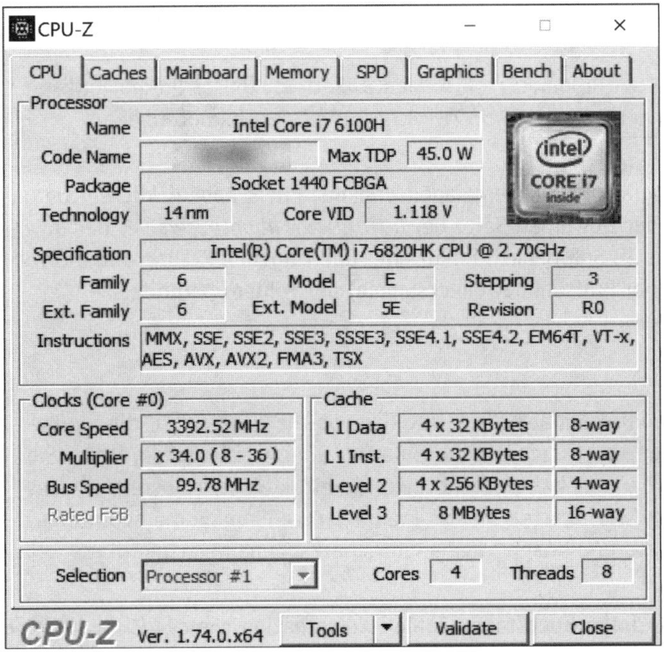

Abb. 1.2: Beim Eintrag EM64T oder AMD64 können Sie die 64-Bit-Version verwenden.

Wenn die Zeile *Instructions* einen Eintrag wie *EM64T* enthält, ist Ihr PC auf ein 64-Bit-Betriebssystem eingestellt. Sollten Sie sich allerdings nicht sicher sein, laden Sie bitte die 32-Bit-Version.

Die Direktlinks der Ubuntu-Website ermöglichen Ihnen, das Image als eine sogenannte `.iso`-Datei direkt auf Ihrem Rechner zu speichern. Allerdings ist das http-Protokoll nicht unbedingt auf die Übertragung großer Datenmengen, sondern auf die Übertragung von Internetseiten ausgelegt. Fehlerhafte Übertragungen und Abbrüche des Downloads kommen hier häufiger vor. Ärgerlich wird es vor allem dann, wenn die hergestellte Installations-DVD nicht wie vorgesehen fehlerfrei funktioniert. Vor allem in den Tagen nach einer Neuveröffentlichung kann zudem die Bandbreite sehr knapp werden und dann passiert es auch, dass fehlerhaft übertragene Teile nicht als solche erkannt werden. Ich möchte Ihnen, auch um die Server von Ubuntu zu entlasten, das *BitTorrent*-Protokoll nahelegen. Hier wird eine kleine, nur wenige KB große Datei vom Ubuntu-Server heruntergeladen, die dafür sorgt, dass jeder, der bereits Teile der `.iso`-Datei auf seinem Rechner hat, diese zum Download an andere zur Verfügung stellt. Dies entspricht dem Ubuntu-Prinzip vom Geben und Nehmen unter allen Teilnehmern.

WEB

Dazu benötigen Sie ein Programm mit Namen BitTorrent. Dieses Programm kann man kostenlos von der Website *http://www.bittorrent.com* herunterladen.

Nachdem Sie das Programm heruntergeladen und installiert haben, klicken Sie auf den *torrent*-Link auf der Download-Seite bei *http://www.ubuntuusers.de*. Der Download startet automatisch. Sofort nach Erhalt aller übertragenen Pakete wird die vollständige Datei mit einer Prüfsumme (Checksumme) auf Fehler überprüft.

TIPP

Mit Hilfe der Prüfsumme können Sie feststellen, ob die `.iso`-Datei, die Sie heruntergeladen haben, auch tatsächlich fehlerfrei übermittelt wurde. Wenn Sie einen Windows-PC benutzt haben, benötigen Sie ein kleines, selbsterklärendes Tool namens *HashMyFiles*. Starten Sie das Programm, wählen Sie die heruntergeladene `.iso`-Datei aus und lassen Sie die md5-Checksumme berechnen.

Sie erhalten eine kryptische Buchstaben-Zahlen-Kombination wie *c94d54942a2954c f852884d656224186*.

Vergleichen Sie dann diese Checksumme mit der von ubuntuusers errechneten Zeichenfolge. Ist die Buchstaben-Zahlen-Kombination nicht identisch, ist bei der Übertragung ein Fehler aufgetreten.

1.2 Ubuntu auf einer DVD-ROM

Aus dieser `.iso`-Datei können Sie nun ganz einfach eine DVD-ROM erstellen, die es Ihnen ermöglicht, Ubuntu auf Ihrem Rechner zu installieren. Das können Sie sehr einfach mit Bordmitteln Ihres Betriebssystems, wohl in aller Regel Windows, bewerkstelligen.

Starten Sie dazu den Explorer, klicken Sie mit der rechten Maustaste auf die `.iso`-Datei und wählen Sie den Menüpunkt DATENTRÄGERABBILD BRENNEN. Nun legen Sie eine DVD ein und starten den Brennvorgang.

TIPP

Sie dürfen diese DVD jederzeit erneut kopieren und an Ihre Freunde und Bekannten weitergeben. Mit welchem anderen Betriebssystem können Sie das auch?

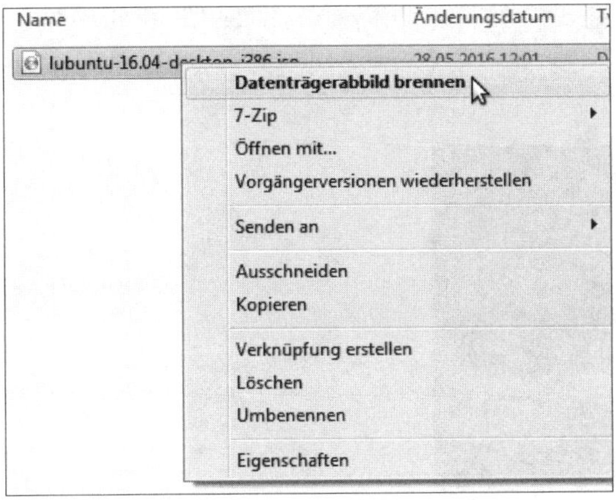

Abb. 1.3: So wird eine bootfähige DVD erstellt.

1.3 Ubuntu auf einem bootfähigen USB-Stick

Möglicherweise hat der Rechner, auf dem Sie Ubuntu benutzen möchten, kein DVD-Laufwerk oder Sie haben gerade keine beschreibbare DVD-ROM zu Hand. Dann bietet sich die Installation über den USB-Zugang an. Diese Möglichkeit ist eleganter und aufgrund der höheren Lesegeschwindigkeit eines USB-Sticks im Vergleich zu einer DVD auch komfortabler. Allerdings sollte das Starten von einem USB-Stick nicht als Dauerlösung benutzt werden, da USB-Sticks nur eine beschränkte Anzahl von Lese- und Schreibzyklen haben und mit der Zeit immer unzuverlässiger werden. Aber um eine Installation vorzunehmen, reichen die Möglichkeiten allemal.

Der Vorteil gegenüber einer Live-Installation über eine Live-DVD ist jedoch, dass Sie die Anpassungen an Ubuntu auch auf dem Stick speichern und beim nächsten Start wieder verwenden können, ohne allerdings auf dem Computer irgendeine Veränderung zu hinterlassen.

Nachdem Sie die `.iso`-Datei gespeichert haben, brauchen Sie noch ein weiteres Programm, um den USB-Stick zu präparieren.

WEB

Ein sehr gutes, kostenloses und nahezu selbsterklärendes Programm, den *Linux Live USB Creator*, finden Sie auf der Website *http://www.linuxliveusb.com/en/download*.

Abb. 1.4: Der *Linux Live USB Creator* funktioniert trotz seines Namens unter Windows.

Laden Sie dieses Programm herunter und installieren Sie es, indem Sie doppelt auf das Dateisymbol klicken. Ein Installationsmanager führt Sie durch die unkomplizierte Installation. Sie benötigen einen USB-Stick mit einer Mindestkapazität von 4GB, den

Sie nun am Rechner anschließen. Starten Sie dann den *Linux Live USB Creator*. Sie sehen, dass der Vorgang in insgesamt fünf Schritten abläuft.

- Im ersten Schritt wählen Sie im Dropdown-Menü den vorgesehenen USB-Stick aus. Wenn Sie nicht wissen, welchen Laufwerksbuchstaben der Stick hat, starten Sie den Windows Explorer und entfernen den Stick. Wenn Sie ihn erneut anschließen, können Sie sehen, welchen Laufwerksbuchstaben Windows ihm zugewiesen hat.
- Im zweiten Schritt klicken Sie auf den Schalter ISO/IMG/ZIP und wählen das heruntergeladene `.iso`-Abbild von Ubuntu aus. Das Programm überprüft dann das Abbild.

Abb. 1.5: Das `.iso`-Abbild von Ubuntu wird überprüft.

- Im dritten Schritt geben Sie auf dem USB-Stick so viel Speicherplatz wie möglich frei. Sinnvollerweise schieben Sie den Schieber ganz nach rechts. Achtung: Alle Daten, die auf dem Stick sind, werden gelöscht!

Abb. 1.6: Hier geben Sie den Speicherplatz für Änderungen und Daten frei. Alle Daten, die sich auf dem Stick befinden, werden gelöscht und sollten jetzt gesichert sein.

- Im vierten Schritt setzen Sie Häkchen bei den ersten beiden Kästchen und entfernen das Häkchen beim letzten Kästchen.

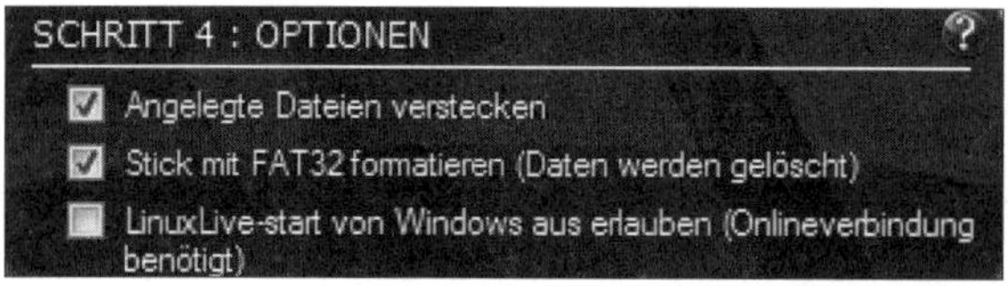

Abb. 1.7: So sollten die Optionen markiert sein.

- Im fünften und letzten Schritt klicken Sie auf das Blitzsymbol.

Abb. 1.8: Durch Anklicken des Blitzes werden die Daten kopiert.

- Die Daten aus dem `.iso`-Abbild werden jetzt auf den Stick übertragen. Wenn Sie über einen größeren Stick, z. B. 4 GB verfügen und Ihr Rechner vielleicht etwas älter ist, können Sie getrost einen Kaffee trinken oder Wäsche aufhängen gehen. Das kann jetzt eine Weile dauern.

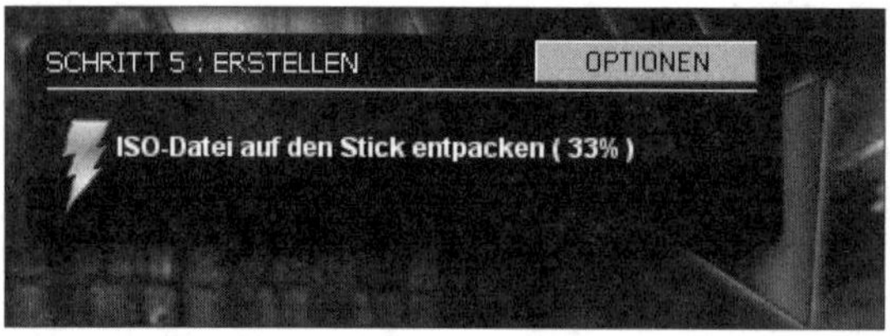

Abb. 1.9: Das kann dauern.

Das war es dann auch schon, Sie haben einen bootfähigen USB-Stick erstellt und können Ubuntu jetzt über Ihren USB-Anschluss auf Ihrem Computer installieren.

Kapitel 2

Ubuntu-Live und vollständige Installation

Ziel des Kapitels

- Installieren Sie Ubuntu auf Ihrem PC.

Schritte zum Erfolg

- Die Hardware mit der Live-Version überprüfen
- Den Rechner für die endgültige Installation vorbereiten
- Ubuntu als alleiniges Betriebssystem oder parallel zu einem bereits bestehenden installieren
- Ein Update ausführen, wenn Sie bereits Ubuntu in einer älteren Version nutzen
- Daten einer nicht mehr startenden Windows-Installation retten

2.1 Live-Version oder Festinstallation, allein oder parallel? 28

2.2 Ubuntu per Live-Version ausprobieren 28

2.3 Auf eine defekte Windows-Installation zugreifen 31

2.4 Ubuntu parallel zu einem anderen Betriebssystem installieren 33

2.5 Ubuntu dauerhaft installieren 36

2.6 Die Sache mit UEFI 42

2.7 Ubuntu 16.04 per Upgrade installieren 47

2.1 Live-Version oder Festinstallation, allein oder parallel?

Vielleicht möchten Sie zuerst ausprobieren, ob Ihnen die Handhabung von Ubuntu überhaupt zusagt oder ob Ihre Hardware reibungslos funktioniert. Sie müssen sich nicht sofort entscheiden, denn Ubuntu kann in zwei Versionen installiert werden

- Als sogenannte Live-Installation, bei der es sich streng genommen gar nicht um eine Installation handelt. Ubuntu wird hierbei gleich von der DVD oder vom USB-Stick gebootet. Sie können Ubuntu benutzen, ohne Veränderungen an Ihrem PC vorzunehmen.
- Bei der Festinstallation installieren Sie das Betriebssystem direkt auf die Festplatte des Computers. Diese Installationsart ist nicht ganz so leicht rückgängig zu machen, aber sinnvoll, wenn Sie sich entscheiden, Ubuntu regelmäßig zu nutzen.

TIPP

Auch bei einer Festinstallation müssen Sie sich nicht von Ihrem bisherigen Betriebssystem verabschieden. Installieren Sie die beiden Betriebssysteme parallel und entscheiden Sie beim Programmstart, ob Sie Ubuntu oder ein anderes System nutzen möchten.

2.2 Ubuntu per Live-Version ausprobieren

Es gibt sicher eine ganze Reihe von Gründen, Ubuntu als Live-Version zu nutzen. Sie können ausprobieren, ob Ihren die Arbeitsumgebung überhaupt gefällt, oder verschiedene Ubuntu-Versionen ausprobieren, ohne gleich eine zeitaufwändige, vollständige Installation vorzunehmen.

Vielleicht brauchen Sie Ubuntu aber auch, um Daten von einem beschädigten Windows-PC zu retten. Oder Sie testen, ob Ubuntu auf Ihrem PC überhaupt lauffähig ist und ob alle Hardwarekomponenten erkannt werden.

Legen Sie die DVD in das Laufwerk oder schließen Sie den Stick an und starten Sie Ihren PC. Sollte das bisherige Betriebssystem starten, so müssen Sie Ihrem PC beibringen, dass er den »Zündschlüssel«, also den Bootsektor, nicht auf der Festplatte, sondern auf der DVD oder dem USB-Stick suchen soll. Dazu müssen Sie eine Veränderung am BIOS-Setup Ihres Computers vornehmen.

TIPP

Achten Sie beim Startvorgang des PCs auf den unteren Rand des Monitors. Kurz nach dem Einschalten erscheint eine Aufforderung, die je nach verwendetem Chip so oder ähnlich lautet: *Hit ... to Enter Setup*. Merken Sie sich die entsprechende Taste, beim ersten Mal kann man gar nicht schnell genug lesen und die richtige Taste finden. In aller Regel handelt es sich um die Taste Entf oder eine der Tasten F1 bis F10.

Es kann Ihnen durchaus passieren, dass Sie den Vorgang wiederholen müssen. Wenn Sie das Handbuch des Motherboards zur Hand haben, lohnt auch ein Blick hierein. Nachdem Sie das BIOS aufgerufen haben, erscheint ein Bild, das an die Ursprünge des Computerzeitalters erinnert:

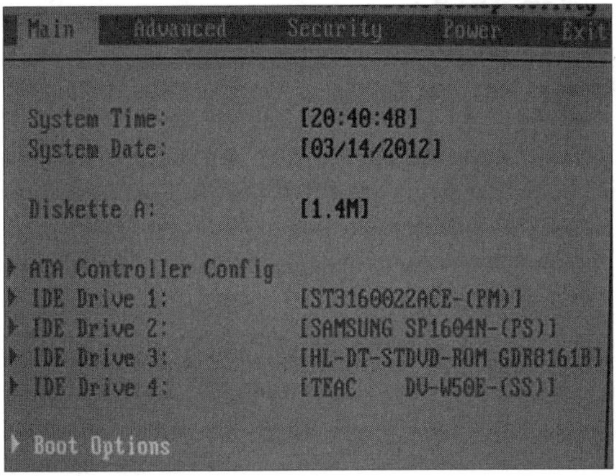

Abb. 2.1: Der Begrüßungsbildschirm des BIOS. Dieser kann je nach Hersteller auch ein wenig anders aussehen.

TIPP

Beim *Basic Input/Output System* handelt es sich um die Firmware eines PCs. Diese ist in einem Chip fest auf der Hauptplatine installiert und sorgt nach dem Einschalten dafür, dass ein Haufen elektronischer Einzelteile überhaupt »weiß«, dass er ein PC ist und seine Komponenten wie beispielsweise die Grafikkarte, die Festplatte und die Netzwerkschnittstelle korrekt erkennt. Ein Betriebssystem wäre ansonsten nicht lauffähig.

Suchen Sie innerhalb des Setups die *Boot Options* und hier die *Bootsequenz*. Die Bootsequenz ist die Reihenfolge der Laufwerke, in der der Rechner nach einem Betriebssystem suchen wird.

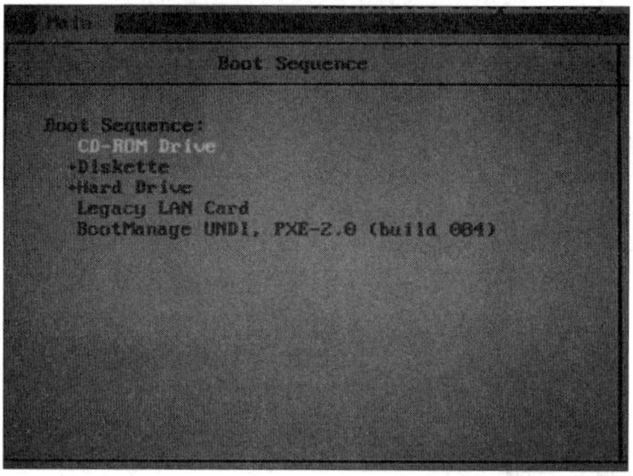

Abb. 2.2: Markieren Sie den Eintrag CD-ROM DRIVE oder USB-STICK (falls vorhanden) und verschieben ihn mit der [+]-Taste Ihrer Tastatur nach oben.

Bestätigen Sie Ihre Veränderungen und verlassen Sie das BIOS. Sollten Sie sich bei der Arbeit am BIOS unsicher sein, holen Sie sich bitte Hilfe. Das BIOS ist das Herzstück des Rechners und so einfach es ist, Einstellungen vorzunehmen, so leicht kann man den Rechner völlig unbrauchbar machen. Widerstehen Sie daher der Versuchung, experimentelle Einstellungen vorzunehmen!

Starten Sie nun Ihren Computer neu. Wenn Ihre BIOS-Einstellungen erfolgreich waren, hören Sie das CD-ROM-Laufwerk arbeiten und der Startvorgang läuft erheblich langsamer, als Sie dies gewohnt sind. Endlich erscheint das in *Abbildung 2.3* dargestellte Bild.

Geben Sie links Ihre Sprache ein und klicken Sie zur Bestätigung den Button *Ubuntu testen*. Nach einem weiteren, bisweilen recht langen Startvorgang erreichen Sie die Oberfläche mit Namen *Unity*. Sehen sie sich um und probieren Sie ruhig alles aus, Sie können hier keinen Schaden an Ihrem Computer anrichten: Schalten Sie Ihren Drucker ein und schauen Sie nach, ob Ihr WLAN oder Ihre LAN-Verbindung reibungslos funktioniert. Notieren Sie sich, welche Hardware nicht erkannt wird, aber lassen Sie sich nicht schrecken, wenn etwas nicht auf Anhieb funktioniert. Die Lösungen für die meisten Hardwareprobleme sind oft verblüffend einfach. Entweder wurden längst Treiber für Linux entwickelt, die allerdings nicht auf der DVD enthalten sind und erst spater nachinstalliert werden, oder kann man teilweise auch auf Windows-Treiber zurückgreifen. Die Foren auf den empfohlenen Websites helfen hier weiter.

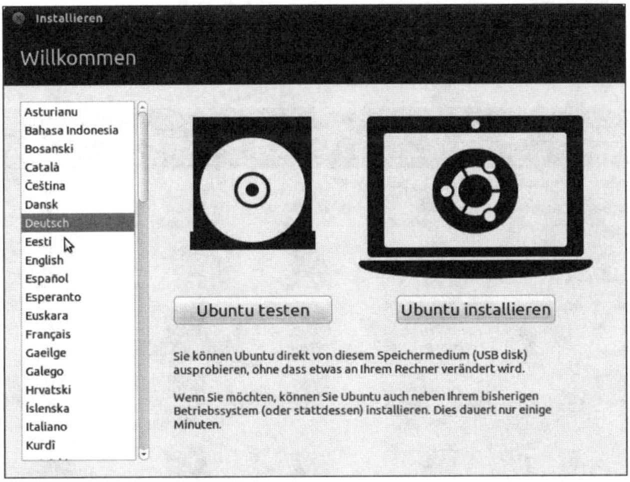

Abb. 2.3: Das ist der Moment, in dem Sie sich entscheiden können, ob Sie Ubuntu erst einmal ausprobieren oder gleich installieren wollen.

2.3 Auf eine defekte Windows-Installation zugreifen

Ihr Windows-PC startet nicht mehr oder stürzt andauernd ab, so dass auch einfachere Tätigkeiten nicht mehr möglich sind. Allerdings befinden sich jede Menge wichtiger Dateien von der Diplomarbeit über die Musiksammlung bis zu Familienfotos auf dem Computer. Wenn Sie jetzt ein neues Betriebssystem aufspielen müssen, sind diese Schätze unrettbar verloren. Aber keine Sorge: Sie können mit Hilfe einer Live-Installation auf die Dateien zugreifen, ohne Windows zu starten, und diese auf ein externes Laufwerk kopieren.

Erstellen Sie für diesen Fall einen bootfähigen USB-Stick und starten Sie Ubuntu, so wie ich dies oben beschrieben habe. Geben Sie im BIOS den USB-Stick als erstes Laufwerk in der Boot-Sequenz an.

TIPP

Eine Reihe vor allem älterer PCs bietet die Möglichkeit des Bootens von einem USB-Stick nicht an. In diesem Falle müssen Sie natürlich eine DVD als Startlaufwerk benennen. Das funktioniert genauso, ist allerdings sehr viel langsamer.

Nun erkennen Sie am linken Bildrand Icons, die die vorhandenen Laufwerke anzeigen. Hinter einem dieser Icons verbirgt sich Ihr Windows-Laufwerk.

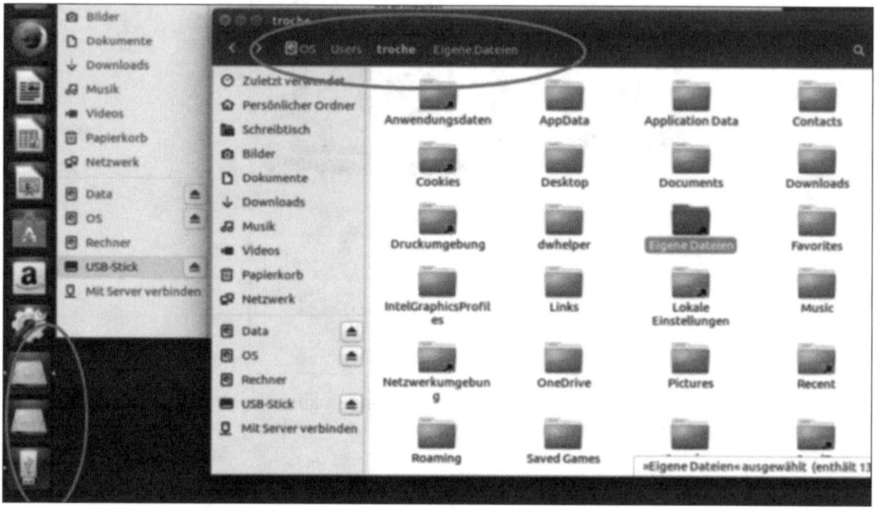

Abb. 2.4: Ganz einfacher Zugriff auf die Dateien Ihrer Windows-Partition

Sollten Sie sich an die Windows-Vorgaben gehalten haben, wurden alle Ihre Dateien im Verzeichnis `\Users\IHRNAME\...` gespeichert. Sie können beruhigt durch die Verzeichnisse scrollen, vorläufig verändern Sie hier nichts.

Schließen Sie nun eine externe Festplatte an und kopieren Sie die zu rettenden Dateien per *Drag & Drop*. Über die einzelnen Funktionen der Oberfläche werde ich Sie im nächsten Kapitel aufklären.

Wenn Sie sich genügend umgesehen und wichtige Dateien gerettet haben, fahren Sie den Computer herunter. Nutzen Sie dazu das Menü ganz recht oben mit dem Punkt HERUNTERFAHREN...

TIPP

Die Geschwindigkeit der Live-Version wird Ihnen sehr langsam vorkommen, Sie ist nicht zu vergleichen mit der Performance eines fest installierten Systems.

2.4 Ubuntu parallel zu einem anderen Betriebssystem installieren

Sicherung, das A und O

Während des Startvorganges haben Sie ein Icon gesehen, das Ihnen die Installation von Ubuntu anbietet. Ich rate Ihnen hiervon für den Moment ab, es sein denn, Sie gehören zu den Menschen, die Ihre Texte, Bilder, E-Mail-Konten, und Browsereinstellungen stets sofort sichern. Nicht? Dann wird es nun höchste Zeit, dies zu tun.

Die Weisheit, dass »alles, was schiefgehen kann, irgendwann auch schiefgehen wird«, ist als Murphys Gesetz längst Allgemeingut. Obwohl die parallele Installation von Ubuntu und Windows eine sehr sichere Angelegenheit ist, kann man einen Crash mit Verlust der wichtigsten Dateien nie völlig ausschließen. Im Nachhinein ist man immer klüger und wenn unersetzliche Filme oder Textdokumente erst verloren sind, schwört man sich, ab jetzt immer regelmäßig die Daten zu sichern

Daher ist es, auch wenn Sie Ubuntu parallel zu Windows installieren, dringend zu empfehlen, alle wichtigen Dateien auf einen externen Speicher zu sichern. Je nach Umfang bietet sich hier eine externe Festplatte an. Sollten Sie sich dazu entscheiden, von nun an auf ein anderes Betriebssystem völlig zu verzichten, müssen Sie diese Dateien sowieso sichern.

Neben Ihren *Office*-Dokumenten und der Musiksammlung möchten Sie sicher auch Ihre E-Mails und Adressen sichern. Diese Daten sind in sogenannten *Profiles*-Ordnern gespeichert. Die Lage dieser Ordner entnehmen Sie bitte der Tabelle:

Thunderbird – Lage des Profilordners	
Windows 7 / 8 / 10 / Vista	`C:\Benutzer\%Benutzername%\AppData\Roaming\Thunderbird\Profiles`
Ubuntu	`~/.thunderbird`

Firefox – Lage des Profilordners	
Windows 7 / 8/10/Vista	`C:\Benutzer\%BENUTZERNAME%\AppData\Roaming\Mozilla\Firefox\Profiles`
Ubuntu	`~/.mozilla/firefox/`

Tab. 2.1: In den Profilordnern sind alle Emails und alle Einstellungen gespeichert

Wenn Sie *MS Outlook* als E-Mail- und Kalenderprogramm nutzen, können Sie Ihren Kalender recht einfach sichern und für die Verwendung bei Ubuntu vorbereiten.

Öffnen Sie *MS Outlook,* klicken Sie im Menü auf DATEI... IMPORTIEREN/EXPORTIEREN. Im folgenden Kästchen klicken Sie auf die Option IN DATEI EXPORTIEREN.

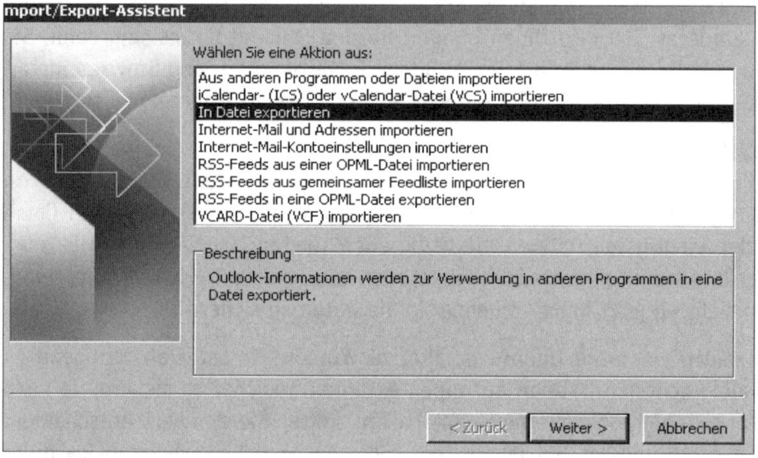

Abb. 2.5: Kalenderinformationen sichern

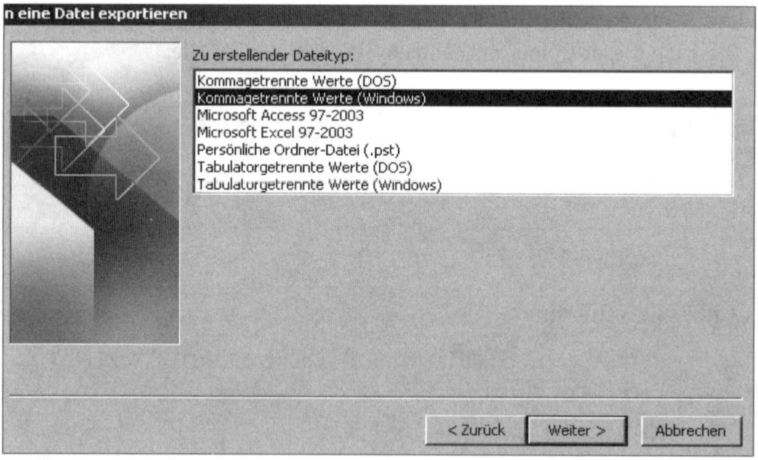

Abb. 2.6: Wählen Sie die Option KOMMAGETRENNTE WERTE (WINDOWS) und klicken Sie auf WEITER.

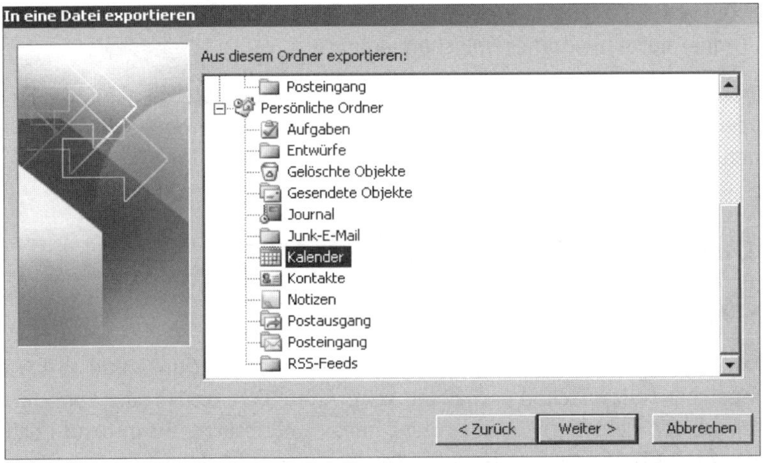

Abb. 2.7: Da wir so nur die Kalenderdaten weiterverwenden können, wählen wir auch nur diese aus ...

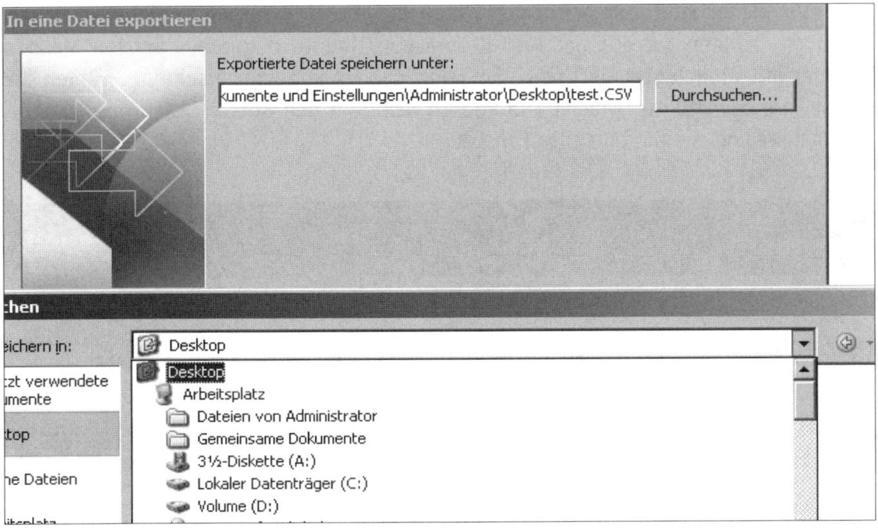

Abb. 2.8: ... und suchen für die entstehende Datei mit der Endung `.csv` einen geeigneten Speicherplatz, am besten auf einem externen Speicherort.

Zur Sicherung Ihrer E-Mails aus *MS Outlook, Lotus Notes* oder einem anderen E-Mail-Client müssen Sie einen zusätzlichen Schritt machen: Dieser ist in *Kapitel 5* im Abschnitt »*Von Outlook & Co. zu Thunderbird*« beschrieben. Sichern Sie den entstandenen *Profiles*-Ordner auf ein externes Speichermedium

Ihre Formatvorlagen haben, sofern Sie sie mit Microsoft Office erstellt haben, die Endung `.dot` oder `.dotx`. Führen Sie die Suchfunktion aus und kopieren Sie die Dateien auf den Sicherungsdatenträger.

2.5 Ubuntu dauerhaft installieren

Hardware-Voraussetzungen

Als Minimalvoraussetzung für Ubuntu gelten: Ein Prozessor ab Pentium 4 und ab 1 GB RAM Arbeitsspeicher sollten schon vorhanden sein. Ältere Celeron-M- oder Pentium-M-Prozessoren werden gelegentlich, aber nicht immer unterstützt. Wenn dann noch eine Festplatte ab 8 GB Speicher an Bord ist, kann es eigentlich losgehen.

Sollte Ihre Hardware diesen Anforderungen nicht genügen, wäre die Alternative *Lubuntu* oder *Xubuntu*.

Wenn Sie sicher sind, alle wichtigen Daten auf einem externen Speicher gesichert zu haben, können Sie mit der Installation von Ubuntu beginnen. Starten Sie den Rechner mit eingelegter DVD neu und wenn das Fragefenster erscheint, wählen Sie zuerst Ihre bevorzugte Sprache und klicken dann auf den Button UBUNTU INSTALLIEREN. Als Nächstes erscheint folgendes Fenster:

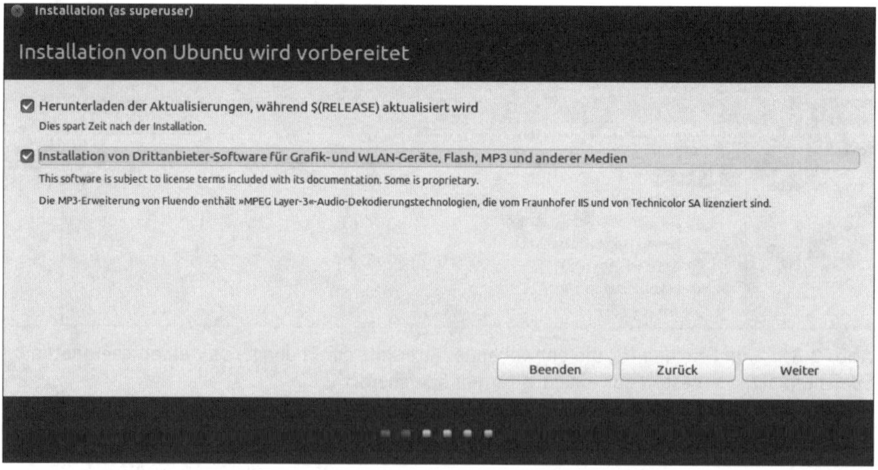

Abb. 2.9: Die Vorbereitung der Installation

Während der Installation werden Sie von Ubuntu so an die Hand genommen, dass eigentlich nichts schiefgehen kann. Wenn Sie die beiden Optionen HERUNTERLADEN DER AKTUALISIERUNGEN und INSTALLATION *von Drittanbieter-Software* anklicken, vereinfachen Sie sich den Rest der Installation. Allerdings werden Sie möglicherweise keine Internetverbindung haben, zumindest nicht über WLAN.

TIPP

In *Kapitel 4* ist beschrieben, wie Sie mit Hilfe eines LAN-Kabels schnell und mühelos die Verbindung zum Router aufbauen.

Nachdem Sie den Button WEITER betätigt haben, erscheint gegebenenfalls das Optionsfenster, in dem Sie gefragt werden, ob Sie Ubuntu neben Windows installieren wollen. In diesem Fall haben Sie bei jedem Hochfahren des Computers über einen sogenannten *Bootloader* die Wahl, mit Ubuntu oder mit Windows zu arbeiten. Diese Auswahl ist für einen Einsteiger die empfehlenswerte. Ebenso wenn Sie, wie in der Einführung beschrieben, Software benutzen, die nur in einer Windows-Umgebung funktioniert.

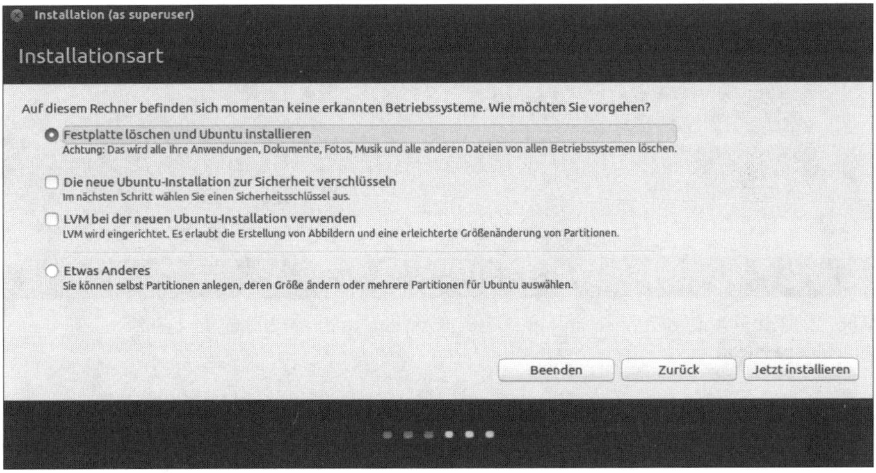

Abb. 2.10: Hier wählen Sie, ob Ihr bisheriges Betriebssystem ersetzt werden soll oder ob Sie es weiterhin nutzen möchten.

Wenn bisher kein Betriebssystem auf dem Rechner vorhanden ist, fällt diese Option natürlich aus.

Wenn Sie Ihre Ubuntu-Installation verschlüsseln möchten, sollten Sie dies hier tun. Sie werden dann in einem nächsten Fenster aufgefordert, einen Sicherheitsschlüssel anzulegen. Diese Verschlüsselung ist wohl nicht nötig, wenn Sie sich im häuslichen Umfeld bewegen und sich keine hochsensiblen Daten auf Ihrem Computer befinden. Sie ist auch nicht mit dem Passwort zu verwechseln, das Ihren Bereich später schützt.

LVM stellt eine Möglichkeit dar, mehrere Festplatten zu einer Partition zusammenzufassen. Wenn Sie nicht gerade mit dutzenden Festplatten arbeiten, sollten Sie diese Option nicht nutzen.

Betätigen Sie den Button Jetzt installieren und geben Sie, falls Sie Ihre Festplatte verschlüsseln wollen, einen Sicherheitsschlüssel ein.

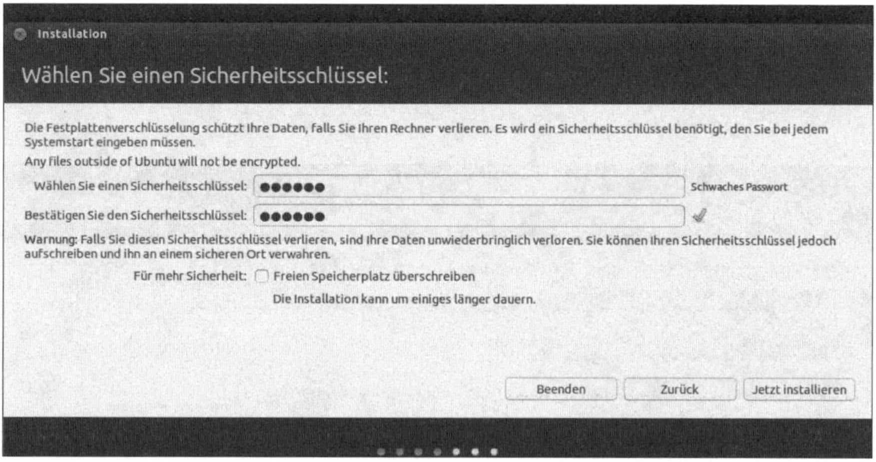

Abb. 2.11: Die Anforderungen an ein starkes Passwort sind hier höher als beim Anmeldepasswort.

Im nächsten Bildschirm legen Sie Ihre Zeitzone fest.

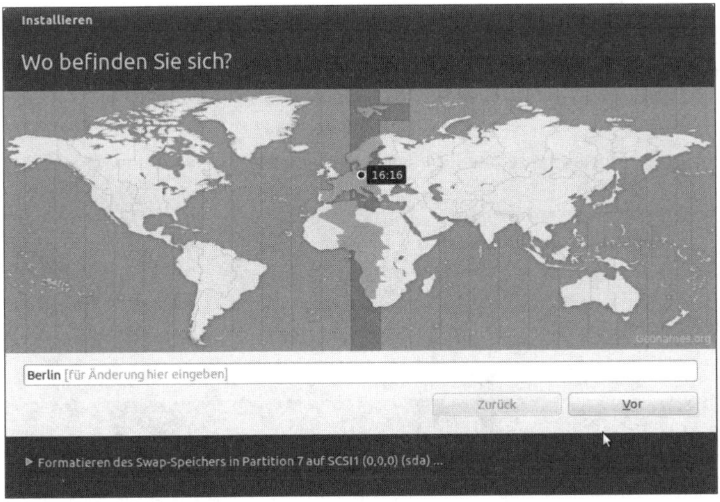

Abb. 2.12: Hier wird die interne Uhr eingerichtet.

Betätigen Sie den Button Vor, um die Tastaturbelegung einzurichten. Dies ist in der Regel die Option Deutsch - Deutsch. Selbstverständlich können Sie aber auch jede andere Sprache auswählen.

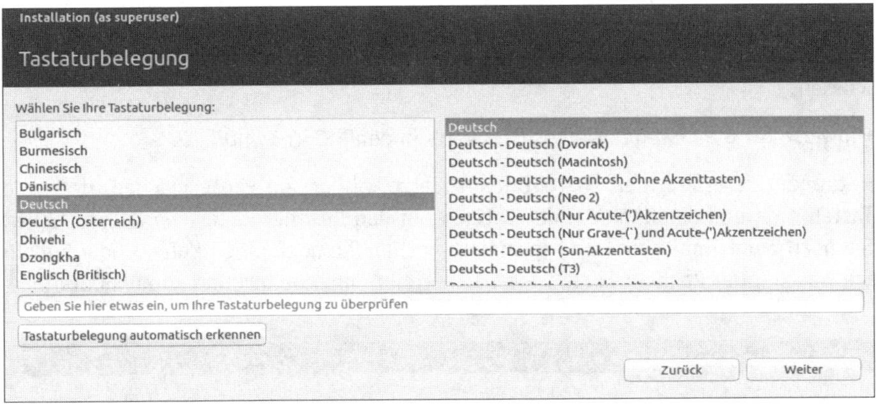

Abb. 2.13: Hier bekommen Sie einen kleinen Überblick darüber, welche Sprachen Ubuntu unterstützt.

Nach erneuter Betätigung des Buttons Weiter erscheint ein Feld, in dem Sie sich als Hauptnutzer anmelden.

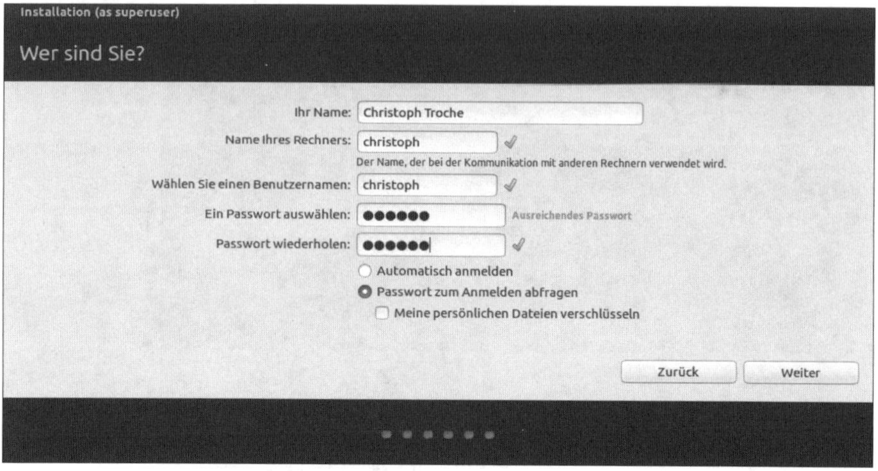

Abb. 2.14: Geben Sie Ihren Namen, einen Benutzernamen und ein Passwort ein.

Nun müssen Sie einige Daten als Hauptbenutzer des Computers eingeben. Nur Sie können dann nach Eingabe Ihres Passworts wichtige Systemeinstellungen verändern. Der Benutzername für die Anmeldung am System darf nur Kleinbuchstaben und keine Umlaute enthalten.

Sollten Sie allein Zugang zum Computer haben, können Sie gegebenenfalls auf die Abfrage zur Anmeldung verzichten. Dann aktivieren Sie den Button AUTOMATISCH ANMELDEN. Dennoch werden Sie für jede Veränderung im System das Passwort eingeben müssen.

Hinweise für die Erstellung eines Passworts finden Sie in *Kapitel 10*.

Betätigen Sie erneut den WEITER-Button. Jetzt können Sie Pause machen, denn die Installation und das Kopieren der Dateien auf den Rechner dauert seine Zeit. Gehen Sie noch einmal mit dem Hund spazieren, kochen Sie noch einen Kaffee, oder bügeln Sie Wäsche. Der Rechner kommt jetzt eine Weile ohne Sie aus und kopiert Daten.

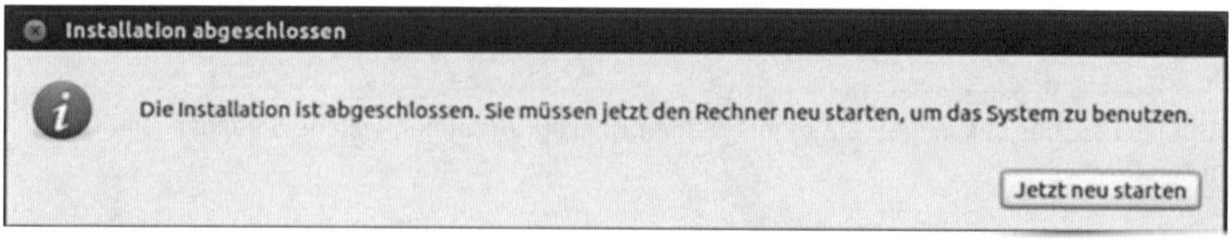

Abb. 2.15: Gratulation, das Meiste ist geschafft.

Sie haben nun Ubuntu auf Ihrem Rechner installiert. Entnehmen Sie die DVD oder entfernen Sie den USB-Stick und starten Sie Ihren Rechner neu. Sie werden mit folgendem Fenster begrüßt:

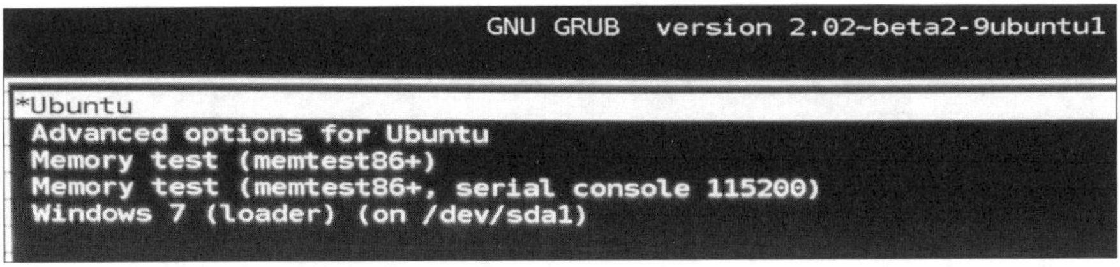

Abb. 2.16: Startfenster des Bootloaders Grub2

Entscheiden Sie, ob Sie mit Ihrem alten Betriebssystem oder mit Ubuntu starten möchten. Nachdem Sie Ihr Passwort eingegeben haben, erreichen Sie *Unity*, die Arbeitsoberfläche von Ubuntu.

Abb. 2.17: Die Oberfläche von Ubuntu. Sie haben es geschafft, das Betriebssystem ist erfolgreich installiert.

TIPP

Zuletzt sollten Sie noch einmal das BIOS starten, um die Bootsequenz wieder so einzustellen, dass der Bootsektor auf der Festplatte gesucht wird. Damit verhindern Sie, dass eine versehentlich im Laufwerk vergessene Installations-DVD erneut versucht, Ubuntu zu installieren.

2.6 Die Sache mit UEFI

Bislang bin ich davon ausgegangen, dass auf Ihrem PC ein sogenanntes BIOS installiert ist. Wenn Sie allerdings einen PC besitzen, auf dem Windows 7 vorinstalliert war, ist es sehr gut möglich, dass er nicht mit einem BIOS, sondern dem Nachfolger, dem so genannten UEFI (*Unified Extensible Firmware Interface*) ausgestattet ist. UEFI macht grundsätzlich genau das Gleiche wie das BIOS, bringt aber deutlich mehr Funktionen mit, unterstützt die neueste Hardware und sieht obendrein bei den meisten Herstellern viel moderner aus. Haben Sie einen PC mit Windows 8, so ist dies sogar mit Sicherheit der Fall, da Microsoft ab 2011 die PC-Hersteller verpflichtet hat, UEFI einzusetzen, wenn Windows als Betriebssystem vorinstalliert werden soll.

Um herauszufinden, ob Windows im UEFI-Modus läuft, gehen Sie folgendermaßen vor: Drücken Sie unter Windows die Tastenkombination [Windows] + [R] und geben Sie im nun erscheinenden Dialogfeld `diskmgmt.msc` ein.

Öffnen Sie den Reiter VOLUMES und klicken Sie mit der rechten Maustaste auf den Eintrag DATENTRÄGER 0. Unter dem Menüpunkt EIGENSCHAFTEN finden Sie den Eintrag PARTITIONSSTIL.

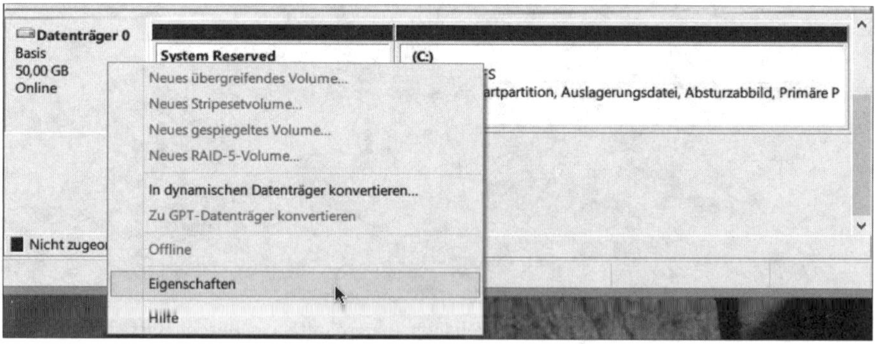

Abb. 2.18: So finden Sie heraus, ob ein BIOS oder ein UEFI auf Ihrem PC installiert ist.

Master Boot Record bedeutet, dass der PC ein herkömmliches BIOS an Bord hat, *GUID-Partitionstabelle* gibt an, dass Ihr System mit UEFI läuft.

Abb. 2.19: UEFI-Oberfläche

Warum ist dies für uns wichtig? UEFI sieht nicht nur auf vielen Systemen besser aus, sondern bringt zwei Features mit, die unsere Installation beeinflussen und dabei nicht gerade erleichtern: *Fast Boot* und *Secure Boot*

Fast Boot sorgt dafür, dass der PC im Nu startet, dies macht es uns leider sehr schwierig, die richtige Taste zu drücken, die es uns ermöglicht, während des Startvorgangs UEFI zu starten.

Secure Boot zu beschreiben ist etwas komplizierter: Es soll, wie der Name sagt, die Sicherheit des Bootvorgangs erhöhen. Unter anderem soll *Secure Boot* Schadsoftware daran hindern, den Bootvorgang des Rechners zu manipulieren. Dazu werden digitale Schlüssel eingesetzt. Nur ein Betriebssystem, das sich über einen entsprechenden Schlüssel identifizieren kann, wird vom UEFI beim Computerstart geladen. Darunter fällt unter anderem der Bootloader von Microsoft. Das Starten mit Hilfe eines USB-

Sticks wird durch *Secure Boot* verhindert, wenn auf diesem kein signierter Schlüssel vorhanden ist.

WEB

Um notwendige Einstellungen vornehmen zu können, hilft uns ein kleines Programm namens *EasyUEFI*, das Sie für den Privatgebrauch kostenlos von der Internetseite *http://www.easyuefi.com/* herunterladen können.

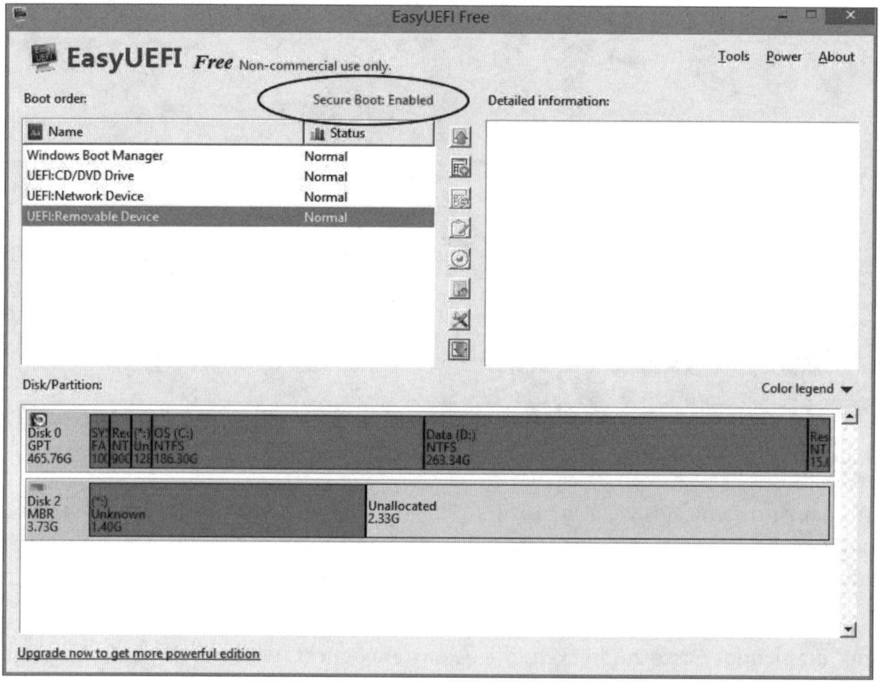

Abb. 2.20: Oberfläche von EasyUEFI

Wie Sie an diesem Beispiel erkennen können, ist *Secure Boot* noch aktiv. Dies wollen wir nun ändern, damit wir Ubuntu vom USB-Stick starten können. Dazu klicken wir auf den Menüpunkt POWER...REBOOT INTO UEFI-FIRMWARE. Nun startet Ihr Computer neu und öffnet die UEFI-Einstellungen. Die können, abhängig von Ihrer Hardware völlig verschieden aussehen. Einige Oberflächen sind mit der Maus bedienbar, auf anderen bewegen Sie sich mit den Pfeiltasten Ihrer Tastatur.

Suchen Sie einen Menüpunkt SECURITY und den Eintrag SECURE BOOT CONTROL. Schalten Sie hier die Option SECURE BOOT ab. Auch dies tun Sie entweder mit den Pfeiltasten oder mit einem Mausklick, abhängig von der installierten UEFI. Sichern Sie Ihre Einstellungen und verlassen Sie das Setup. Windows wird nun neu starten. Wenn Sie jetzt EasyUEFI aufrufen, sollte der Eintrag *Secure Boot: Disabled* lauten.

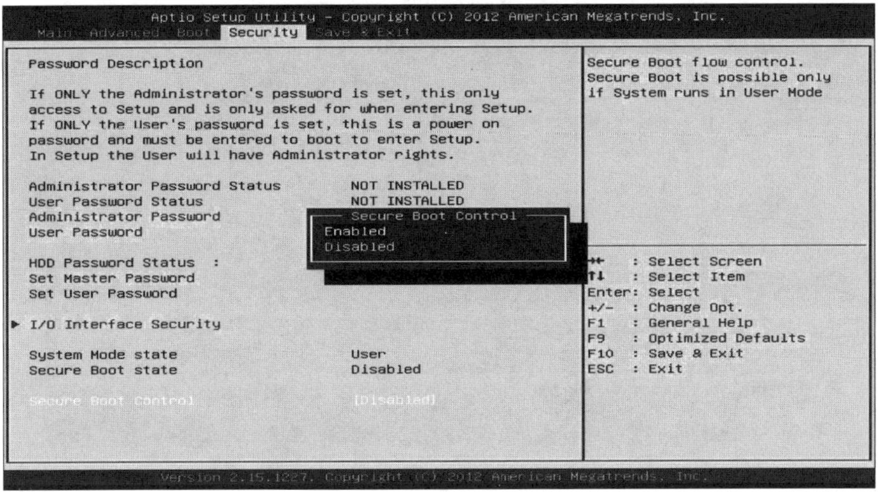

Abb. 2.21: So wird Secure Boot abgeschaltet.

Nun erstellen Sie einen USB-Stick, um Ubuntu starten zu können: Dies wird allerdings etwas anders bewerkstelligt als weiter vorne angegeben:

WICHTIG

Sie benötigen zwingend die `Ubuntu-16.04-desktop-amd64.iso`-Datei, mit einer 32-bit Version können Sie hier nichts anfangen.

Entpacken Sie die *Ubuntu-16.04-desktop-amd64.iso* in ein beliebiges Verzeichnis. Dazu klicken Sie mit der rechten Maustaste auf den Eintrag und wählen aus dem Kontextmenü ENTPACKEN. Nutzen Sie bereits Linux, müssen Sie diesen Prozess als Systemverwalter starten, unter Windows passiert dies automatisch. Nun stellen Sie für den Explorer die Ansicht auf VERSTECKTE DATEIEN ANZEIGEN. Sie sehen, dass nun noch eine Datei namens `.disk` auftaucht, die vorher nicht zu sehen war. Formatieren Sie einen USB-Stick mit mindestens 4 GB Kapazität als FAT32 und kopieren Sie nun alle

Verzeichnisse direkt auf den Stick. Stecken Sie den Stick ein und starten Sie *EasyUEFI* erneut. Nun sehen Sie einen neuen Eintrag:

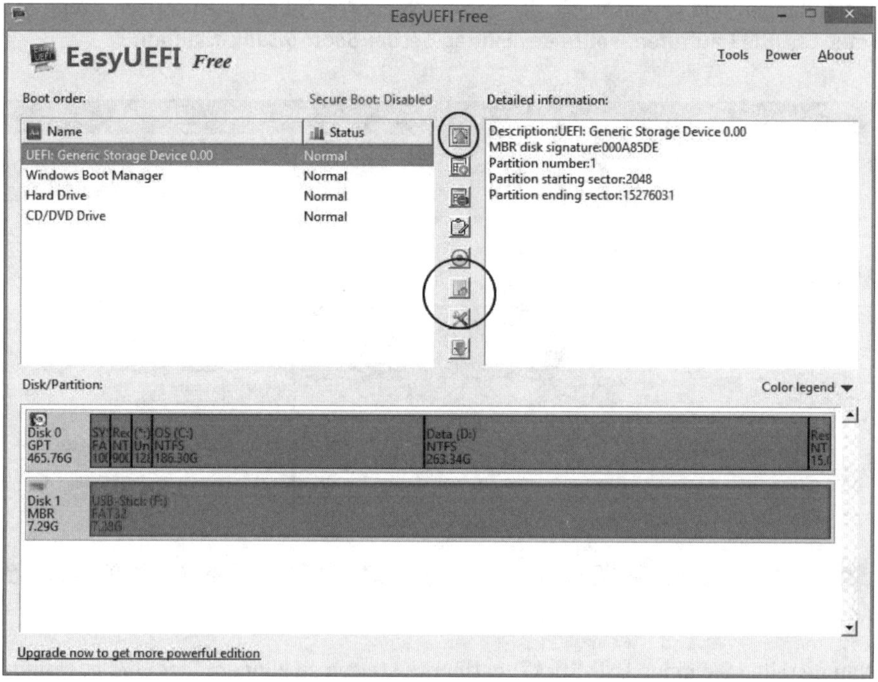

Abb. 2.22: Der USB-Stick wird als Startlaufwerk erkannt.

In der linken Spalte sehen Sie die derzeit gültige Boot-Reihenfolge. Markieren Sie den USB-Stick und platzieren Sie ihn mit dem PFEIL-NACH-OBEN-BUTTON an die erste Stelle. Dann klicken Sie auf den dritten Button von unter (SET/UNSET ONE-TIME-BOOT). Damit ist Ihr Stick genau einmal als Boot-Laufwerk ausgewiesen. Wenn Sie jetzt innerhalb des Programms auf POWER und REBOOT klicken, startet der PC die Ubuntu-Oberfläche.

Falls Sie nicht mehr über ein funktionierendes Windows verfügen, können Sie die Boot-Reihenfolge natürlich auch direkt innerhalb des UEFI-Setups verändern. Dazu müssen Sie allerdings die Taste kennen, die Sie während des – sehr kurzen – Startvorgangs drücken müssen.

2.7 Ubuntu 16.04 per Upgrade installieren

Fall Sie bereits Ubuntu in einer älteren Version benutzen, lohnt sich der Umstieg auf die Version 16.04. Für das Upgrade haben Sie nun zwei Möglichkeiten. Zum einen können Sie eine völlige Neuinstallation starten.

Zuerst sichern Sie Ihre Daten per *Déjà Dup*. Vorher sollten Sie jedoch den Papierkorb leeren und eventuelle weitere Festplatten, auf denen Sie Filme, Dokumente oder Musikdateien gespeichert haben, von der Sicherung ausnehmen.

Installieren Sie Ubuntu 16.04 wie oben beschrieben und spielen Sie danach Ihre Sicherung zurück. Dies ist die sauberste Lösung, sie dauert aber auch am längsten.

Einfacher geht ein Upgrade mithilfe der Systemaktualisierung. Immer dann, wenn eine neue Ubuntu-Version verfügbar ist, wird Ihnen das Upgrade über die Aktualisierungsverwaltung zur Installation angeboten. Sie können mit dieser Vorgehensweise später auch auf die Versionen 16.10 und 17.04 aktualisieren. Allerdings haben Sie dann kein System mit Langzeitunterstützung mehr.

Zuerst müssen Sie Ihr System auf den neuesten Stand bringen, das heißt, alle notwendigen Aktualisierungen müssen zuerst vorgenommen werden. Dann sollten Sie auch hier eine vollständige Datensicherung vornehmen.

Am einfachsten setzen Sie nun den Upgrade-Vorgang in Gang, indem Sie das Terminal starten und hier den Befehl `sudo update-manager -d` eingeben. Bestätigen Sie den Befehl mit der `Enter`-Taste und geben Sie als nächstes Ihr Passwort ein.

Nun startet das Aktualisierungsprogramm erneut, hat aber eine zusätzliche Zeile. Allerdings ist *Ubuntu 16.04 LTS* verfügbar. Um jetzt das Upgrade durchzuführen, klicken Sie auf den Button AKTUALISIEREN.

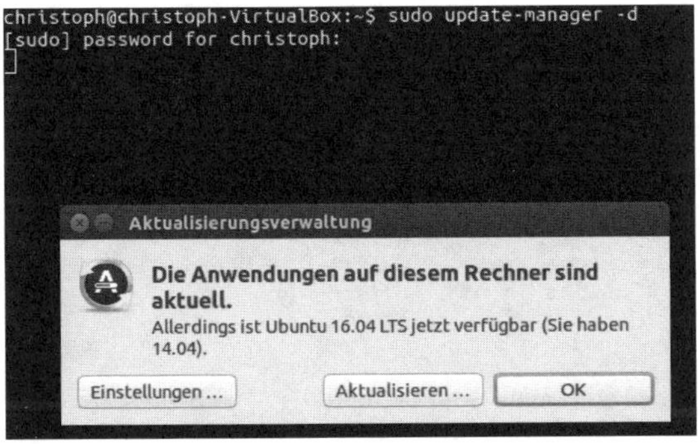

Abb. 2.23: Eine zusätzliche Zeile ermöglicht die direkte Installation der neuen Version.

Danach haben Sie wieder sehr viel Zeit. Abhängig von der Internetgeschwindigkeit und Ihrer Hardware kann der Vorgang über eine Stunde dauern.

Kapitel 3

Was finde ich wo? Die grafische Oberfläche Unity

Ziel des Kapitels

- Lernen Sie *Unity*, die grafische Oberfläche von Ubuntu, kennen.

Schritte zum Erfolg

- Die Elemente von *Unity* kennenlernen
- *Unity* nach eigenen Vorstellungen gestalten
- Die wichtigsten Orte und Anwendungen schnell und übersichtlich verwalten
- Lernen, wo die Systemeinstellungen zu finden sind

3.1 Linux und die zugeschweißte Motorhaube 50

3.2 Unity, Ihr Arbeitsplatz 50

3.3 Der Starter 51

3.4 Der Dash-Startbildschirm 55

3.5 Das Panel 58

3.6 Die Benutzermenüs 59

3.7 Die Arbeitsfläche 60

3.8 Zwei Programme parallel auf einer Arbeitsfläche 61

3.9 Der persönliche Ordner 62

3.1 Linux und die zugeschweißte Motorhaube

Auf den genialen Autokonstrukteur Ferdinand Porsche geht der Ausspruch zurück, dass er am liebsten die Motorhauben seiner Autos zugeschweißt hätte. Der Motor war in seinen Augen ein solch komplexes Bauteil, dass ein normaler Autofahrer hier nichts verbessern, sondern eher »verschlimmbessern« könne. Ubuntu gleicht ein wenig einem Auto mit zugeschweißter Motorhaube: Natürlich ist es ein extrem kompliziertes und hochleistungsfähiges System, allerdings werden dem Benutzer nicht allzu viele Einstellmöglichkeiten angeboten. Das hat durchaus Sinn: Der Benutzer findet in der Regel ein gut eingestelltes Betriebssystem vor. Er soll eben nicht durch eine undurchschaubare Vielzahl von Optionen, die er nicht versteht und zwischen denen er kaum sinnvoll entscheiden kann, verunsichert werden. Ein geübter Benutzer, der sich mehr Einstellmöglichkeiten wünscht, wird auch Möglichkeiten finden, die Motorhaube weiter zu öffnen, als es die üblichen automatisierten Wartungsarbeiten nötig machen. Sie sollten dies im Hinterkopf behalten, wenn Sie sich mit den Systemeinstellungen befassen, die – zumindest wenn Sie die Arbeit mit anderen Betriebssystemen gewohnt sind – sehr übersichtlich wirken.

3.2 Unity, Ihr Arbeitsplatz

Unity ist der Desktop, also der Schreibtisch, von dem aus sich Ihnen die Linux-Welt erschließt. *Unity* tritt die in der Community nicht unumstrittene Nachfolge des bekannten und bewährten *GNOME*-Desktops an. Der Grund, eine so traditionelle Oberfläche wie *GNOME* auszumustern, ist die bessere Ergonomie für Linux-Neulinge und das Aufkommen von Netbooks mit weniger Rechnerleistung und kleinem Bildschirm.

Der *Unity*-Desktop besteht im Wesentlichen aus drei Elementen:

1. *Starter*
2. *Panel*
3. *Benutzermenüs*

Sie benötigen auf der Oberfläche grundsätzlich keine Doppelklicks, ein einfaches Anklicken genügt.

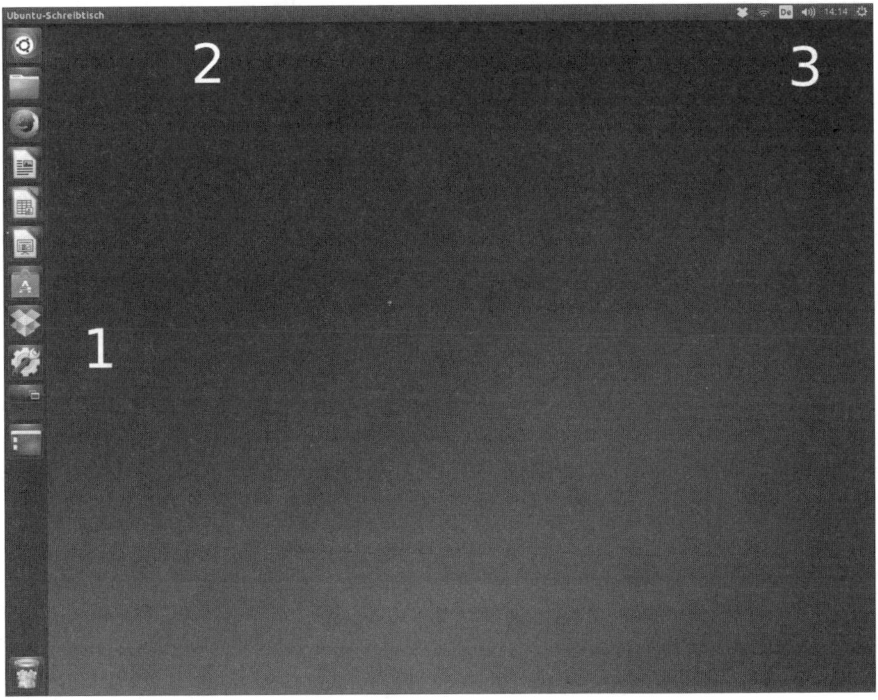

Abb. 3.1: Der *Unity*-Desktop

3.3 Der Starter

Auf der linken Seite finden Sie den sogenannten *Starter*. Hier finden sich Symbole für häufig verwendete Programme. Voreingestellt sind Verknüpfungen für Office-Programme, für das Programm *Ubuntu-Software* zum Installieren von Programmen, ein Programm zur Aktualisierung Ihrer installierten Programme und für die Systemeinstellungen. Außerdem sehen Sie einen Verweis auf Ihre Dateien, also den Ordner, der, wenn Sie den Rechner für mehrere Benutzer einrichten wollen, für alle anderen unsichtbar bleibt.

Darüber hinaus legen alle Programme, die gerade geöffnet sind, hier ein Symbol ab. Dies ermöglicht Ihnen, schnell zwischen mehreren Anwendungen hin und her zu schalten.

Abb. 3.2: Die Statusanzeige: Sie erkennen, welche Programme gerade laufen.

Bei diesem Beispiel erkennen Sie links von den Symbolen kleine weiße Pfeile. Daran erkennt man, dass dieses Programm gerade auf dem Rechner läuft. Der Pfeil rechts neben dem Symbol zeigt an, welches Programm gerade im Vordergrund aktiv ist. So kann man bei der Arbeit mit mehreren Programmen leichter die Übersicht behalten. Der Starter bleibt immer sichtbar, es sei denn, Sie benutzen den Vollbildmodus. Im Vollbildmodus blendet sich der Starter aus, kann aber jederzeit wieder sichtbar gemacht werden, indem man mit der Maus an den linken Rand fährt und eine Sekunde abwartet.

Klicken Sie mit der rechten Maustaste auf einen Eintrag im Starter, klappt ein Kontextmenü auf. Dies ermöglicht, eine Programmfunktion zu starten, ohne vorher das Programm selbst aufrufen zu müssen.

Abb. 3.3: Das Kontextmenü eines Brennprogramms

Falls Sie einmal mit mehreren Instanzen ein und desselben Programms arbeiten, was bei umfangreichen Textdokumenten ja häufiger vorkommt, oder wenn Sie mehrere Fenster des Internetbrowsers geöffnet haben, können Sie zwischen den einzelnen Instanzen sehr leicht hin und her wechseln. Klicken Sie einmal auf das jeweilige Symbol im Starter und alle geöffneten Fenster werden auf dem Bildschirm dargestellt.

Abb. 3.4: Alle geöffneten Fenster, hier die von LibreOffice Writer, mit einem Klick auf das Symbol sichtbar gemacht

TIPP

Wenn Sie den Starter als störend empfinden, können Sie ihn auch vorübergehend abschalten: Dazu klicken Sie ganz rechts oben im Benutzermenü auf das kleine Zahnrad und rufen die Systemeinstellungen auf. Unter DARSTELLUNG / VERHALTEN können Sie den Starter automatisch ausblenden.

Sie können so viele Programmsymbole im Starter verankern, wie Sie möchten und wie Sie es als übersichtlich empfinden. Entfernen Sie ein Starter-Symbol, indem Sie es mit der linken Maustaste greifen und in der Mülltonne ablegen. Fügen Sie eines hinzu, indem Sie zuerst mit der Tastenkombination `Windows` + `A` alle installierten Anwendungen sichtbar machen und dann das gewünschte Programmsymbol auf den Starter verschieben.

TIPP

Die Windows-Taste wird bei Ubuntu auch als *Supertaste* bezeichnet. Die voreingestellten Tastenkombinationen mit der Supertaste werden Ihnen angezeigt, wenn Sie die Windows-Taste `Windows` für länger als eine Sekunde gedrückt halten.

Ein interessantes Feature ist der so genannte *Arbeitsflächenumschalter* .

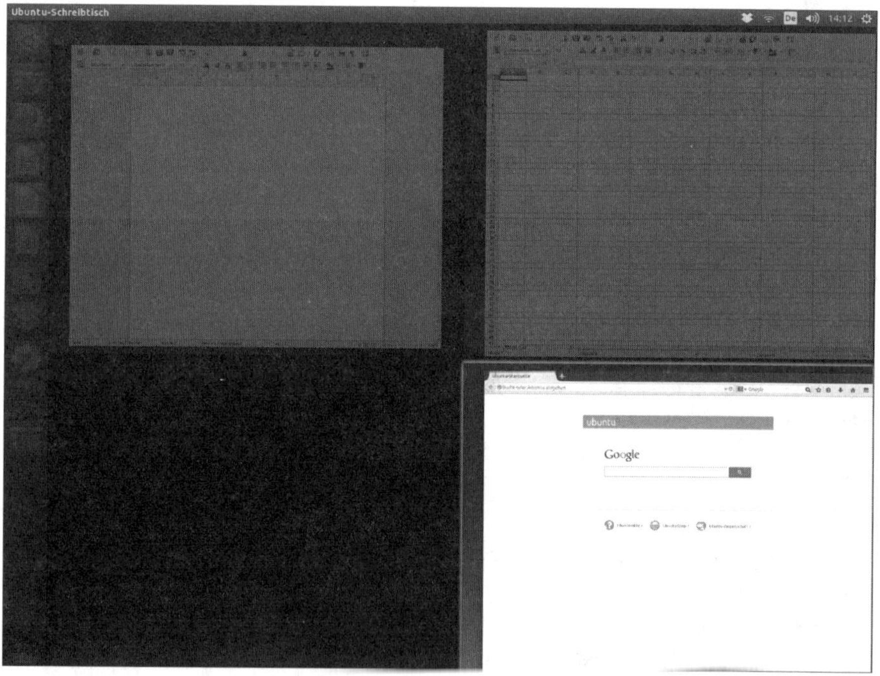

Abb. 3.5: Vier unabhängig voneinander agierende Arbeitsflächen machen das Arbeiten übersichtlicher.

Dieser stellt Ihnen den Zugriff auf vier verschiedene Desktops zur Verfügung. Das ist praktisch, wenn Sie mit unterschiedlichen Anwendungen arbeiten und dabei den Überblick behalten möchten. Diesen *Arbeitsflächenumschalter* müssen Sie allerdings zuerst aktivieren: Öffnen Sie dazu die Systemeinstellungen und klicken Sie auf die Registerkarte DARSTELLUNG. Wählen Sie hier die Registerkarte VERHALTEN und setzen Sie ein Häkchen neben die Option ARBEITSFLÄCHEN AKTIVIEREN.

Und wenn Sie schon einmal die Systemeinstellungen geöffnet haben: Sie können in diesem Fenster auch die Option SYMBOL ZUM ANZEIGEN DES SCHREIBTISCHS ZUM STARTER *hinzufügen*. Dies ermöglicht Ihnen, immer wieder zur Desktopoberfläche zurückzukehren, ohne geöffnete Programme zu schließen.

3.4 Der Dash-Startbildschirm

Standardmäßig findet sich als oberstes Symbol des Starters der sogenannte *Dash*-Startbildschirm. Er ist eine Erweiterung und lässt sich im Unterschied zu den anderen Symbolen nicht aus dem Starter entfernen.

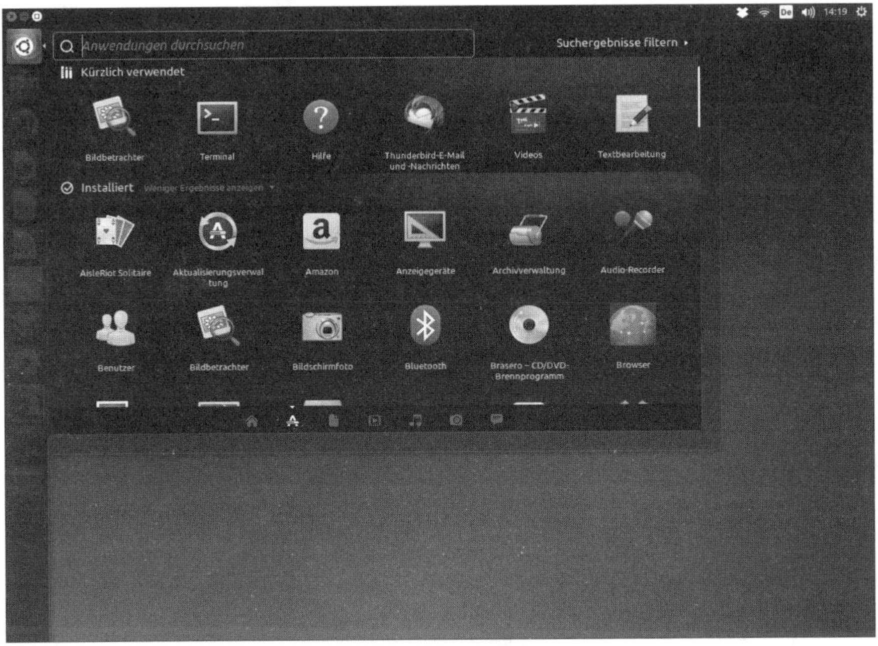

Abb. 3.6: Nicht sehr übersichtlich: die Starter-Erweiterung *Dash*

TIPP

Sie können den Dash-Startbildschirm alternativ auch aufrufen, indem Sie kurz auf die Taste `Windows` tippen.

Der Dash-Startbildschirm ist durchaus noch nicht ausgereift und nicht besonders übersichtlich. In dem halb transparenten Fenster bekommen Sie einen Überblick über die zuletzt genutzten Dateien und Programme. Sie können durch alle installierten Programme scrollen und bekommen Empfehlungen zum Herunterladen von Anwendungen. Sollten Sie in der Zwischenzeit eine Vielzahl von Programmen installiert haben, ist die praktische Leiste der Anwendungssuche zu empfehlen. Die Suche ist kontextabhängig und bietet interessante Alternativen zu den bereits installierten Programmen.

Suchen Sie also beispielsweise eine Software zur Bildbearbeitung, geben Sie den Suchbegriff `Bildbearbeitung` in das Suchfenster ein. Dash zeigt Ihnen jetzt nicht nur die bereits installierten Programme, sondern auch eventuell mögliche Alternativen. Sollten Sie gar kein Programm installiert haben, bietet Dash einen empfehlenswerten Download an.

Am unteren Bildrand von Dash finden Sie sechs Symbole, die sogenannten *Lenses*, die eine Vorsortierung darstellen:

- Beim Klick auf das erste Symbol erscheinen die letzten benutzten Programme und die fünf letzten benutzten Dokumente. Die Suchleiste ermöglicht eine globale Suche. Diese Suche und die damit eingebundenen Suchmaschinen sind Gegenstand leidenschaftlicher Diskussionen innerhalb der Community. Es werden standardmäßig auch Unternehmen wie Google oder Amazon mit einbezogen. Sie können die Suche allerdings einfach filtern, indem Sie die Suchkategorien und die Quellen einschränken. Klicken Sie dazu auf den Button SUCHERGEBNISSE FILTERN und wählen Sie die gewünschten Quellen aus.
- Das zweite Symbol befasst sich nur mit den Anwendungen: die letzten benutzten Programme und eine Möglichkeit, durch alle installierten Programme zu scrollen.
- Das dritte Symbol befasst sich mit Dateien und Ordnern: die letzten benutzten Dateien und die letzten Ordner. Das soll Ihnen die Rückkehr zu gerade bearbeiteten Dateien erleichtern.
- Die Symbole vier bis sechs ermöglichen Ihnen den Direktzugang zu gespeicherten Filmen, Bildern und Musikdateien.

So entfernen Sie die Suche bei Amazon

Es ist ein Ärgernis, denn einerseits verpflichtet sich Ubuntu zu Werten wie Sicherheit und informationeller Selbstbestimmtheit, andererseits werden alle Suchanfragen aus dem Dash aus finanziellen Gründen an Amazon weitergeleitet. Andere kommerzielle Anbieter stehen wohl auch schon in den Startlöchern. Zwar betonen die Macher von Ubuntu, die Daten würden anonymisiert, allerdings sprechen namhafte Internetaktivisten schon von Spyware.

Sie können die Suchoption für das Internet vollständig in den Systemeinstellungen löschen. Klicken Sie dazu auf die Registerkarte SICHERHEIT UND DATENSCHUTZ. Wählen Sie hier SUCHE und deaktivieren Sie die Option ONLINE-SUCHERGEBNISSE VERARBEITEN. Dies führt allerdings dazu, dass Sie gar keine Online-Suche mehr nutzen können. Wenn Sie z. B. Wikipedia oder das Online-Radio gerne weiter nutzen möchten, müssen Sie die nicht gewünschten Apps, wie eben die Amazon-Werbung, einzeln deaktivieren.

Klicken Sie dazu auf das oben beschriebene zweite Symbol. Jetzt zeigen sich Ihnen alle installierten Programme.

Klicken Sie mit der rechten Maustaste auf das Amazon-Symbol. Im sich jetzt öffnenden Fenster können Sie den Störenfried ganz einfach entfernen.

Eigene Lenses im Dash installieren

Die Auswahl installierbarer Lenses ist sehr übersichtlich. Sie finden eine Sammlung von installierbaren Lenses auf der Internetseite *http://askubuntu.com/questions/38772/what-lenses-for-unity-are-available.*

Probieren Sie doch einmal, die Wikipedia-Lens zu installieren. Dies würde dazu führen, dass ein Suchbegriff, den Sie in die Dash-Suchleiste eingeben, an Wikipedia gesendet würde und Sie ein Ergebnis erhalten, ohne vorher den Browser zu starten und die Wikipedia-Seite aufrufen zu müssen.

Da es allerdings keine Möglichkeit gibt, Lenses direkt mit Hilfe von Ubuntu-Software zu installieren, starten Sie die dazu die Anwendung Terminal. Dies tun Sie, indem Sie im Dash auf das zweite Symbol (ANWENDUNGEN) klicken und in das Suchfenster `Terminal` eintippen. Klicken Sie auf das Terminalsymbol und das sagenumwobene schwarzweiße Fenster öffnet sich.

Nun tippen Sie die folgenden Zeilen ein:

```
sudo add-apt-repository ppa:scopes-packagers/ppa

sudo apt-get update && sudo apt-get install unity-lens-wikipedia
```

Bestätigen Sie Ihre Eingabe mit der Enter-Taste. Danach werden Sie nach Ihrem Passwort gefragt. Geben Sie das Passwort ein, mit dem Sie sich im System angemeldet haben. Auf diese Art beauftragen Sie die Ubuntu-Software, diese Lens für Sie zu installieren und auf dem neusten Stand zu halten. Nun startet der Installationsprozess, an dessen Ende die Installation einer zusätzlichen Lense steht.

3.5 Das Panel

Die wichtigste Aufgabe des *Panels* ist es, die Menüfunktionen der Anwendung zu übernehmen, die gerade im Vordergrund ist, mit der Sie also gerade arbeiten. Klingt kompliziert, ist es aber nicht. Wenn ein Programm gestartet wird, dann sind in der Fensterleiste, also der oberen, grauen Leiste des Programmfensters, keine Menüverknüpfungen mehr zu sehen. Diese werden erst sichtbar, wenn Sie mit der Maus auf das Panel ganz oben am Schreibtisch fahren. Die Menüs aller Programme an einer Stelle, unabhängig vom Anwendungsfenster, nennt Ubuntu *Globales Menü*. Der Vorteil liegt in der Platzersparnis im Vergleich zu einem dauerhaft sichtbaren Menü, immerhin soll Ubuntu auch auf kleinen Netbooks gut funktionieren.

Abb. 3.7: Das Panel im Bildmodus: kein Menüpunkt zu sehen ...

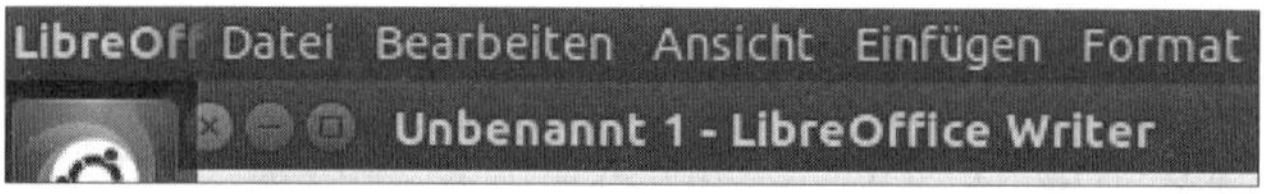

Abb. 3.8: ... bis die Maus über das Panel fährt und das Menü sichtbar wird.

Die Idee des globalen Menüs ist von vorneherein dahingehend kritisiert worden, dass es bei mehreren gleichzeitigen Anwendungen unpraktisch sei.

So schalten Sie das globale Menü ab

Öffnen Sie die Systemeinstellungen und hier den Bereich DARSTELLUNG. Klicken Sie auf die Registerkarte VERHALTEN und wählen Sie aus, ob Sie die Menüs für ein Fenster in der Menüleiste (Standard) oder in der Titelleiste des Fensters angezeigt bekommen wollen.

Abb. 3.9: Wird das globale Menü abgeschaltet, erscheinen die Menüpunkte in der Titelleiste des aktiven Fensters.

3.6 Die Benutzermenüs

Am rechten oberen Bildschirmrand befinden sich die *Benutzermenüs*.

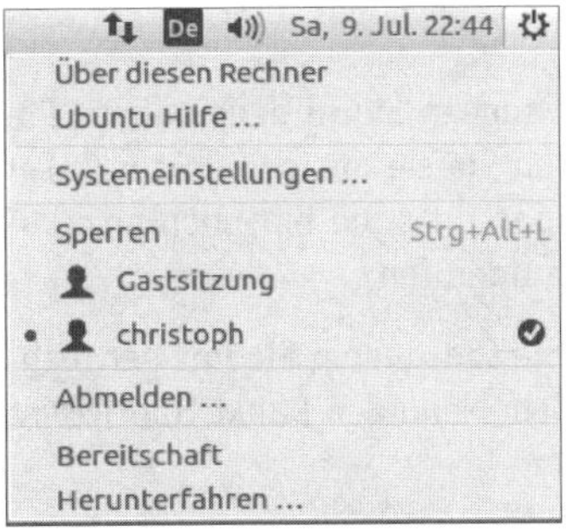

Abb. 3.10: Die Benutzermenüs

Die Anzeigen des Benutzermenüs hängen von der Art des verwendeten Computers und einiger Programme ab: Benutzen Sie beispielsweise Sie ein Laptop, finden Sie die Anzeige der Energieversorgung. Programme wie Skype bieten ein Symbol für den Verbindungsstatus. Darüber hinaus finden Sie Informationen über den Netzwerkstatus, einen Lautstärkeregler und die Uhrzeit. Klicken Sie auf die Einträge, können Sie einige Einstellungen vornehmen, z. B. die Lautstärke regeln oder sich außer der Uhrzeit auch noch das Datum anzeigen lassen.

Der äußerste rechte Menüknopf bietet weitergehende Einstellungen an. So finden Sie hier einen Zugang zu den Systemeinstellungen. Wie Sie sehen können, sind die Einstellmöglichkeiten sehr übersichtlich und beschränkt. Hier wird die Zielgruppe – der Linux-Einsteiger – deutlich: Ubuntu ist keine Distribution für Menschen, die gerne an ihrem System herumschrauben, sondern für solche, die sich darin zurechtfinden wollen.

Sollten Sie Ihren Computer in der Öffentlichkeit benutzen und ihn einmal kurzfristig verlassen müssen, können Sie den Bildschirm sperren. Um ihn wieder zu nutzen, müssen Sie Ihr Passwort eingeben.

Außerdem können Sie hier den Nutzer ändern, ohne den PC erst runter- und dann wieder heraufzufahren.

Schließlich können Sie sich noch von Ihrem Rechner abmelden, den Computer in den Standby-Modus versetzen oder ihn vollständig herunterfahren.

3.7 Die Arbeitsfläche

Dem Minimalismus von Ubuntu, das ja auch auf Netbooks mit kleinem Bildschirm komfortabel und übersichtlich laufen soll, ist die Tatsache geschuldet, dass sich auf der Arbeitsoberfläche Symbole für Dateien und Ordner, nicht allerdings für Programme ablegen lassen.

Öffnen Sie über den Starter den *Persönlichen Ordner*, suchen Sie in den Ordnern *Dokumente*, *Bilder* o. Ä. die gewünschte Datei und ziehen Sie sie mit gedrückter linker Maustaste auf die Arbeitsfläche. Es erscheint ein Symbol, das Sie nur noch anzuklicken brauchen, und das gewünschte Dokument wird aufgerufen.

Sollte Ihnen der Hintergrund nicht zusagen, ändern Sie ihn, indem Sie mit der rechten Maustaste auf die Arbeitsfläche klicken und aus dem Menü den Punkt Hintergrund der Arbeitsfläche ändern auswählen.

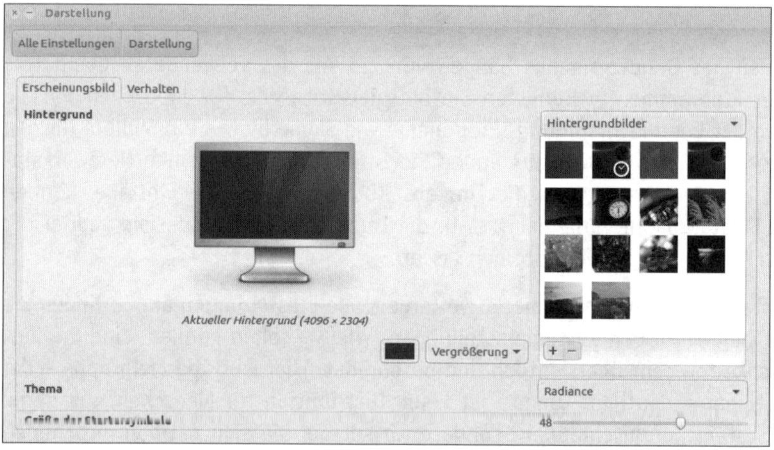

Abb. 3.11: Die Einstellmöglichkeiten für *Unity* sind zuerst einmal recht beschränkt.

Die Registerkarte ERSCHEINUNGSBILD ermöglicht es Ihnen, ein anderes Hintergrundbild zu wählen. Einige Angebote sind bereits angelegt. Klicken Sie einmal auf eines der Bilder. Wenn es Ihnen gefällt, reicht es, oben auf das orangefarbene Kreuz zu klicken.

Sie haben auch die Möglichkeit, das *Thema* zu verändern. Das voreingestellte Thema heißt *Ambiance*. Schauen Sie, was passiert, wenn Sie in dem Dropdown-Menü ein anderes Thema auswählen.

TIPP

Sollten Ihnen beispielsweise die dunkel hinterlegten Menüs nicht zusagen, versuchen Sie es mit der Option RADIANCE.

Wie Sie schon vorhin gesehen haben, können Sie noch die Größe der Starter-Symbole verändern, um eventuell mehr Platz auf der Arbeitsfläche zu schaffen. Um die letzte Einstellmöglichkeit für die Arbeitsfläche aufzurufen, aktivieren Sie die Registerkarte VERHALTEN und schalten DEN STARTER AUTOMATISCH AUSBLENDEN ein. Jetzt wird der Starter nur sichtbar, wenn Sie mit der Maus zur linken Seite fahren und eine Sekunde warten.

Leider ist es nicht möglich, die vier Arbeitsflächen unterschiedlich zu gestalten. Dies wäre zum Beispiel sinnvoll, um auf einer Arbeitsfläche die Symbole für Textverarbeitung und auf einer anderen die Symbole für die Internetnutzung oder Multimediaanwendungen zu gruppieren. Änderungen am Hintergrundbild und an der Anordnung von Symbolen auf der Arbeitsfläche gelten leider immer gleich für alle Arbeitsflächen.

TIPP

Wenn Sie die Arbeitsflächen verschieden gestalten wollen, können Sie das mit einer Anwendung namens *CompizConfig* tun. Nur sollten Sie sehr vorsichtig sein, Sie können den Desktop auch unbrauchbar machen.

Im Wesentlichen sind dies auch schon alle Einstellmöglichkeiten, sehr zum Unwillen der erfahrenen Linux-Nutzer. Für den Einsteiger reicht es allemal.

3.8 Zwei Programme parallel auf einer Arbeitsfläche

Versuchen Sie einmal Folgendes: Starten Sie ein beliebiges Programm, z. B. *LibreOffice Writer*, die Textverarbeitung. »Greifen« Sie nun mit der Maus das Fenster ganz oben (da wo *LibreOffice* steht) und versuchen Sie, das Fenster links aus dem Bild zu schieben. Es wird kurz farbig aufleuchten und dann auf die Hälfte des Bildschirms maximiert. Diese Funktion, die bei Windows 7 *Aerosnap* heißt, ermöglicht es, auf einfache Weise zwei Fenster nebeneinander im halben Vollbildmodus darzustellen – praktisch, wenn Sie Daten von einem zum anderen Fenster kopieren wollen.

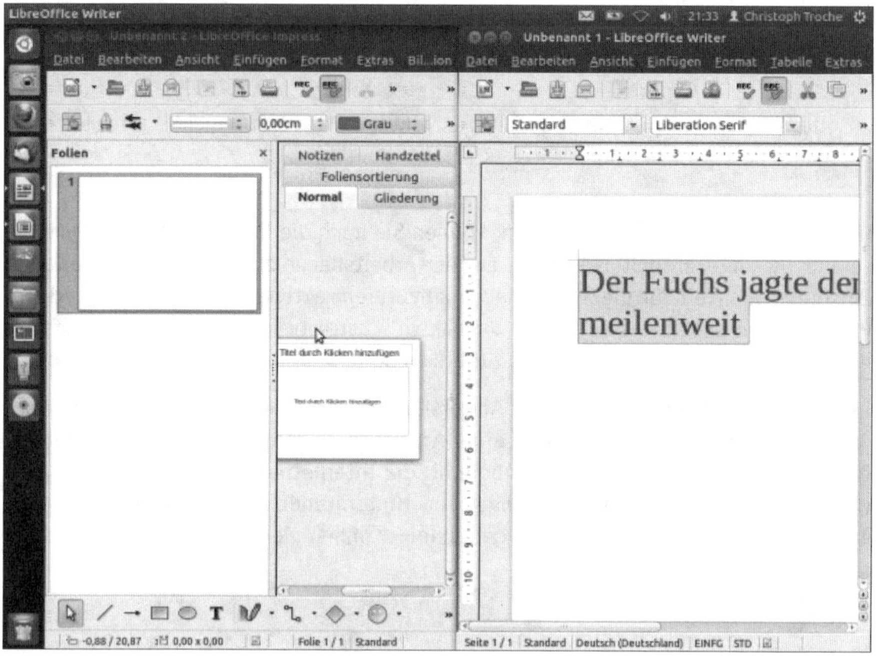

Abb. 3.12: Wie Sie sehen, sind eine Instanz von Writer und eine von Impress gestartet: Mit Writer wurde ein Text verfasst, der einfach auf eine Folie in Impress hinübergezogen wird.

Um ein Programm wieder im Vollbild darzustellen, ziehen Sie das Programm nicht seitlich, sondern oben aus dem Bild.

3.9 Der persönliche Ordner

Im Bereich des Starters finden Sie auch ein Symbol, der Ihren persönlichen Ordner aufruft. Dieses Programm heißt *Nautilus*, firmiert hier allerdings unter dem Namen *Dateien*. Es dient zum Verwalten, also zum Durchsuchen, Verschieben, Speichern und Löschen von Dateien.

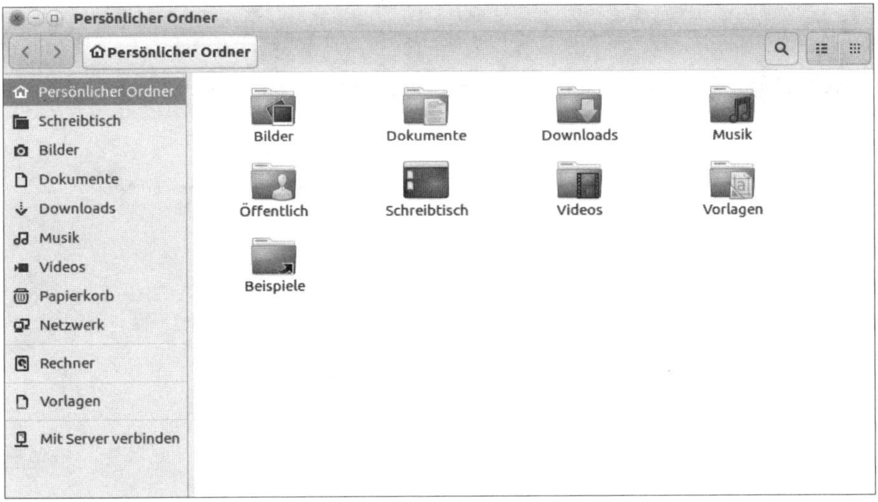

Abb. 3.13: Ihr persönlicher Ordner

Auf der linken Seite des Fensters sehen Sie die als obersten Eintrag den Persönlichen Ordner: hier finden Sie eine Reihe von noch leeren Ordnern, auch genannt *Lesezeichen*. Die Inhalte dieser Ordner ermöglichen einen schnellen Zugriff auf Ordner und Dateien und sind nur für Sie als Benutzer sichtbar. Wenn sich ein Kollege oder Familienmitglied auf dem Computer anmeldet, findet er an dieser Stelle seine eigenen Inhalte. Die meisten Programme sind so konfiguriert, dass sie Ihnen diese voreingestellten Ordner zum Speichern Ihrer Textdokumente, Musikdateien oder Downloads anbieten.

Um ein eigenes Lesezeichen anzulegen, müssen Sie den *home*-Ordner öffnen. Klicken Sie Dazu im Menü auf den Eintrag Los und hier auf Eltern-Ordner öffnen. Nun können Sie über den Menüeintrag Lesezeichen / Lesezeichen für diesen Ort anlegen einen eigenen Eintrag erstellen.

Geräte. Hier werden alle angeschlossenen USB-Sticks, CD-ROMs und der Teil der Festplatte, auf dem Sie Ihr Windows installiert haben, sichtbar. Sie können so also auf die Inhalte zurückgreifen, die Sie bereits als Windows-Benutzer erstellt haben. Das wird uns im nächsten Kapitel, wenn es um das Feintuning geht, nützlich sein.

Darunter, im Bereich Rechner, wird das Dateisystem, das nicht die gleiche Struktur wie unter Windows aufweist, sichtbar. Dieses schauen wir uns in einem späteren Kapitel genauer an.

TIPP

Weitere Informationen und Tipps zu Nautilus erhalten Sie in *Kapitel 11*.

Kapitel 4

Finetuning – Ubuntu wird eingerichtet

Ziel des Kapitels

- Sie richten Ubuntu so ein, dass Sie wie gewohnt arbeiten können. Sie richten Ihre Netzwerkverbindung ein, sodass Sie das Internet nutzen können. Außerdem lernen Sie, Programme nach eigenem Geschmack zu installieren.

Schritte zum Erfolg

- Einrichten der Internetverbindung
- Erkennen der WLAN-Hardware
- Einrichten der Grafikkarte
- Einrichtung der peripheren Geräte
- Das Ubuntu-Software-Programm
- Software aus einer anderen Quelle installieren

4.1 Ubuntu nach den eigenen Bedürfnissen einrichten 66
4.2 Die Netzwerkverbindungen einrichten 67
4.3 System aktualisieren 78
4.4 Sprachpakete komplettieren 81
4.5 Die Grafikkarte einrichten 81
4.6 Drucker einrichten 84
4.7 Einen Scanner einrichten 85
4.8 Anwendungen nachinstallieren 85
4.9 Programme aus einer anderen Quelle installieren 89
4.10 Weitere Quellen in Ubuntu-Software einbinden 92

4.1 Ubuntu nach den eigenen Bedürfnissen einrichten

Während des Live-Betriebs haben Sie erfahren können, ob alle Hardwarekomponenten auf Anhieb mit Linux funktionieren, und aufgeschrieben, welche Geräte Nacharbeit erfordern. Die Hardwareerkennung ist mittlerweile so gut, dass es wahrscheinlich keinerlei Probleme gibt. Unter Umständen konnten Sie das eine oder andere Problem mit der Aktualisierung schon lösen. Hier hat Ubuntu die vorhandene Hardware analysiert und gegebenenfalls vorhandene Treiber installiert.

TIPP

Treiber sind Programme, die es dem Computer ermöglichen, mit angeschlossenen Geräten, z. B. Druckern, zu kommunizieren. Da Linux immer noch von einer Minderheit genutzt wird, haben einige Hersteller aus finanziellen Gründen kein Interesse, Treiber außerhalb von Windows oder Mac OS zu programmieren. Viele der benötigten Treiber entstammen daher der ehrenamtlichen Arbeit engagierter Programmierer, die die Programme dann der Allgemeinheit zur Verfügung stellen.

Um neue Hardware an Ihren Computer anzuschließen, verbinden Sie das Gerät mit dem Computer, schalten es ein und warten kurz ab, ob Ubuntu über den nötigen Treiber verfügt. Sollte dies nicht der Fall sein, brauchen Sie nicht zu verzagen.

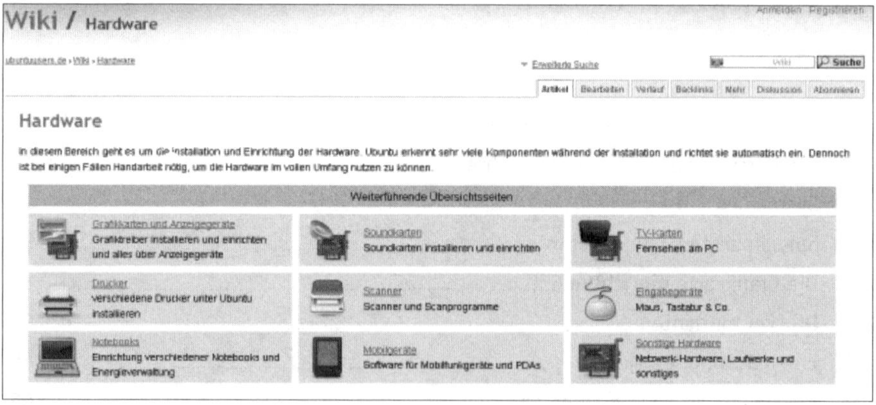

Abb. 4.1: Die deutschsprachige Hardwaredatenbank von *ubuntuusers.de*

WEB

Auf der Website *http://www.ubuntuusers.de* ist so ziemlich jede erdenkliche Hardwareinstallation beschrieben.

Ob Ihr Drucker, Ihre Webcam oder der Scanner erkannt werden, können Sie in der Hardwaredatenbank *https://wiki.ubuntuusers.de/Hardware/* nachschauen. Hier gibt es auch eine Blacklist, also die Auflistung der Geräte, die nicht mit Geld und guten Worten zum Arbeiten bewegt werden konnten.

4.2 Die Netzwerkverbindungen einrichten

Ubuntu ohne Zugang zum Internet macht wenig Spaß. Davon abgesehen lassen sich einige Programme nicht nutzen bzw. Updates nur über Umwege installieren. Im einfachsten Fall sind Sie über einen Router sofort verbunden, doch wenn Sie kabellos online gehen möchten, kann es sein, dass etwas nachgeholfen werden muss.

Per LAN-Kabel

Ich möchte hier eine Lanze brechen für diese Art der Verbindung: Sie ist Old School, aber die Verbindung per Kabel hat eine ganze Menge nicht zu unterschätzender Vorteile: Sie ist ohne Installationsaufwand herstellbar, ist abhörsicher und es muss kein Passwort generiert werden. Darüber hinaus ist sie schneller und viel weniger störanfällig als kabellose Verbindungen. Sie brauchen nur den Router und den Computer mithilfe des Kabels zu verbinden, fertig. Der Router selbst baut die Verbindung auf und stellt diese dann im lokalen Netzwerk zur Verfügung.

Abb. 4.2: Verbinden Sie Ihren Computer über ein Netzwerkkabel mit dem Router, haben Sie in der Regel sofort eine Verbindung.

Per WLAN

Alle modernen DSL-Router besitzen inzwischen die Möglichkeit, Rechner kabellos per WLAN zu verbinden. Allerdings bedeutet das Einrichten des WLAN-Adapters im Computer oftmals ein wenig Arbeit. Linux unterstützt mittlerweile von Hause aus sehr viele WLAN-Karten und Adapter. Dennoch gibt es immer wieder Fälle, wo sich die Hersteller der für die Installation wichtigen Chipsätze weigern, ihre Spezifikationen bekannt zu geben. Aber auch in diesem Fall gibt es Abhilfe. Und so lassen sich mit ein wenig Umstand beinahe alle WLAN-Karten unter Linux installieren.

Um per WLAN ins Internet zu gelangen, müssen Sie zwei Dinge tun:

- Gegebenenfalls dem Computer mitteilen, dass ein WLAN-Adapter angeschlossen ist.
- Sich im richtigen Netzwerk anmelden und identifizieren.

TIPP

Sehr wahrscheinlich erkennt der Computer den WLAN-Adapter sofort. Dies können Sie an diesem Zeichen erkennen: . Sollte das der Fall sein, können Sie den nächsten Absatz überspringen und sich gleich dem Abschnitt *Im Netzwerk registrieren* zuwenden.

Sollte es dem Computer nicht möglich sein, sich mit dem Router zu verbinden, müssen Sie gegebenenfalls einen Treiber installieren. Keine Angst, das ist einfacher, als es sich anhört. Ich werde es Ihnen am Beispiel des weit verbreiteten Fritz!WLAN-USB-Sticks erklären. Zuerst einmal finden Sie heraus, ob der Computer den WLAN-Adapter überhaupt erkennt.

Starten Sie das Terminal. Tippen Sie dazu kurz auf die Taste `Windows`. Dash, die Anwendungsverwaltung von Ubuntu, startet.

Geben Sie bei der Suche `Terminal` ein. Starten Sie das Programm *Terminal,* indem Sie einmal auf das Symbol klicken. Es öffnet sich ein Fenster mit schwarzem Hintergrund.

Geben Sie in dieses Fenster den Befehl `iwconfig` ein und bestätigen Sie den Befehl mit der `Enter`-Taste. Lesen Sie nun, was da steht.

Wenn eine Ausgabe NO WIRELESS EXTENSION erscheint, kann das System den WLAN-Adapter nicht erkennen und Sie müssen einen Treiber installieren.

Um an diesen Treiber zu gelangen, haben Sie zwei Möglichkeiten:

- Mit Ihrer noch funktionierenden Windows-Partition auf die Herstellerseite des Adapters surfen und den Treiber herunterladen.
- Die CD, die mit dem USB-Stick ausgeliefert wird.

Wenn Sie die CD zur Hand haben, legen Sie sie ein und suchen Sie die Datei FWUSB.INF, denn das ist die gesuchte Treiberdatei. Aber wie bekommen wir die auf den Computer? Ganz einfach: mittels eines Programms namens *ndiswrapper*.

Und nun beißt sich die Katze in den Schwanz, denn dieses Programm ist nicht Teil Ihrer Distribution, Sie müssen es erst aus dem Internet herunterladen. Sie brauchen also, um ins Internet zu gelangen, ein Programm aus dem Internet. Wenn Sie einen Fritz!WLAN-Stick verwenden möchten, müssen Sie vorübergehend eine andere Methode für Ihre Internetverbindung wählen. Das oben beschriebene LAN-Kabel ist eine Möglichkeit, ich beschreibe weiter unten aber auch noch andere Methoden. Mithilfe des Programms *Ubuntu-Software* installieren Sie nun das Programm *Windows WLAN Treiber.*

TIPP

Wie Sie Software mithilfe von Ubuntu-Software installieren, erklärt sich fast von selbst. Darüber hinaus beschreibe ich es auch noch einmal weiter hinten in diesem Kapitel.

Nachdem Sie das Programm installiert haben, starten Sie es aus dem Dash heraus.

Tippen Sie kurz auf die `Windows`-Taste, geben Sie im Suchfenster `Windows WLAN Treiber` ein und klicken Sie das Symbol an. Schon startet das Programm.

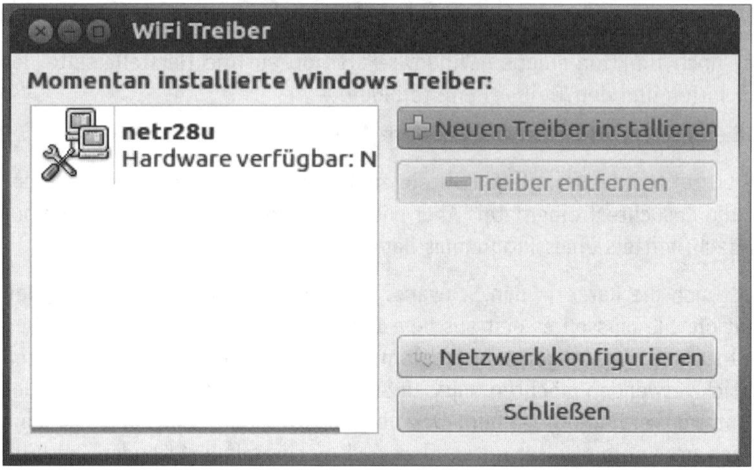

Abb. 4.3: Klicken Sie den orange unterlegten Button an ...

Abb. 4.4: ... woraufhin die Abfrage startet, wo die `.inf`-Datei zu finden ist.

Sie wissen, dass sie sich auf der CD befindet, und wählen den Ort aus.

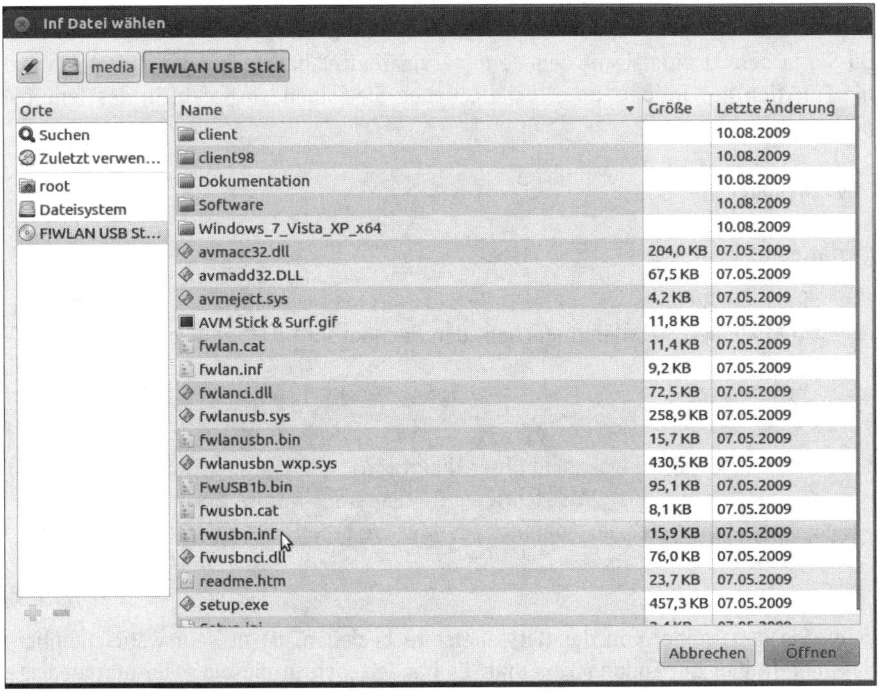

Abb. 4.5: Also markieren Sie die Datei `fwunsb.inf` und klicken auf den Button Öffnen.

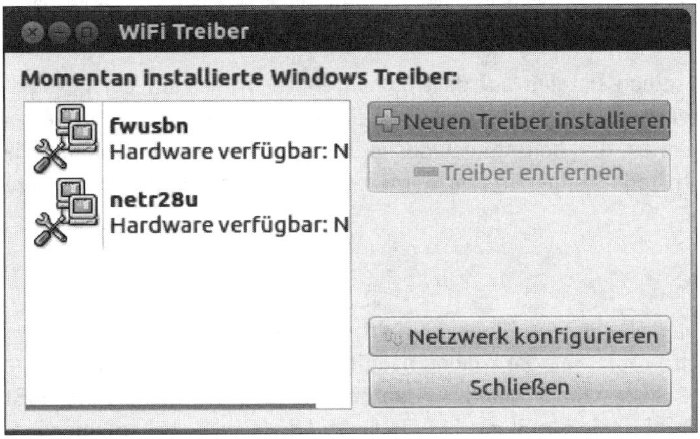

Abb. 4.6: Und schon ist der Treiber installiert.

Starten Sie Ubuntu neu und das sollte es gewesen sein.

Da Sie ja bereits einmal mit dem Terminal gearbeitet haben, können Sie gleich mal die Funktion des Treibers untersuchen. Geben Sie folgenden Befehl in das Terminal ein:

```
ndiswrapper -l
```

Bestätigen Sie mit der [Enter]-Taste.

Erscheint eine Meldung wie `fwlan: driver installed`, haben Sie alles richtig gemacht und können sich daran machen, den Rechner im Internet anzumelden.

> **WEB**
>
> Nahezu alle WLAN-Adapter sind unter Ubuntu installierbar, meistens funktioniert es so wie hier am Beispiel beschrieben. Genauere Hinweise bekommen Sie entweder beim Hersteller des Adapters oder auf der bereits bekannten Internetseite *http://www.ubuntuusers.de.*

Wenn Sie den Treiber von der Herstellerseite beziehen, ist es sehr wahrscheinlich, dass der Treiber die Endung `.exe` hat. Es handelt sich in diesem Falle um gepackte Dateien, die entpackt werden müssen. Gehen Sie dabei wie folgt vor:

Speichern Sie die `.exe`-Datei auf Ihrem Computer; wahrscheinlich wird sie im Download-Ordner gespeichert. Klicken Sie mit der rechten Maustaste auf die `.exe`-Datei und wählen Sie DATEI ENTPACKEN. aus. Wählen Sie als Ziel ruhig denselben Ordner aus.

Jetzt haben Sie dieselben Dateien auf dem Computer wie vorher auf der CD-ROM. Suchen Sie die Datei `fwusbn.inf` und verfahren Sie bei der Installation wie oben beschrieben. Sie können die heruntergeladenen Dateien nun löschen, wenn Sie möchten, nach der Installation der Treiber werden sie auf dem Computer nicht mehr benötigt.

Per Smartphone

Das Zeitalter von Smartphones und iPhones bringt eine Flexibilität mit sich, die vor wenigen Jahren noch Utopie war. Sie können nämlich durchaus auch Ihr Smartphone ab Android-Version 2.2 oder Ihr iPhone als Adapter benutzen. Das Zauberwort heißt *Tethering*. Sie können hierbei sowohl das heimische WLAN als auch, bei entsprechendem Volumentarif, mobiles Internet nutzen. Und dies ist ganz einfach.

Wenn Sie Ihr Smartphone zu Hause nutzen, haben Sie es mit Sicherheit schon so eingestellt, dass Sie Zugriff auf das heimische WLAN haben. Schalten Sie das WLAN-Modul ein und verbinden Sie nun das Smartphone über USB-Kabel mit dem Computer. Die Frage, ob Sie den USB-Speicher aktivieren wollen, quittieren Sie mit Drücken der Zurück-Taste. Rufen Sie die Einstellungen / Drahtlos & Netzwerke auf und scrollen Sie zum Punkt USB-Tethering.

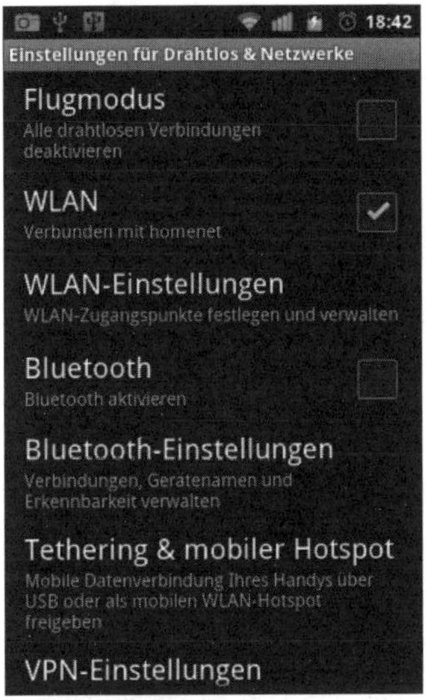

Abb. 4.7: Klicken Sie hier auf Tethering & mobiler Hotspot ...

Abb. 4.8: ... um das USB-Tethering zu starten.

Da alle Zugangsdaten zum WLAN-Netzwerk im Smartphone gespeichert sind, ist am Computer keine weitere Einstellarbeit nötig. Die Verbindung können Sie einfach kontrollieren, indem Sie mit der rechten Maustaste auf das Verbindungszeichen klicken und sich die Kabelnetzverbindung – denn um eine solche handelt es sich nun – anzeigen lassen.

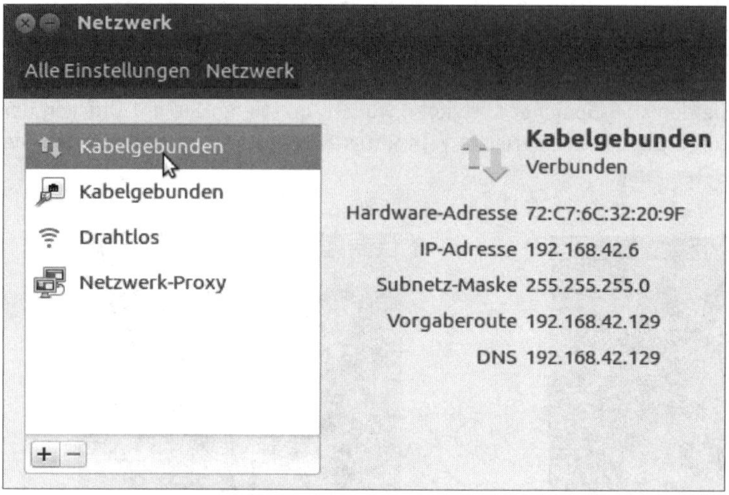

Abb. 4.9: Im Netzwerkmanager werden die Verbindungen angezeigt.

Das Ganze funktioniert unter Ubuntu ganz einfach und ohne zusätzliche Installation von Treibern. Die Geschwindigkeit ist ebenso hoch wie beim WLAN-Modul und auch das Smartphone können Sie wie gewohnt nutzen.

TIPP

Sollten Sie Ubuntu auf einem Laptop installieren, ist es per USB-Tethering möglich, außerhalb des WLAN-Bereichs auf eine mobile Internetverbindung zuzugreifen, sofern Sie einen Vertrag mit Ihrem Anbieter haben. Achten Sie auf eine Flatrate, denn einige Hundert MB Volumentransfer sind auch beim normalen Surfen schnell erreicht.

Per UMTS-Stick

Gelegentlich kann es nötig sein, sich mithilfe eines UMTS-Sticks mit dem Internet zu verbinden. In der Regel werden Sie hier einen Vertrag über ein bestimmtes Volumen abschließen. Diese Art der Internetverbindung ist recht teuer, aber wenn Sie beispielsweise nach einem Umzug auf einen neuen DSL-Anschluss warten oder auch draußen mit dem Laptop schnelle mobile Internetverbindungen benötigen, ist dies die Methode der Wahl.

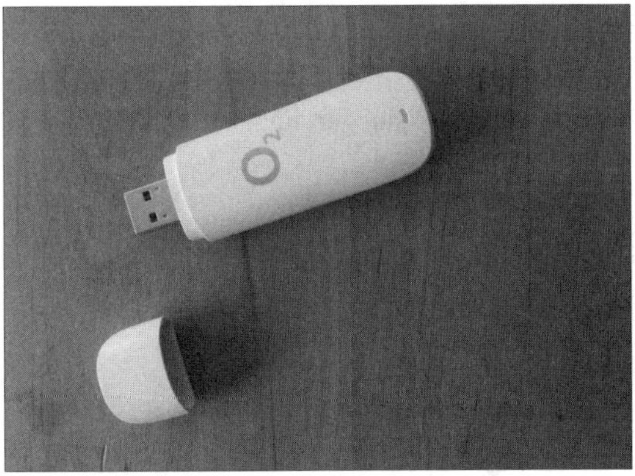

Abb. 4.10: Sieht aus wie ein Speicherstick, ermöglicht Ihnen aber den Zugang zum drahtlosen Breitbandinternet.

Der Anschluss ist sehr einfach: Stecken Sie den UMTS-Stick in die USB-Buchse des Computers und geben Sie den mitgelieferten PIN-Code ein. Dieser wird automatisch abgefragt. Klicken Sie nun in den Systemsteuerungen auf den Button NETZWERK und hier auf den Menüpunkt MOBILES BREITBAND.

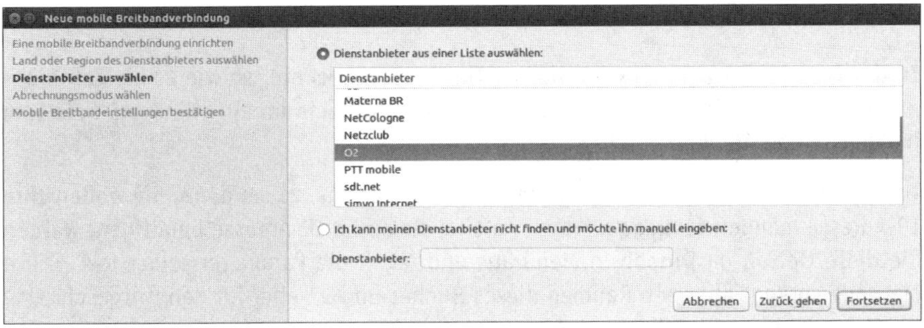

Abb. 4.11: Dialog zur Einrichtung einer UMTS-Verbindung

Sie sollten die Anmeldeunterlagen zur Hand haben, wenn Sie dem Dialog folgen, der je nach Anbieter verschieden umfangreich ist. Der Stick wird vom System automatisch als UMTS-Stick erkannt, Treiber müssen nicht installiert werden.

Mit Ihrem WLAN im Netzwerk anmelden

Nun können Sie sich im Netzwerk anmelden und identifizieren. Dazu benötigen Sie den *Netzwerkmanager*, den Sie bei den Systemeinstellungen finden.

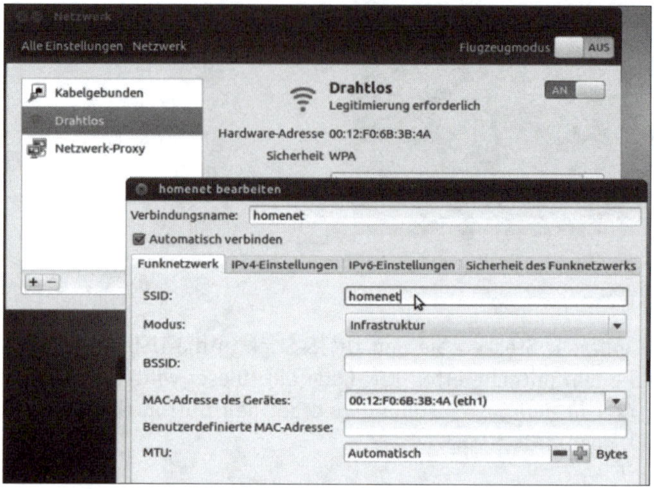

Abb. 4.12: Sie suchen das Drahtlosnetzwerk aus.

In das Feld SSID tragen Sie den Namen Ihres Netzwerks ein, so wie es bis dahin benutzt wurde. Der MODUS heißt INFRASTRUKTUR, wenn es sich um ein ständiges Netzwerk handelt (siehe *Abbildung 4.13*).

Hier ist in aller Regel die Option AUTOMATISCH die richtige, es sei denn, Sie wollen Ihre IP-Adresse manuell festlegen. Wenn Sie eine statische IP-Adresse benötigen, wählen Sie diese Option im Dropdown-Menü aus und legen die Parameter selbst fest. Diese Methode sprengt aber den Rahmen dieses Buches und ist eher für den fortgeschrittenen Nutzer interessant (siehe *Abbildung 4.14*).

Die Sicherheitsparameter, wie die Verschlüsselung und das notwendige Passwort, sind im Router hinterlegt. Dazu müssen Sie wissen, welche Art von Verschlüsselung der Router anbietet. Im Groben sind dies *WPA-Verschlüsselung*, *WEP-Verschlüsselung* und *Keine Verschlüsselung*. Es wird dringend davon abgeraten, auf eine Verschlüsselung zu verzichten. Die WEP-Verschlüsselung ist unsicher und sollte nur genutzt werden, wenn der Router oder die eigene WLAN-Karte definitiv keine WPA-Verschlüsselung unterstützen. Ist eine WPA-Verschlüsselung vorgegeben und vom WLAN-Modul unterstützt, geben Sie noch das Passwort ein. Zum Thema Passwort gibt es einen Exkurs im *Kapitel »Sicherheit«*.

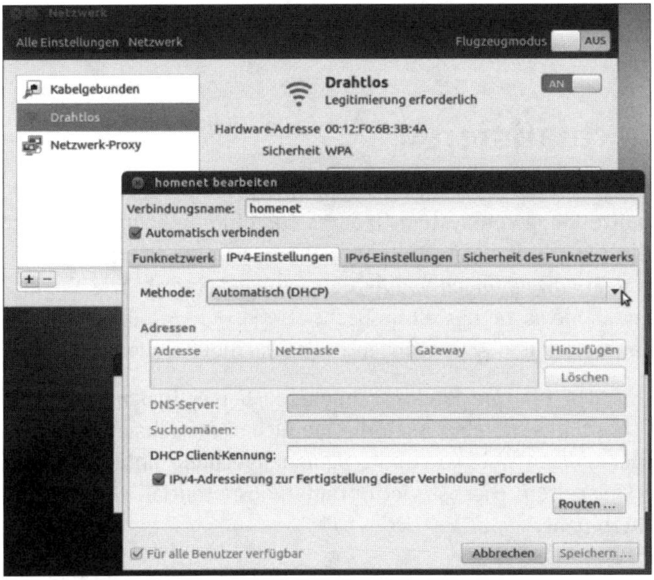

Abb. 4.13: Die IPv4-Einstellung

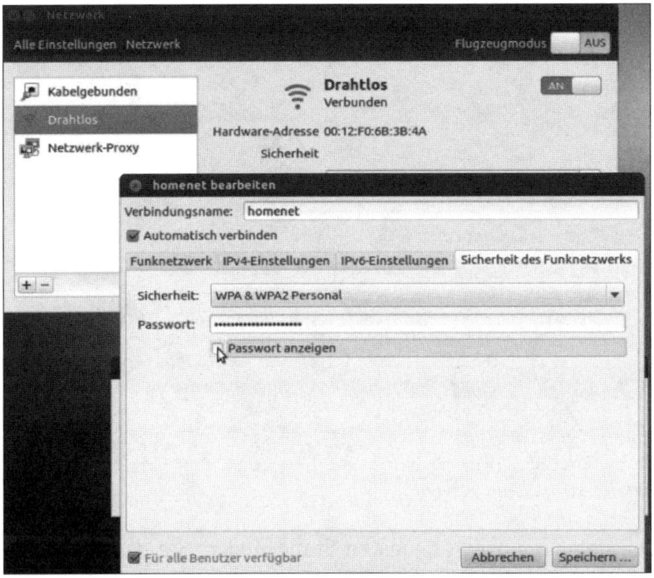

Abb. 4.14: Schlussendlich wählen Sie noch die Sicherheitsparameter.

Jetzt sollte sich der Computer mit dem Router verbinden und den Weg ins Internet finden.

4.3 System aktualisieren

Auch wenn Ihr System während der Installation schon eine Verbindung zum Internet hatte und somit eine ganze Reihe von System-Updates durchführen konnte, ist jetzt die Zeit, erst einmal die Aktualität der installierten Programme zu überprüfen. Sie müssen daher das Programm *Anwendungen und Aktualisierungen* starten. Wie alle installierten Programms finden Sie es am besten im Dash: also `Windows`-Taste drücken oder das Dash-Symbol anklicken und Anwendungen in das Suchfeld eingeben.

Zuerst einmal sollten Sie den für Ihre Region schnellsten Server finden. Denn die Server, von denen Sie Ihre Software, aber auch die möglichen Aktualisierungen herunterladen, sind auf der ganzen Welt verstreut. Dementsprechend unterschiedlich lange dauern auch die Ladezeiten. Hier ist viel Optimierungspotential, wenn es um die Ladegeschwindigkeiten geht.

Klicken Sie im Reiter UBUNTU auf das Dropdown-Menü HERUNTERLADEN VON und hier auf ANDERE. Lassen Sie sich nun den besten Server auswählen, dies erspart Ihnen im Folgenden eventuell viel Zeit.

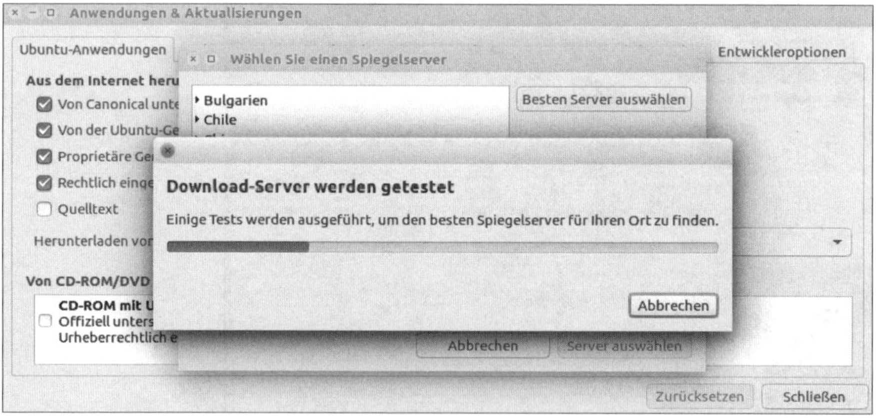

Abb. 4.15: *Die Einrichtung des schnellsten Servers*

Nun bringen Sie alle Programme auf den neuesten Stand, indem Sie das Programm *Ubuntu-Software* starten und den Menüpunkt AKTUALISIERUNGEN auswählen. Das Programm überprüft nun, ob aktuellere Programmpakete zu finden sind. Die können Sie einzeln oder alle gemeinsam installieren. Geben Sie wie bei jeder Installation Ihr Einverständnis, indem Sie mit dem Passwort das Update bestätigen.

Abb. 4.16: *Aktualisierung der Programme in Ubuntu-Software*

TIPP

Sollten Sie dieses Buch erst ein paar Monate oder Jahre nach der Erstveröffentlichung dieser Ubuntu-Version in den Händen halten, seien Sie darauf gefasst, dass es ein paar Hundert Updates sein können, die auch gar nicht auf einmal installiert werden können.

Abschließend sollten Sie noch einmal das Programm *Anwendungen und Aktualisierungen* starten: Der Reiter UBUNTU-ANWENDUNGEN stellt Ihnen schon einige Auswahlparameter zur Verfügung: Wenn Sie ausschließlich freie und Open-Source-Software auf Ihrem Computer haben wollen, sollten Sie auch nur die beiden oberen Häkchen neben MAIN und UNIVERSE setzen. Die Quellen RESTRICTED und MULTIVERSE enthalten Programme und Treiber, deren Quelltext nicht frei ist, wie beispielsweise Gerätetreiber, Musik-und

Video-Encoder. Was bedeutet, dass Sie diese Programme zwar über die sicheren Server herunterladen können und dass die Aktualisierungsverwaltung auch im Blick behält, ob neue Versionen vorliegen, allerdings sieht sich Canonical bei diesen Paketquellen nicht in der Verantwortung und garantiert auch keinen Langzeitsupport.

Die Paketquelle *main* umfasst nur die Programmpakete, die den Ubuntu-Lizenzanforderungen entsprechen und die das Ubuntu-Team auch unterstützt. Für diese Pakete garantiert Ubuntu technische Unterstützung und rechtzeitige Sicherheitspatches.

Die Paketquelle *universe* umfasst ein breites Spektrum an freier Software, die nicht offiziell von Canonical, der Firma hinter Ubuntu, unterstützt wird. Die Update-Intervalle sind unregelmäßig, je nach Engagement der Entwickler.

Die Paketquelle *restricted* umfasst Software, die von Canonical wegen ihrer Wichtigkeit unterstützen, wird, aber keine Open-Source-Software ist. Hierbei handelt es sich oft um Grafikkarten-Treiber. Der Grad an Unterstützung ist allerdings eingeschränkter als für *main*, weil die Ubuntu-Entwickler keinen Zugriff auf den Quellcode haben.

Zur Paketquelle *multiverse* gehört Software, die keine Open-Source-Software ist und auch nicht von Ubuntu unterstützt wird. Dazu gehören z. B. Multimediacodecs für das MP3-Audioformat.

Der dritte Reiter AKTUALISIERUNG ist nicht ganz optimal eingestellt. Hier sollten Sie die Option XENIAL-BACKPORTS deaktivieren. Die Suche nach Aktualisierungen sollte TÄGLICH erfolgen und die Aktualisierungen sollten SOFORT ANGEZEIGT werden. Dies können Sie in den Drop-down-Menüs einstellen.

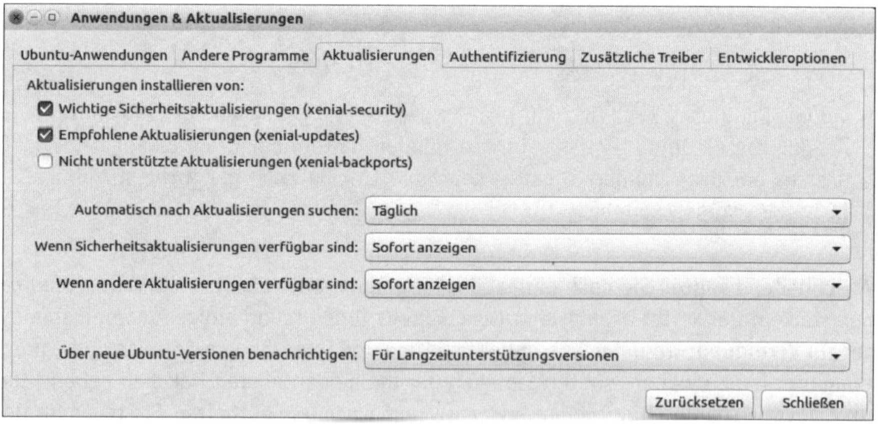

Abb. 4.17: Die besseren Einstellungen im Aktualisierungsprogramm

Nun wird täglich geprüft, ob eine Aktualisierung vorliegt, und wenn ja, werden Sie über ein Icon informiert.

4.4 Sprachpakete komplettieren

Meistens wird – dafür haben Sie ja schon bei der Installation gesorgt – die von Ihnen gewünschte Sprache und damit gleich auch die richtige Tastaturbelegung installiert und festgelegt. Aus welchen Gründen auch immer wird diese Installation allerdings nicht immer ganz zu Ende geführt, Sie merken es erst dann, wenn Sie versuchen, sich mit einem Passwort einzuloggen, das die Buchstaben y oder z oder ein Sonderzeichen enthält. Da diese auf der amerikanischen Tastatur woanders liegen, kann man bei der Anmeldung schon mal verzweifeln.

Schauen Sie sicherheitshalber besser nach, ob die Spracheinstellung die von Ihnen gewünschte Sprache aktiviert hat und ob Ihre Tastaturbelegung die richtige ist.

Sie finden diese Einstellungen im Startmenü unter SYSTEMEINSTELLUNGEN / SPRACHE. Möglichweise wird noch eine Reihe von Sprachkomponenten heruntergeladen und installiert.

4.5 Die Grafikkarte einrichten

In aller Regel erkennt Ubuntu die Grafikkarte und richtet sie vorläufig ein. Sollte Ubuntu die Grafikkarte nicht erkennen – dies kann bei ganz neuen oder ausgefallenen Grafikkarten der Fall sein –, haben Sie dies bereits im Live-Betrieb sehen können, respektive Sie haben nichts sehen können. Sollte Ubuntu Ihre Grafikkarte nicht identifizieren können, wird es schwierig, die Installation von Grafiktreibern unter Ubuntu ist etwas für Experten. Vielleicht müssen Sie in diesem Falle auf Linux verzichten oder eine andere Grafikkarte einsetzen. Um mit Ubuntu allerdings richtig arbeiten zu können, sollten Sie einen vom Hersteller erstellten Grafikkartentreiber installieren. Dazu starten Sie bitte wieder die Systemeinstellungen. Den Dialog zur Installation eines neuen Grafiktreibers finden Sie unter ANWENDUNGEN & AKTUALISIERUNGEN / ZUSÄTZLICHE TREIBER. Nachdem Sie die Registerkarte angeklickt haben, sucht Ubuntu nach eingebauter Hardware und möglichen alternativen Treibern.

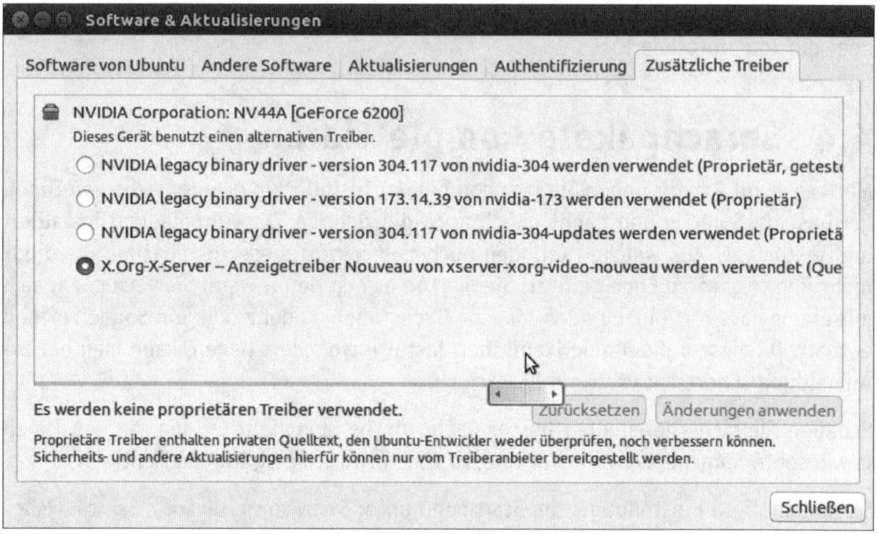

Abb. 4.18: Übersicht über alternative Grafikkartentreiber

Ob und welchen dieser Treiber Sie verwenden sollten, kann ich Ihnen an dieser Stelle natürlich nicht sagen. In der Regel ist der Treiber mit der höchsten Versionsnummer der empfehlenswerte.

Eine Einstellmöglichkeit, die ich Ihnen allerdings nicht vorenthalten möchte, ist die, Ihre Arbeitsfläche mittels eines externen Monitors zu vergrößern. Unter Systemeinstellungen / Monitore haben Sie die Möglichkeit, die Auflösung und Ausrichtung des Monitors einzustellen. In unserem Beispiel habe ich an den Laptop einen externen Monitor angeschlossen, der von Ubuntu erkannt wird (siehe *Abbildug 4.19*).

Im Normalfall wird der Bildschirm gespiegelt, d. h., auf dem Monitor erscheint dasselbe Bild wie auf dem Display des Laptops. Entfernen Sie den Haken bei *Bildschirme spiegeln*, erhalten Sie doppelt so viel Arbeitsfläche. Dabei können Sie die Monitore links und rechts sowie über- oder nebeneinander platzieren. (siehe *Abbildung 4.20*).

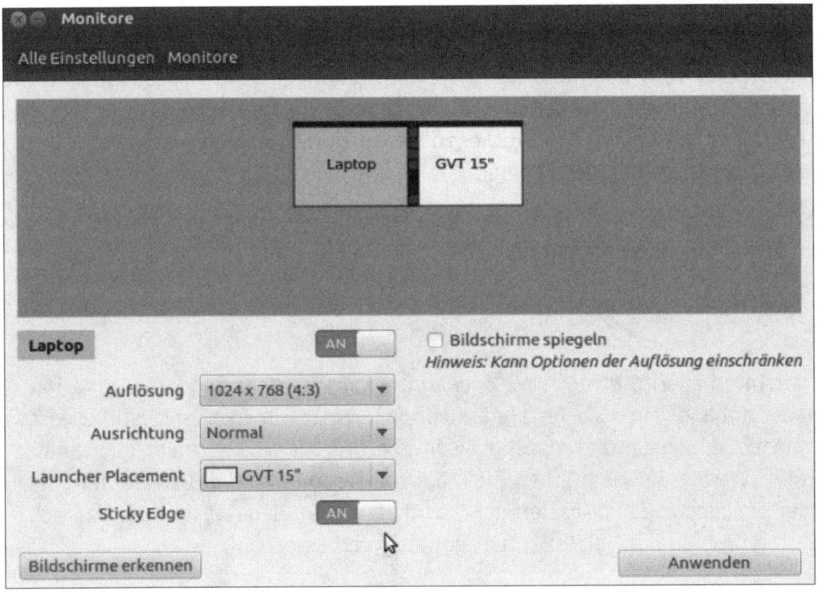

Abb. 4.19: Laptop-Display und Monitor im Parallelbetrieb

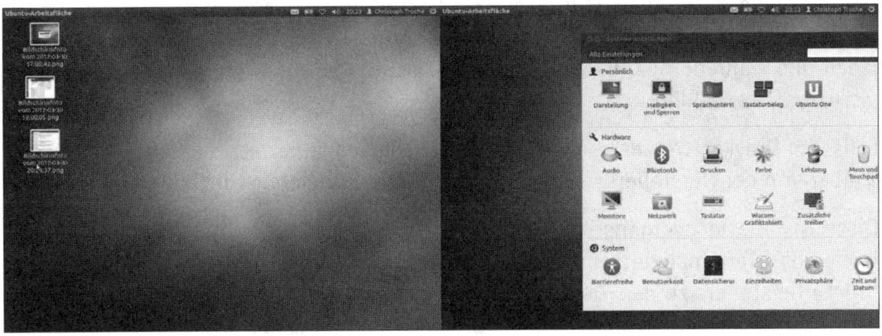

Abb. 4.20: Doppelte Arbeitsfläche bei an den Laptop angeschlossenem Monitor

Die Fenster lassen sich dabei mit der Maus von einem zum anderen Monitor verschieben. Sie können sich aussuchen, welches Programm auf welchem Monitor dargestellt werden soll, und die Inhalte so verschieben, als ob Sie einen großen Monitor vor sich hätten.

4.6 Drucker einrichten

Auch der Drucker wird innerhalb der Systemeinstellungen eingerichtet. Starten Sie die Systemeinstellungen, schließen Sie den Drucker an und schalten Sie ihn ein. Ubuntu wird nun versuchen, den Drucker zu identifizieren. Wählen Sie das Modell aus, das Ihrem Drucker am nächsten kommt.

Ist dies nicht möglich, weil es für den Drucker keinen Treiber gibt, können Sie die Auswahl auch manuell vornehmen.

WEB

Auf der Internetseite *http://www.openprinting.org/printers* finden Sie eine Datenbank, anhand derer Sie feststellen können, ob Ihr Drucker unterstützt wird oder nicht. Sehr neue und manche All-in-one-Drucker werden nicht immer unterstützt. Werfen Sie auch einen Blick auf die Internetseite des Herstellers. Da Drucker oft auch in Linux-basierten Firmennetzwerken genutzt werden, hat sich die Unterstützung der Hersteller hier gewaltig verbessert.

Die Druckersprache *PostScript* spielt unter Linux eine wichtige Rolle. Sollten Sie einen Drucker haben, der mit PostScript Probleme hat, benötigen Sie einen Übersetzer. Diese Dateien haben die Endung `.ppd` (*PostScript Printer Description*). Im Zweifelsfall können Sie eine solche Datei unter der oben genannten Internetadresse herunterladen und während des Dialogs zur Druckerinstallation über die Schaltfläche TREIBER INSTALLIEREN auswählen.

Falls Ihr Drucker trotzdem noch nicht befriedigend arbeitet, müssen Sie sich den Treiber von der Herstellerseite herunterladen und ihn manuell installieren.

Diese Installationsvorgänge sind so vielfältig, wie es Drucker gibt. Sie werden fast immer das Terminal nutzen müssen. Klicken Sie sich auf der Internetseite Ihres Druckerherstellers zu den Treibern durch – meistens sind diese unter *Support* zu finden – und laden Sie die angebotene Datei auf Ihren Rechner herunter.

Hat die Datei die Endung `.deb`, ist die weitere Installation denkbar einfach und wird weiter unten in diesem Kapitel am Beispiel der Installation von *Opera* beschrieben.

Hat die Datei die Endung `tar.gz`, ist es verzwickter. Verfahren Sie wie folgt: Klicken Sie mit der rechten Maustaste auf die Datei und wählen Sie aus dem Kontextmenü HIER ENTPACKEN aus. Es handelt sich nämlich um ein unter Linux sehr gebräuchliches Paketformat. Jetzt erhalten Sie einen Ordner, in dem sich eine Reihe von Unterordnern und einzelnen Dateien befindet. Eine Datei namens `install.sh` oder `run.sh` startet dann den Installationsvorgang. Aber dazu benötigen Sie das Terminal. Sie müssen nun den kompletten Pfad dieser Datei eingeben. Haben Sie die Datei im normalen Download-Verzeichnis gespeichert, lautet dieser Pfad `/home/IHRNAME/Downloads`. Achten Sie auf die Groß- und Kleinschreibung. `IHRNAME` beschreibt natürlich den Namen, mit dem Sie sich im System angemeldet haben. Der vollständige Befehl, den Sie in das Terminal eintippen, lautet:

```
sudo /home/IHRNAME/Downloads/ORDNERNAME/install.sh
```

Das ist sicher nicht so ganz einfach und Sie werden bestimmt einige Versuche unternehmen müssen, bis der Installationsvorgang im Bildschirm des Terminals zu sehen sein wird.

TIPP

Wenn Sie die Datei im *Persönlichen Ordner* mit der rechten Maustaste anklicken, können Sie unter EIGENSCHAFTEN den kompletten Pfad ersehen.

4.7 Einen Scanner einrichten

Einen Scanner einzurichten, ist nicht nötig. Geräte, die das sogenannte *SANE*-Projekt (*Scanner Access Now Easy*) unterstützen und direkt am Computer angeschlossen sind, also nicht über ein Netzwerk angesprochen werden, bereiten keine Probleme. Schließen Sie den Scanner an und starten Sie das Programm *Simple Scan*. Wenn der Scanner anspringt und funktioniert – gut. Wenn nicht, haben Sie je nach Hersteller wenig Chancen, ihn zum Laufen zu bringen.

Einige Scanner von Agfa benötigen beispielsweise eine andere Firmware, während für Geräte der Firma Brother eigene Linux-Treiber zur Verfügung stehen. Auf jeden Fall: Sollte Ihr Scanner nicht funktionieren, planen Sie viel Zeit ein oder denken Sie über einen Wechsel nach.

4.8 Anwendungen nachinstallieren

Vielleicht ist Ihnen schon einmal aufgefallen, dass es bei dieser Distribution zwar einen Bildbetrachter, aber keine Bildbearbeitung gibt. Anhand des Bildbearbeitungsprogramms *Pinta* werde ich Ihnen zeigen, wie man mithilfe von *Ubuntu-Software* Programme installiert.

TIPP

Ubuntu-Software verwaltet Installation, Updates und Deinstallation von Programmen und greift dabei auf ein von Canonical verwaltetes Archiv zu. Die hier gesammelten Programme sind oft quelloffen und kostenlos. Die Installation von Software über *Ubuntu-Software* ist besonders sicher, da die Programme garantiert frei von Schadsoftware sind.

Starten Sie das Programm *Ubuntu-Software* durch Anklicken des Symbols im Starter.

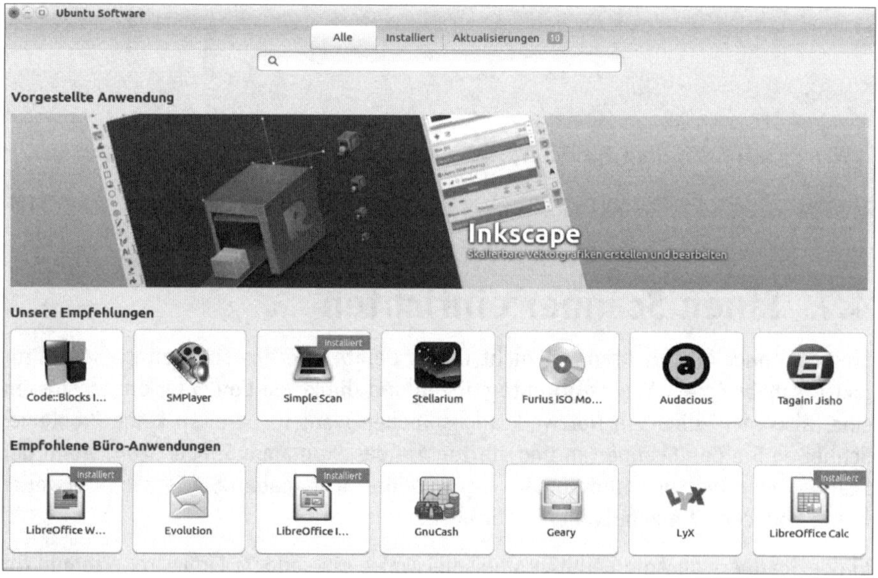

Abb. 4.21: Ubuntu-Software ist die sichere Quelle zum einfachen Installieren und Deinstallieren von Programmen.

Ubuntu-Software hilft dabei, sehr komfortabel nach Programmen zu suchen, Bewertungen anderer Benutzer zu lesen und sich vorab über die Software zu informieren. Alle Installationsvorgänge laufen vollautomatisch ab, sodass man nichts falsch machen kann.

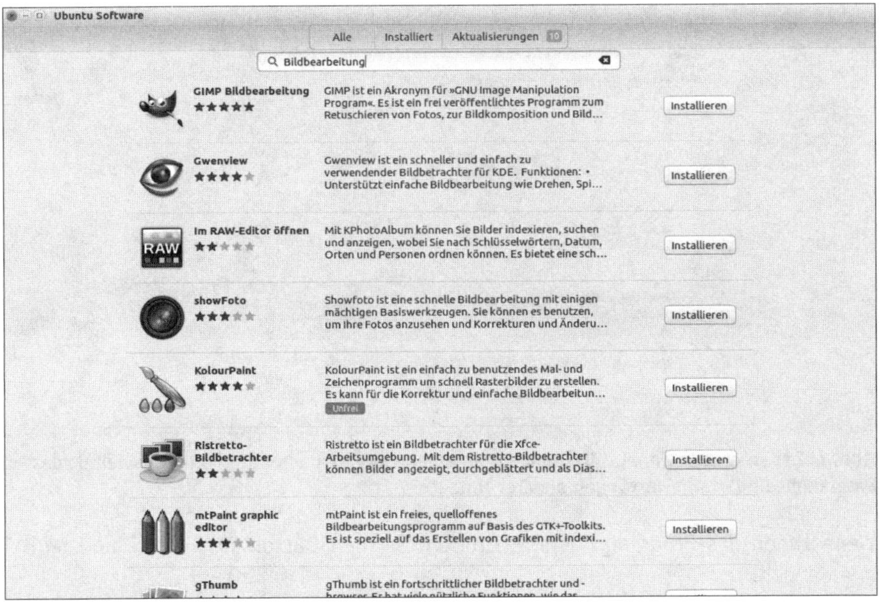

Abb. 4.22: Die Programmauswahl bei der Suche nach einer Bildbearbeitung

Im obigen Beispiel habe ich den Begriff *Bildbearbeitung* in die Suchmaske eingegeben, um mir eine Auswahl anzeigen zu lassen. Das Programm *Gimp*, das auch außerhalb der Linux-Welt erhältlich ist, ist mir für meine Zwecke viel zu umfangreich, daher lade ich mir das Programm *Pinta* herunter. Um mir einen ersten Eindruck von dem Programm zu verschaffen, klicke ich den Button Weitere Informationen an und folgendes Bild erscheint:

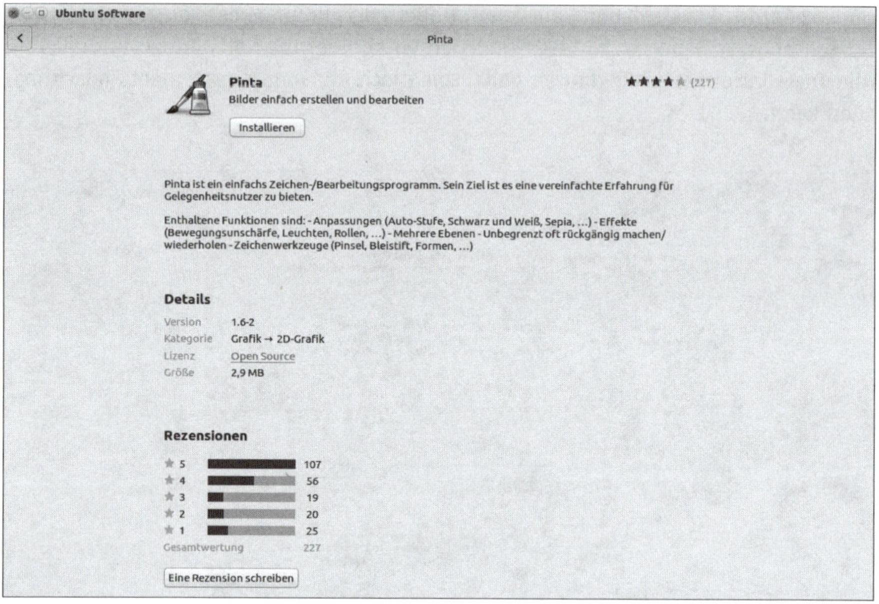

Abb. 4.23: In diesem Fenster bekommen Sie einen Überblick über die Funktionsvielfalt des Programms und die Bewertungen anderer Nutzer.

Wenn Ihnen das Programm gefällt, drücken Sie den Button INSTALLIEREN und legitimieren sich.

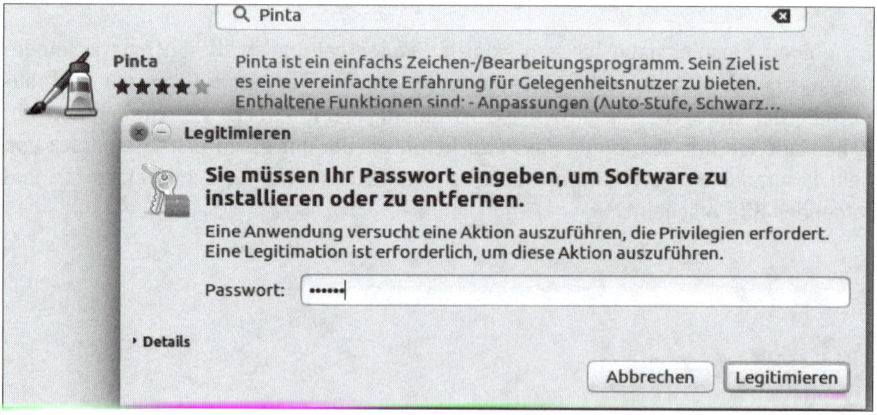

Abb. 4.24: Bei jeder Installation muss das Passwort eingegeben werden.

Die Eingabe des Passworts ist eine ganz wichtige Sicherheitsmaßnahme. Nichts wird auf diesem Computer installiert, worüber Sie nicht befragt werden. Solange Sie Ihre Programme über Ubuntu-Software beziehen, sind Sie, was Schadsoftware angeht, auf der sicheren Seite.

Nachdem das Programm heruntergeladen ist, installiert es sich automatisch und ohne Ihr Zutun. Sie können das Programm nun nutzen, indem Sie die Dash-Startseite aufrufen und auf das Symbol von *Pinta* klicken.

Suchen Sie sich bei Ubuntu-Software so viele Programme aus, wie Sie möchten. Sie sind garantiert virenfrei, meist kostenlos und ebenso einfach installiert wie bei Nichtgefallen wieder deinstalliert.

Troubleshooting

Sollte es während eines Installationsvorgangs zu einer Verbindungsunterbrechung kommen, kann es passieren, dass Ubuntu-Software in Zukunft seinen Dienst verweigert. Sie können dem begegnen, indem Sie das Terminal starten und ganz genau Folgendes eingeben:

```
sudo apt-get clean

sudo apt-get update

sudo apt-get upgrade
```

Bestätigen Sie jede Zeile mit der `Enter`-Taste und geben Sie, wenn Sie dazu aufgefordert werden, das Passwort ein.

Danach geschehen auf dem schwarzen Monitor Dinge, die ein wenig an die Anfangszeiten der EDV erinnern. Die Paketdateien werden nun neu organisiert und das Softwareinstallationsprogramm tut wieder das, was es soll.

4.9 Programme aus einer anderen Quelle installieren

Sie können Programme aber natürlich auch aus einer anderen Quelle installieren, müssen sich allerdings darüber im Klaren sein, dass Sie hier möglicherweise unsicheres Gelände betreten. Solange Sie sich ein Programmpaket von seriösen Anbietern herunterladen, kann eigentlich nichts passieren. Trotzdem werden Sie vom System eindringlich gewarnt werden, diese Software nicht zu installieren. Wir schauen uns eine solche Installation einmal anhand des Beispiels *Opera* an, eines alternativen, sehr schnellen Browsers.

Opera ist ein Beispiel für proprietäre, also nicht freie Software. Dieses Prinzip wird eigentlich von Ubuntu nicht unterstützt. Da es sich hier aber um ein kommerzielles Angebot handelt, muss sich der Hersteller natürlich vor Kopierern schützen und legt den Quellcode seines Programms nicht offen. Besuchen Sie die Internetseite von Opera und suchen Sie hier den Link zu den Downloads.

Abb. 4.25: Die Datei, mit der Sie Opera installieren

Wählen Sie die Option Öffnen mit und Software-Installation. Ubuntu wird nun mithilfe von Ubuntu-Software das Programm auf Ihrem Computer installieren. Allerdings werden Sie vorher noch einmal gewarnt, dass dieses Programm von einem Drittanbieter stammt. Sie können aber bei Opera durchaus sicher sein, dass es sich um einen seriösen Anbieter handelt, deswegen betätigen Sie den Button Installieren und Ubuntu-Software erledigt den Rest, wie Sie es bereits gesehen haben.

Genauso verfahren Sie, wenn Sie die `.deb`-Datei auf Ihrer Festplatte gespeichert haben. Klicken Sie die Datei mit der rechten Maustaste an und wählen Sie die Option Öffnen mit... und Software-Installation. Ubuntu wird nun das Programm auf Ihrem Computer installieren.

TIPP

Achten Sie auf die Endung: .deb. Diese zeigt an, dass es sich bei dem Programm um ein Debian-Programmpaket handelt. Debian ist die Basis der freien Linux-Distributionen, Sie können also mit allen Programmen, die die Endung .deb haben, gleich verfahren.

Programme mit Hilfe des Terminals installieren

Für die einen ist es ein nützliches Werkzeug, für die anderen das Linux an sich: das Terminal, auch Kommandozeile oder Konsole genannt. Dass hier Programme auch mit Hilfe des Terminals installiert und wieder entfernt werden können, versteht sich wohl von selbst. Allerdings müssen Sie hier den genauen Paketnamen kennen, der sich häufig von dem Namen der Anwendung unterscheidet. Die Installation von Paketen funktioniert mit folgendem Befehl im Terminalfenster:

```
sudo apt-get install <paketname>
```

Mit dem Befehl sudo verlangen Sie kurzzeitig Administratorenrechte. Daher müssen Sie nach der Eingabe des Befehls Ihr Administratoren-Passwort eingeben. Um beispielsweise das wunderbare Programm *Calibre* zum Editieren von E-Books herunterzuladen, geben Sie den Befehl

```
sudo apt-get install calibre
```

ins Terminal ein. Für die Deinstallation werden die Optionen REMOVE nur für die Hauptbestandteile oder PURGE für die komplette Deinstallation einschließlich Konfigurationsdateien verwendet. Um *Calibre* mitsamt allen Konfigurationsdateien zu entfernen, geben Sie somit den Befehl

```
sudo apt-get purge caleibre
```

ins Terminal ein.

Alle Befehle im Terminal müssen kleingeschrieben werden.

Sie können jedoch durchaus ein Programm mit einer Methode installieren und mit Hilfe einer anderen wieder entfernen. Denn letztlich greifen alle Installationsmethoden auf das Paketmanagement-System APT zu.

4.10 Weitere Quellen in Ubuntu-Software einbinden

Einige populäre Programme wie *Skype* oder *Flash-Player* werden standardmäßig nicht in Ubuntu-Software angeboten. Um diese unfreie Software einzubinden, bietet Canonical separate Paketquellen an. Um welche Programme es sich dabei handelt, können Sie alphabetisch sortiert auf der Canonical-Archivseite *http://archive.canonical.com/pool/partner/* begutachten.

Diese Paketquellen lassen sich sehr leicht in Ubuntu-Software einbinden, sodass die Programmverwaltung auch bei diesen Anwendungen auf neue Versionen und Updates prüft. Öffnen Sie dazu ANWENDUNGEN & AKTUALISIERUNGEN und klicken Sie im Menü auf ANDERE PROGRAMME. *Hier aktivieren Sie die Option* CANONICAL-PARTNER.

TIPP

Es ist sehr wichtig, dass Sie die Paketquellen aktualisieren, nachdem Sie die zusätzlichen Quellen eingebunden haben. Sie werden beim Schließen der Aktualisierungsverwaltung auch hierzu aufgefordert.

PPA einbinden

Nun haben Sie zwar mit *Opera* ein Programm installiert, aber die Aktualisierungsverwaltung »weiß« nichts von dieser Installation. Es werden also auch keine Updates installiert, sofern der Software-Entwickler keine Funktion eingebaut hat, die beim Start des Programms nach Updates sucht. Selbst dann müssen Sie die Updates immer manuell, abseits der automatischen Aktualisierungsverwaltung, installieren.

Sie können der Aktualisierungsverwaltung allerdings auch mitteilen, dass Sie ein Programm außerhalb Ubuntu-Software installiert haben. Dies passiert mittels eines PPA (***P**ersonal **P**ackage **A**rchive*). Auf den Internetseiten der meisten Anbieter finden Sie mehr oder weniger leicht einen Code, um das PPA einzubinden.

WEB

Nicht alle Anbieter haben eine benutzerfreundliche Internetseite, manchmal muss man schon sehr suchen. Auf folgenden Internetseiten finden Sie die PPA leichter:

https://launchpad.net/ubuntu/+ppas

http://www.ubuntuupdates.org/ppas

Der einfachere Weg, das PPA in Ubuntu einzubinden, führt über das Programm *Anwendungen & Aktualisierungen*. Öffnen Sie hier den Reiter ANDERE ANWENDUNGEN und klicken Sie auf den Button HINZUFÜGEN. In das Dialogfeld geben Sie nun die APT-Zeile ein.

TIPP

Diese APT-Zeile beginnt immer mit *deb http://*.

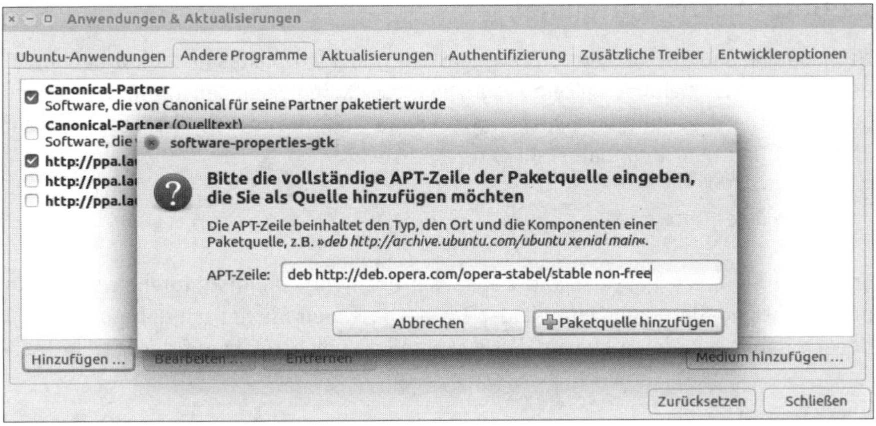

Abb. 4.26: Hier fügen Sie die APT-Zeile ein.

Danach klicken Sie auf PAKETQUELLE HINZUFÜGEN.

Andere Entwickler wählen den Weg über das Terminal. Dies ist nicht schwieriger, nur eben wieder etwas Linux-artiger. Im Falle *Opera* lautet der Code beispielweise:

```
sudo add-apt-repository 'deb https://deb.opera.com/opera-stable/
stable non-free'

wget -qO- https://deb.opera.com/archive.key | sudo apt-key add -
```

Sie müssen diesen Code nur noch per Copy & Paste ins Terminal kopieren, mit Ihrem Passwort bestätigen, fertig

Als Ergebnis erscheint unter dem Reiter ANDERE SOFTWARE ein neuer Eintrag:

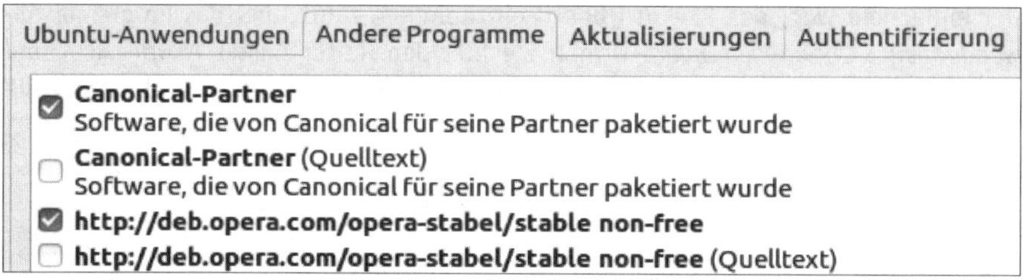

Abb. 4.27: Nun kümmert sich die Aktualisierungsverwaltung auch um diese Programme.

Zu Guter Letzt: Aufräumen

Nachdem Sie nun die Installation fertiggestellt und alle Updates installiert haben, ist es möglich, dass sich noch ältere Programm- oder Kernelversionen auf der Festplatte befinden. Diese beeinflussen nicht so sehr die Performance, sondern nehmen nur Platz weg. Mit dem Terminalbefehl

```
sudo apt-get autoremove
```

entfernen Sie diese Dateileichen. Geben Sie noch Ihr Administratorenpasswort ein und bestätigen Sie die Aktion mit der Taste [J], wenn Sie danach gefragt werden. Danach haben Sie einige hundert MB mehr freien Speicherplatz auf der Festplatte.

Kapitel 5

Nicht nur Thunderbird und Firefox: Kommunikation mit Ubuntu

Ziel des Kapitels

- Sie ziehen mit Ihrem E-Mail-Account und den Browserdaten von Windows nach Ubuntu um. Sie lernen die wichtigsten Eigenschaften von *Thunderbird* und *Firefox* kennen.

Schritte zum Erfolg

- Einrichten von *Thunderbird* und Transfer der Daten aus einem anderen E-Mail-Programm
- Einrichten von *Firefox* und Migration der Daten aus einer Windows-Umgebung
- *Skype*, das Programm für die Videotelefonie, kennenlernen

5.1 Das bisher vorhandene E-Mail-Konto nutzen ... 96

5.2 Von Outlook & Co. zu Thunderbird ... 100

5.3 Lightning, ein Terminkalender in Thunderbird ... 102

5.4 Der online gespeicherte Kalender ... 105

5.5 Mit Thunderbird arbeiten ... 112

5.6 Firefox, der Internetbrowser ... 115

5.7 Mit Firefox umziehen ... 116

5.8 Mit dem Internet Explorer zu Ubuntu umziehen ... 117

5.9 Skypen mit Ubuntu ... 122

5.1 Das bisher vorhandene E-Mail-Konto nutzen

Wenn Sie Ubuntu und Windows parallel betreiben, können Sie Ihre Windows-Umgebung mit minimalem Aufwand sehr viel sicherer gestalten, indem Sie von nun an Windows gar nicht mehr für Internetaktivitäten nutzen. Da Linux das sehr viel sicherere Betriebssystem für den Einsatz im Internet ist, wäre es doch sinnvoll, auch die E-Mails innerhalb der Ubuntu-Umgebung zu verwalten.

Das standardmäßige Programm bei Ubuntu heißt *Thunderbird*. Dieses Programm ist auch innerhalb der Windows-Welt weit verbreitet und gilt als sehr sicher und komfortabel.

TIPP

Ebenso wie der Webbrowser *Firefox* ist auch *Thunderbird* ein Programm, das der Mozilla-Stiftung entstammt, einer gemeinnützigen Stiftung mit denselben Zielen wie auch das Ubuntu-Projekt. Natürlich sind sowohl *Firefox* als auch *Thunderbird* Open-Source-Programme, also freie Software, die beliebig verändert und verbreitet werden dürfen.

Sollten Sie *Thunderbird* bereits nutzen, ist es ein Kinderspiel, mit Ihrem bereits bestehenden Profil nach Ubuntu umzuziehen. All Ihre E-Mails, Kontoeinstellungen und Erweiterungen sind in sogenannten *Profilordnern* gespeichert. Wo diese zu finden sind, haben wir im *ersten Kapitel* bereits gesehen, als Sie diese gesichert haben. Es gibt jetzt mehrere Möglichkeiten, wie Sie dieses Profil weiter nutzen können.

Die für den Anfang einfachste Möglichkeit ist, die Inhalte dieses Ordners nach Ubuntu umzuziehen. Sollten Sie sich später entscheiden, Ubuntu doch nicht mehr zu nutzen, können Sie den Inhalt einfach ohne Verlust wieder zurückkopieren.

Thunderbird ist bereits installiert, Sie müssen also nur auf das Symbol auf dem Starter drücken. Da *Thunderbird* bis zu diesem Zeitpunkt ja keine Information darüber hat, bei welchem E-Mail-Anbieter Sie registriert sind und mit welchem Passwort Sie sich einwählen, passiert erst einmal nicht viel. Deswegen müssen wir zuerst ein neues Konto erstellen. Klicken Sie also auf den Eintrag ÜBERSPRINGEN UND MEINE EXISTIERENDE E-MAIL-ADRESSE VERWENDEN.

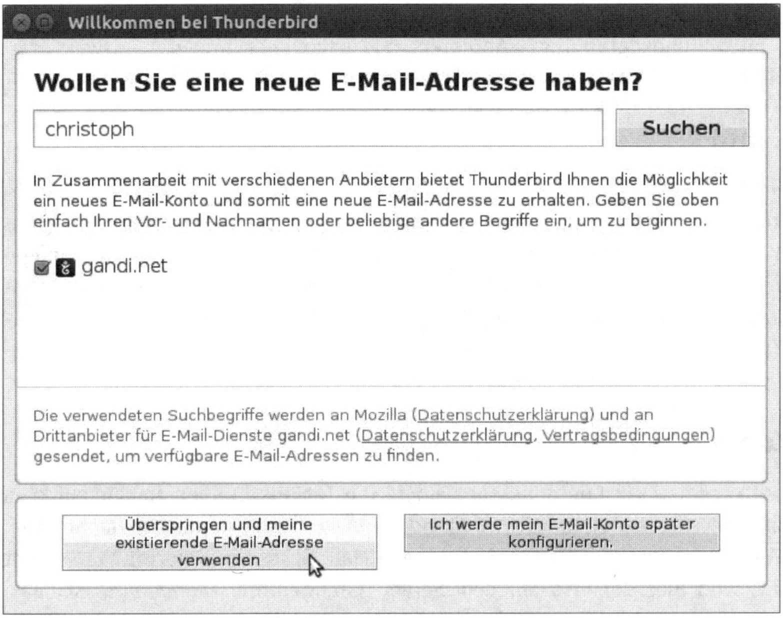

Abb. 5.1: Sie richten ein neues Konto ein.

Geben Sie auf der nächsten Registerkarte Ihren Namen, Ihre E-Mail-Adresse und das Passwort ein. Lassen Sie das Häkchen bei der Optionsauswahl PASSWORT SPEICHERN gesetzt, sonst müssen Sie es jedes Mal beim Einwählen neu eingeben.

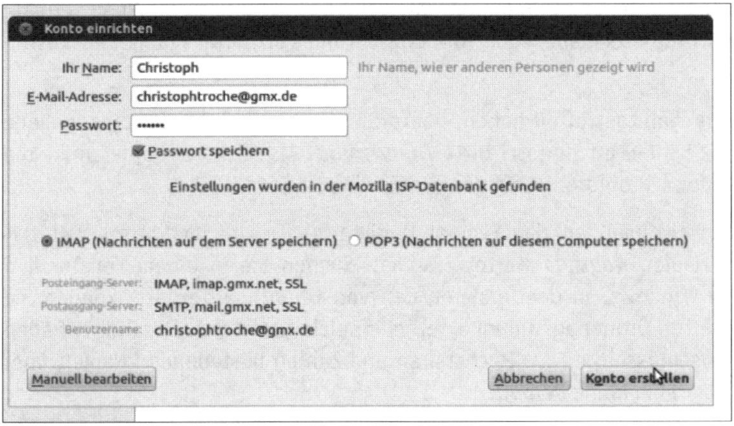

Abb. 5.2: Wählen Sie *IMAP*- oder *POP3*-Konto.

Nachdem Sie die Daten eingegeben haben, sucht *Thunderbird* in einer Datenbank nach den Einstellungsdaten Ihres Anbieters. Sie bekommen nun die Auswahl zwischen *IMAP* und *POP3*. Der Unterschied ist recht einfach.

POP3-Konto

Bei einem POP3-Konto werden die neuen E-Mails vom Server in *Thunderbird* heruntergeladen. Standardmäßig werden die E-Mails dabei auf dem Server gelöscht. (Dies kann man durch eine Option in den Konteneinstellungen in *Thunderbird* bei einigen E-Mail-Anbietern verhindern.) Möchte man nun an einem anderen Ort, an einem andren Computer oder mit einem anderen Programm die E-Mails noch einmal herunterladen, sind diese bereits gelöscht und können nicht noch einmal abgerufen werden. Das heißt, dass alle Nachrichten auf einem Rechner lokal gespeichert sind.

IMAP-Konto

Dies ist bei einem IMAP-Konto besser gelöst: Die E-Mails bleiben immer auf dem Server, auf dem eigenen Computer in *Thunderbird* wird eine Kopie der Nachrichten erstellt. Wenn man nun in *Thunderbird* eine E-Mail liest, beantwortet, verschiebt oder löscht, wird dies genauso auf dem Server durchgeführt. *Thunderbird* ist quasi die »Fernsteuerung«. Egal von welchem Gerät oder Programm man nun sein E-Mail-Konto betrachtet, es ist durch IMAP von allen Stellen gleichermaßen zugänglich und identisch. Das gilt sogar für die gesendeten Nachrichten.

Welche Wahl Sie treffen, hängt von Ihren Gewohnheiten ab. Wenn Sie über Mobiltelefone, Tablet-PC und heimischen Computer auf dasselbe E-Mail-Konto zugreifen, bietet sich IMAP an, weil Sie dann immer denselben Aktualisierungsstand haben. POP3 ist eigentlich nur dann die bessere Wahl, wenn Sie nur sehr wenig Speicherplatz bei Ihrem E-Mail-Anbieter haben oder die Einrichtung von IMAP mit hohen Kosten verbunden ist.

Nachdem Sie Ihre Wahl getroffen haben, überprüft *Thunderbird*, ob das eingegebene Passwort stimmt. Schließen Sie jetzt bitte *Thunderbird*. Als Nächstes kopieren Sie die Inhalte des Windows-Profilordners in den Profilordner unter Ubuntu.

Klicken Sie dazu zweimal auf das Symbol PERSÖNLICHER ORDNER im Starter. Der Dateiexplorer mit Namen *Nautilus* startet zweimal. Suchen Sie in einem Fenster den Profilordner von Windows, in dem anderen den von Ubuntu. Alternativ können Sie auch den gesicherten Ordner auf Ihrem externen Speicher aufrufen. Die Ordner haben jeweils einen verschlüsselten, aus Buchstaben und Zahlen bestehenden Namen, hier *lhw4mlio.default* und *klplhlhz.default*.

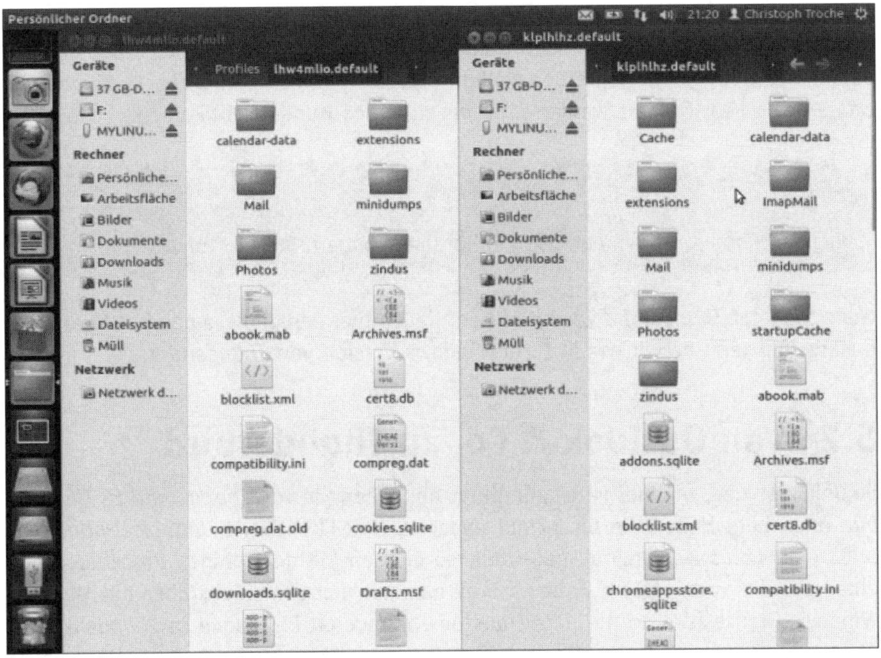

Abb. 5.3: Sieht viel komplizierter aus, als es ist: Der Inhalt der beiden Profilordner unter Ubuntu und Windows

Den Ubuntu-Ordner können Sie nur dann finden, wenn Sie im Menü von Nautilus die Option ANSICHT / VERBORGENE DATEIEN ANZEIGEN aktivieren.

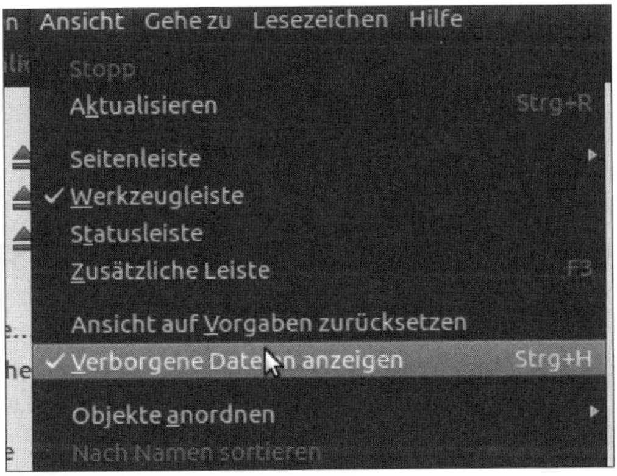

Abb. 5.4: Ohne diese Option können Sie den Ubuntu-Ordner nicht finden.

Markieren Sie alle Dateien und Ordner in dem Windows-Ordner und ziehen Sie sie mit gedrückter linker Maustaste in den Ubuntu-Ordner. Sie werden öfters gefragt werden, ob Sie die Datei XY überschreiben wollen. Dies können Sie beruhigt bejahen. Je nach Größe des E-Mail-Ordners werden jetzt bis zu einige Hundert MB kopiert.

TIPP

Wichtig! Kopieren Sie nicht den Profilordner, sondern nur die Inhalte!

Wenn Sie jetzt *Thunderbird* wieder öffnen, liegen hier genau dieselben Einstellungen, E-Mails und Termine vor wie in Ihrer Windows-Version von *Thunderbird*.

5.2 Von Outlook & Co. zu Thunderbird

So unkompliziert wie hier ist es allerdings nur, wenn Sie von *Thunderbird* zu *Thunderbird* umziehen. Haben Sie bisher auf andere E-Mail-Clients wie *Outlook*, *Outlook-Express* oder *Lotus Notes* zurückgegriffen, so müssen Sie dem obigen Procedere noch einen Schritt voransetzen. Leider ist es nämlich nicht möglich, über die Ubuntu-Windows-Grenze hinweg die Daten aus einem anderen Programm in *Thunderbird* zu importieren. Ebenso wenig ist es möglich, die `.pst`-Datei, in der *Outlook* seine Daten speichert, direkt in *Thunderbird* zu importieren. Dies ist ein Nachteil der proprietären, also der verschlüsselten, nicht freien Software. Sie müssen also zuerst einen Profilordner für *Thunderbird* unter Windows erstellen. Das ist allerdings einfach und schnell getan. Sie müssen zu diesem Zweck in Ihrer Windows-Partition *Thunderbird* installieren.

WEB

Sie bekommen dieses Programm unter *http://www.mozilla.org/de/thunderbird.*

Laden Sie das Programm herunter und installieren Sie es durch Doppelklick auf INSTALL.EXE. Es startet ein Assistent, der durch die Installation führt. Die Frage, ob Sie *Thunderbird* jetzt starten wollen, sollten Sie allerdings verneinen.

Abb. 5.5: Bei *Thunderbird jetzt starten* sollte das Häkchen entfernt werden.

Den Import-Assistenten von *Thunderbird* finden Sie unter EXTRAS / IMPORTIEREN. Dort haben Sie die Möglichkeit, Adressbücher, Nachrichten oder Einstellungen zu importieren.

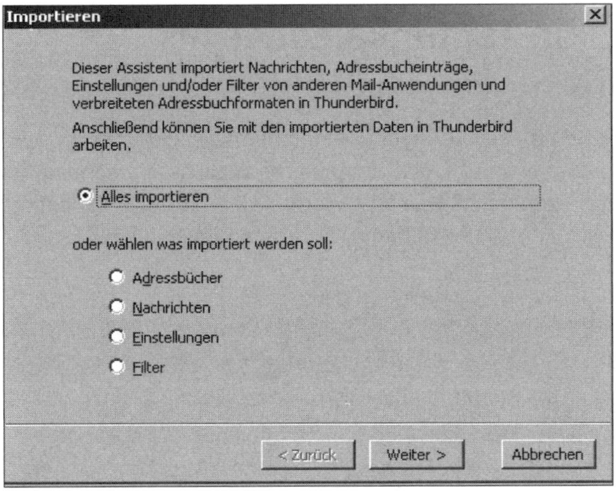

Abb. 5.6: Importmanager

Wählen Sie danach aus, aus welchem Programm Sie die Daten übernehmen möchten.

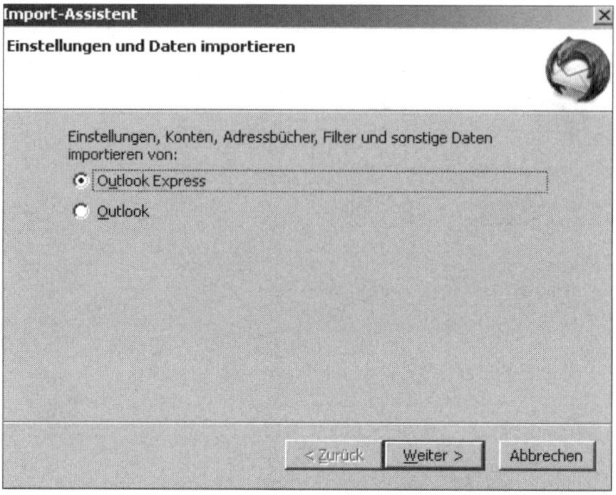

Abb. 5.7: *Thunderbird* listet alle E-Mail-Programme auf, aus denen er Daten importieren kann.

Nachdem Sie auf WEITER geklickt haben, erscheint die Meldung, dass die Daten erfolgreich importiert wurden. Es ist also ein neuer Profilordner erstellt worden, dessen Inhalt Sie, wie oben beschrieben, kopieren und in der Ubuntu-Umgebung einfügen können.

5.3 Lightning, ein Terminkalender in Thunderbird

Thunderbird wird zuerst als reiner E-Mail-Client ohne Terminkalenderfunktion ausgeliefert. Um sich dem Standard anderer E-Mail-Programme anzupassen, können Sie auch eine Kalenderfunktion hinzufügen. Diese Kalenderfunktion ist ein sogenanntes Add-on mit Namen *Lightning*. Um es zu installieren, klickt man im Menü auf EXTRAS / ADD-ONS.

TIPP

Firefox und *Thunderbird* sind in ihrer Grundausstattung recht simpel gestaltet. Richtig interessant werden beide Programme erst durch ihre enorme Anpassungsfähigkeit. Einige Tausend sogenannter *Add-ons*, d. h. kleiner Zusätze, sorgen dafür, dass Sie das Programm genau an Ihre Wünsche und Bedürfnisse anpassen können.

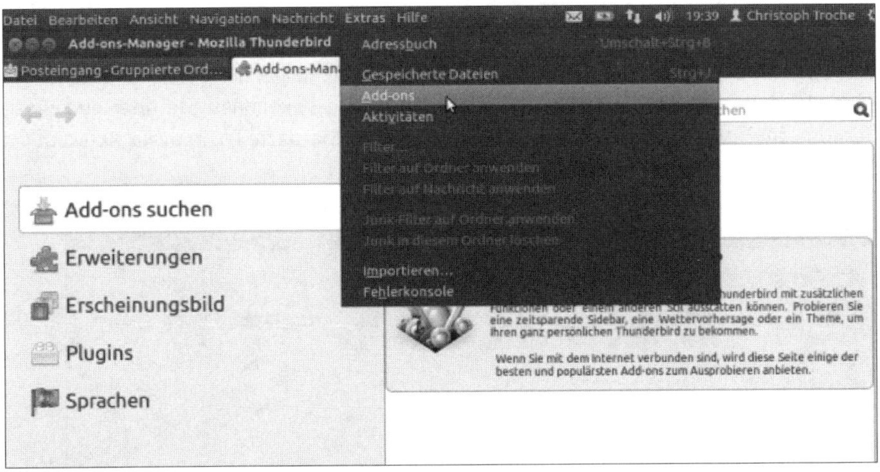

Abb. 5.8: Add-ons sind die Besonderheit von *Thunderbird*.

Ihnen wird *Lightning* als das meistgeladene Add-on wohl als Erstes zum Download angeboten werden. *Lightning* herunterzuladen, gestaltet sich nicht schwierig, es reicht ein Klick auf den grünen Button Zu *Thunderbird* HINZUFÜGEN. Der Kalender installiert sich dann selbstständig. Danach müssen Sie *Thunderbird* schließen und neu starten.

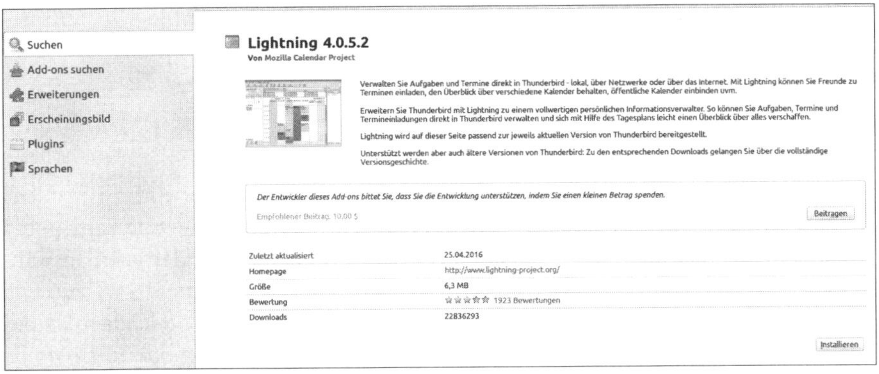

Abb. 5.9: Die Installation der Add-ons gestaltet sich sehr einfach.

Jetzt sehen Sie, dass die Menüzeile eine zusätzliche Spalte hat: TERMINE UND AUFGABEN. Klicken Sie darauf, können Sie den Kalender aufrufen. Alternativ können Sie die Taste F11 betätigen. Jetzt wird der Kalender in einer Spalte rechts am Bildrand eingeblendet.

Im Unterschied zu den Nachrichten und Adressbüchern ist es einfach, Kalenderdaten aus *Outlook* zu übernehmen. In *Kapitel 2* habe ich Ihnen erklärt, wie man diese Daten aus *Outlook* exportiert, und Sie haben eine Datei mit der Endung `.csv` erhalten, die sich auf dem externen Speicher befinden sollte. Wie bekommen Sie aber nun diese Termine in *Thunderbird/Lightning* zu sehen? Rufen Sie dazu TERMINE UND AUFGABEN im Menü auf und hier den Punkt IMPORTIEREN.

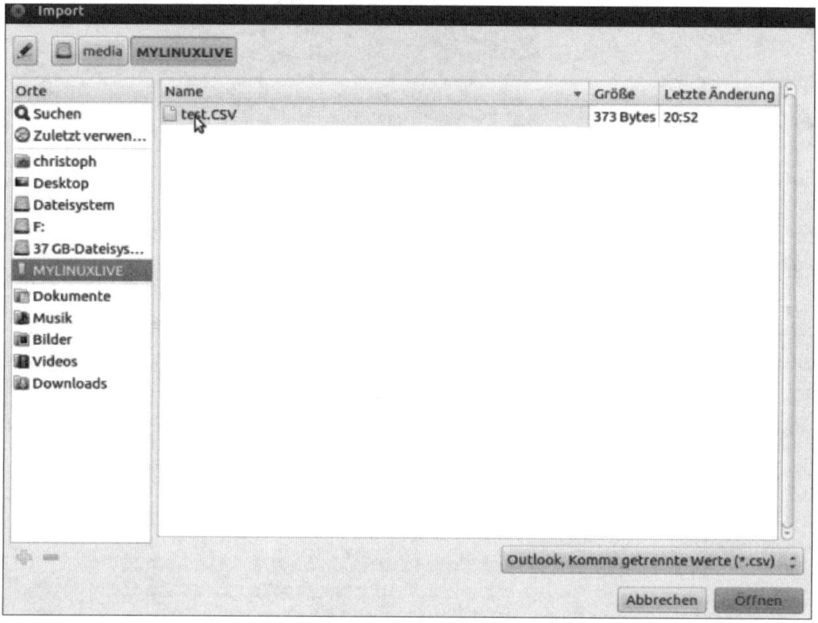

Abb. 5.10: Wählen Sie die zu importierende Datei aus.

Im nächsten Bild werden Sie nach der zu importierenden Datei gefragt. Ganz unten rechts befindet sich ein Auswahlmenü, aus dem Sie mehrere Kalendertypen auswählen können. Wählen Sie die Option OUTLOOK, KOMMA GETRENNTE WERTE (*.CSV) aus und dann die in *Kapitel 2* erstellte Datei, hier als `test.csv` zu sehen. Nachdem Sie auf den Button ÖFFNEN gedrückt haben, sind nun Ihre Kalender aus *Outlook* zu *Lightning* umgezogen. Sie können Ihren Kalender ganz einfach nutzen, indem Sie neue Termine eingeben, löschen und verändern.

5.4 Der online gespeicherte Kalender

Möglichweise benutzen Sie ein Smartphone, mit dem Sie ebenfalls die Kalenderfunktion bedienen. Oder Sie haben mehrere Kalender: einen fürs Büro, einen für den Sport, einen Familienkalender. Und Sie möchten all diese Kalender an einem Ort speichern und wenn möglich sollen Veränderungen sofort in allen Kalendern sichtbar sein. Hier bietet sich, ähnlich wie beim zentralen Speichern von E-Mails auch, das zentrale Speichern von Kalendereinträgen an. Was vor wenigen Jahren noch eine Utopie war, wird heute immer mehr zum Alltag.

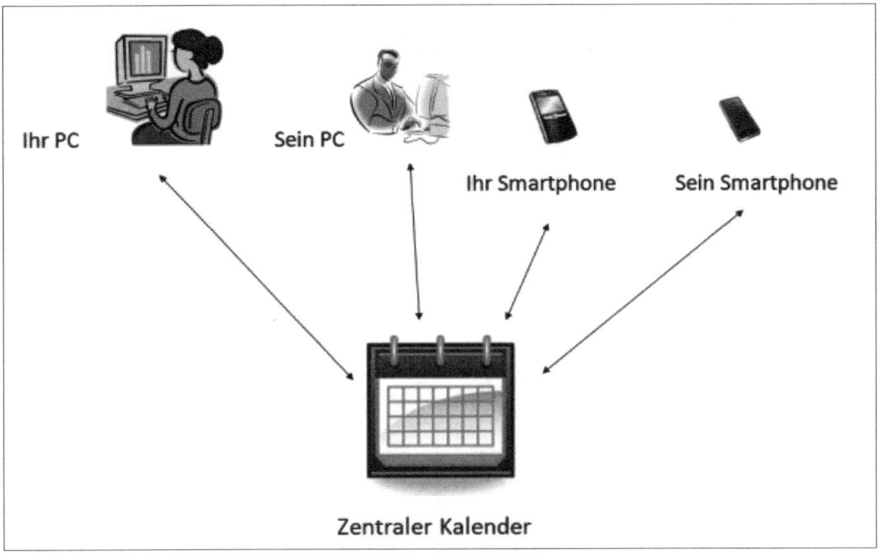

Abb. 5.11: Speicherung von Kalendern auf einem zentralen Server

Der Vorteil liegt auf der Hand: Der Kalender wird in Echtzeit auf all Ihren Endgeräten, egal welches Betriebssystem zugrunde liegt, gespeichert und ist für alle Beteiligten immer auf dem neuesten Stand. Ein zentral gespeicherter Kalender ist wesentlich sicherer vor Verlust als der Kalender auf der heimischen Festplatte. Mir sind einmal durch Festplattencrash nicht nur meine Daten, sofern ich sie nicht gesichert hatte, sondern – und das war viel schlimmer – mein kompletter Kalender abhanden gekommen. Zahnarzt- und TÜV-Termine, Geburtstage und Feiertage waren nicht mehr greifbar. Seitdem speichere ich meine Termindaten online.

Den Nachteil will ich nicht verschweigen. Man bewegt sich wieder ein Stückchen näher hin zum gläsernen Menschen, indem Sie private Daten, und seien es Kalendereinträge, einem Internetdienst anvertrauen.

Wenn Sie die zentrale Speicherung Ihrer Kalender nutzen wollen, können Sie den *Google Calendar* zurückgreifen. Hierfür bietet *Thunderbird* ebenfalls ein sehr gutes Add-on an, den *Provider für Google Calendar*. Wie Add-ons installiert werden, haben Sie eben schon einmal erlebt. Klicken Sie auf EXTRAS / ADD-ONS. Der Provider kann mittels des Suchfeldes rechts oben gesucht werden. Nach der Installation ist ein Neustart von *Thunderbird* notwendig.

Nun muss im *Google Calendar* ein Kalender erstellt werden, den wir später synchronisieren wollen. Dazu benötigen Sie einen kostenlosen Google-Account.

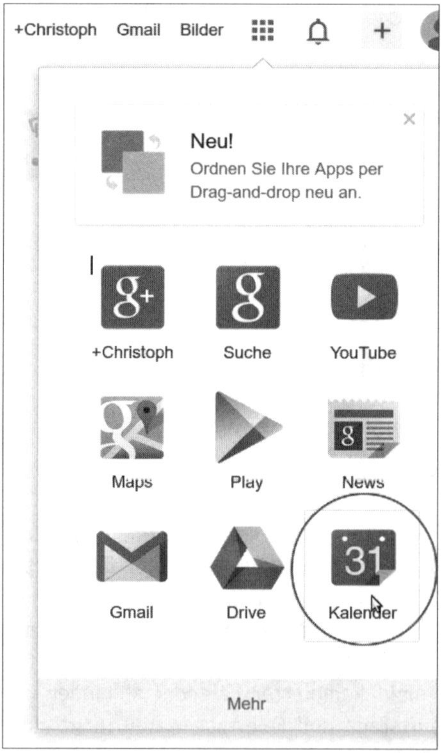

Abb. 5.12: Starten Sie den Google Kalender.

Gehen Sie dazu mit *Firefox* auf die Google-Startseite und klicken Sie ganz rechts oben auf ANMELDEN / KOSTENLOSES KONTO ERSTELLEN. Füllen Sie den Fragebogen aus – Sie sollten sich dabei auch mit den Datenschutzbestimmungen auseinandersetzen – und lassen Sie sich durch den Anmeldevorgang leiten. Danach haben Sie ein Konto bei Google. Die für uns wichtige Applikation ist der *Google-Kalender*, den Sie an der schwarzen Leiste auf der Google-Seite erkennen können.

Wenn Sie sich bei Ihrem neuen Konto angemeldet haben, sehen Sie zuerst einen großen, leeren Kalender. Rechts oben, ein wenig versteckt, finden Sie den Button für die Einstellungen.

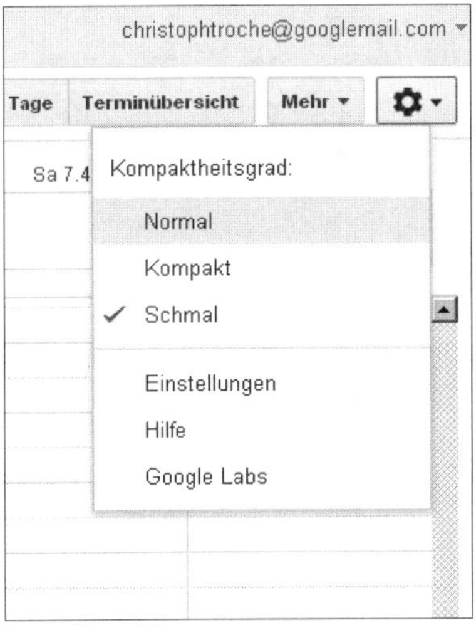

Abb. 5.13: Klicken Sie auf die Einstellungen.

Es erscheint folgendes Fenster:

Abb. 5.14: Hier können Sie einen neuen Kalender einrichten.

Das dann folgende Menü ist selbsterklärend. Nachdem Sie einen Kalender definiert und eingerichtet haben, erscheint dieser auf der vorherigen Seite unter MEINE KALENDER.

Abb. 5.15: Unter MEINE KALENDER erscheinen nun die Kalender, die Sie selbst anlegen; es ist aber auch möglich, sich bereits vorbearbeitete Kalender, wie den Spielplan des 1. FC Köln, anzeigen zu lassen.

Klickt man einmal kurz auf einen Kalender, erscheint ein Kontextmenü, aus dem man den Menüpunkt EINSTELLUNGEN wählt. Es erscheinen die Kalenderdetails, unter anderem mit diesen Bildchen:

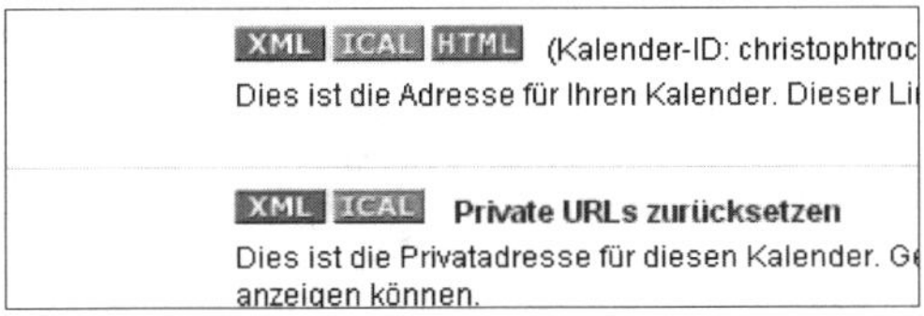

Abb. 5.16: Hier suchen Sie aus, welcher Kalender in Lightning importiert wird.

Die für den Kalender notwendige Adresse wird mit einem Klick auf *ICAL* angezeigt und kann kopiert werden. Dazu gehen Sie mit der Maus auf das untere grüne Kästchen mit der Aufschrift ICAL und betätigen die rechte Maustaste. In dem Menü wählen Sie LINK-ADRESSE KOPIEREN.

Öffnen Sie jetzt *Thunderbird* und wählen Sie hier DATEI / NEU / KALENDER und dann die Option IM NETZWERK, da sich der Kalender ja nicht auf Ihrem Rechner, sondern bei Google, also im Netzwerk, befindet.

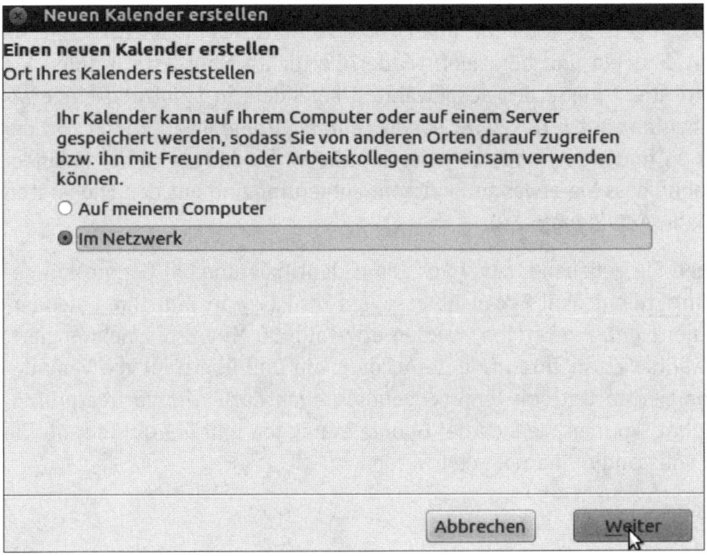

Abb. 5.17: Auswahl des Netzwerkkalenders

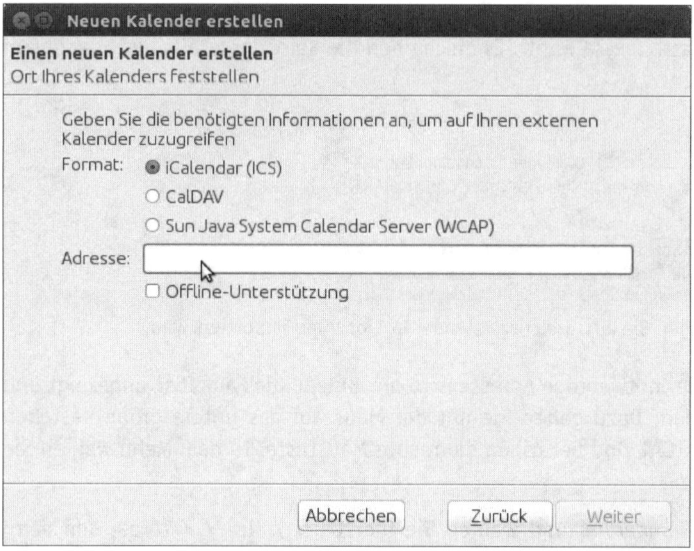

Abb. 5.18: Auswahl des Kalenders, der in Lightning dargestellt werden soll

Bei der Frage nach dem Format setzen Sie Ihren Haken bei iCalender ICS.

In das Feld Adresse fügen Sie jetzt die oben kopierte Adresse ein. Dazu setzen Sie den Mauszeiger in das Feld und betätigen wieder die rechte Maustaste. Wählen Sie Einfügen. Jetzt wird die Adresse des ausgewählten Kalenders in Lightning eingetragen, die Adresse beginnt mit *http://www.google.com*. *Lightning* »weiß« jetzt, wo der zentrale Kalender zu finden ist, und bei jeder Internetverbindung wird der Kalender im Hintergrund, ohne dass Sie etwas tun müssen, aufgerufen und mit den Endgeräten synchronisiert (siehe *Abbildung 5.19*).

Zum Schluss werden Sie gegebenenfalls nach Ihrer Identifizierung bei GoogleMail gefragt. Geben Sie Ihre GoogleMail E-Mail-Adresse und Ihr Passwort ein. Ihre Kalendereinträge, die Sie bei *Lightning* tätigen, werden etwa alle 30 Minuten synchronisiert, d. h., *Lightning* wählt sich in Ihren Google-Account ein und überträgt die Veränderungen. Ihre importierten Outlook-Termine gehören auch dazu. Um zu überprüfen, ob alles geklappt hat, können Sie sich bei Google einloggen und überprüfen, ob die Kalendereinträge vollständig übernommen wurden.

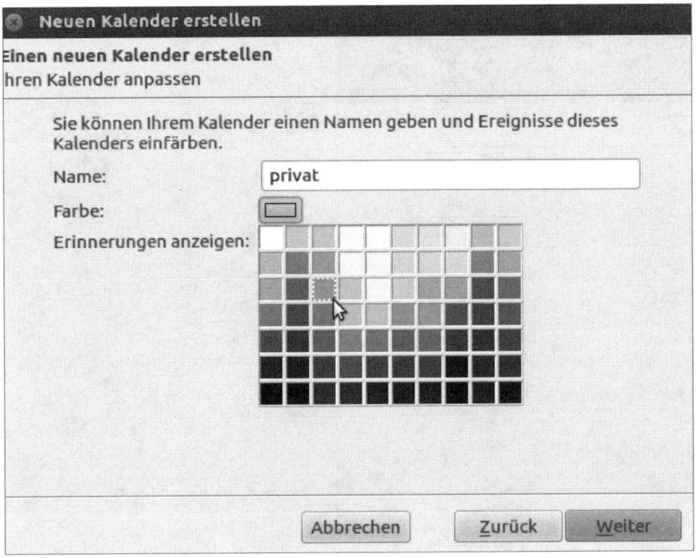

Abb. 5.19: Geben Sie dem Kalender einen unverwechselbaren Namen und bestimmen Sie die Farbe, mit der die Einträge unterlegt werden sollen.

TIPP

Sollte Ihr Kalender nicht in Lightning angezeigt werden, versuchen Sie, den XML-Link anstelle des *ICAL*-Links zu kopieren. Der Rest der Einstellungen bleibt gleich.

Wiederholen Sie diesen Vorgang für jeden Kalender, der später bei *Thunderbird/Lightning* sichtbar sein soll.

Neue Termine können Sie gleich in Lightning eingeben. Rufen Sie das Menü TERMINE UND AUFGABEN / NEUER TERMIN auf. Es öffnet sich folgendes Dialogfeld:

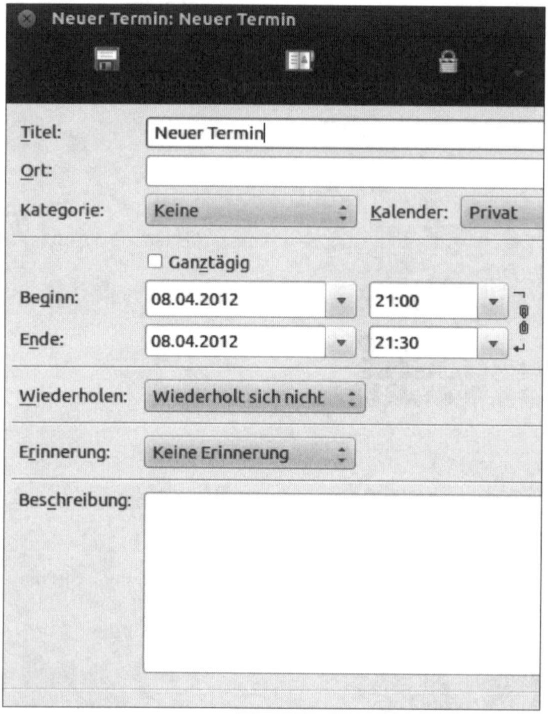

Abb. 5.20: Dialogfeld zum Erstellen eines neuen Termins

Geben Sie die Termindaten ein und speichern Sie den Termin. Jetzt wird dieser Termin in den Online-Google-Kalender eingetragen und danach, ohne dass Sie sich darum kümmern müssen, in die Terminkalender aller anderen angeschlossenen Endgeräte eingefügt. Darüber hinaus können Sie Einladungen für den Termin versenden oder Anlagen verschicken, die die anderen Teilnehmer beachten sollen.

5.5 Mit Thunderbird arbeiten

Auch wenn ich mich zuerst mit der Einrichtung der Kalenderfunktion befasst habe, so ist *Thunderbird* doch zuerst einmal ein mächtiges Programm zur Verwaltung Ihrer E-Mail-Konten. Die grundlegenden und einfachsten Funktionen befinden sich in einer sogenannten Symbolleiste.

Abb. 5.21: Symbolleiste

Hier finden Sie die Symbole, um Ihre E-Mails abzurufen, das Fenster zum Verfassen neuer E-Mails zu öffnen, das Adressbuch aufzurufen und so fort. Sie können den Inhalt dieser Leiste nach eigenen Bedürfnissen gestalten.

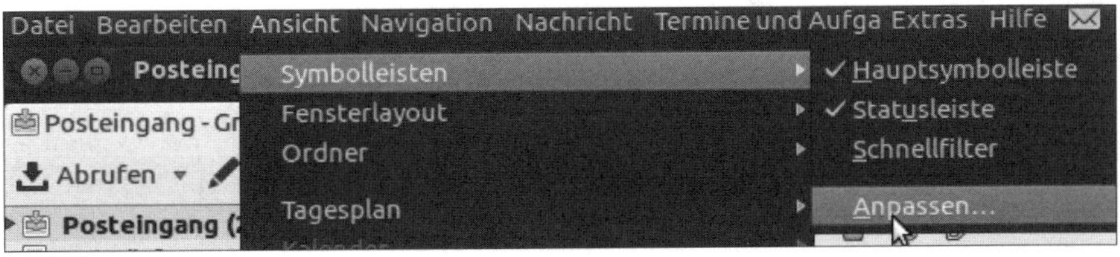

Abb. 5.22: Anpassung der Symbolleiste

Wählen Sie im Menü ANSICHT / SYMBOLLEISTEN / ANPASSEN und befördern Sie die Funktionen, die Sie für die Arbeit benötigen, aus dem Auswahlfenster in die Symbolleiste. Wünschen Sie sich beispielsweise eine Löschfunktion in der Symbolleiste, dann ziehen Sie das Symbol mit gedrückter linker Maustaste aus dem Auswahlfenster dorthin. Genau andersherum verfahren Sie, wenn Sie ein Symbol innerhalb der Leiste nicht benötigen. Entfernen Sie es, indem Sie es mit gedrückter linker Maustaste auf das Auswahlfenster ziehen.

Eine Eigenschaft von *Thunderbird* sind die sogenannten *Tabs*. Jede E-Mail, die Sie aus dem Posteingang aufrufen, wird in einem eigenen Reiter dargestellt. Dies soll zu mehr Übersichtlichkeit führen, falls Sie sich in einer E-Mail auf mehrere andere eingegangene E-Mails berufen wollen.

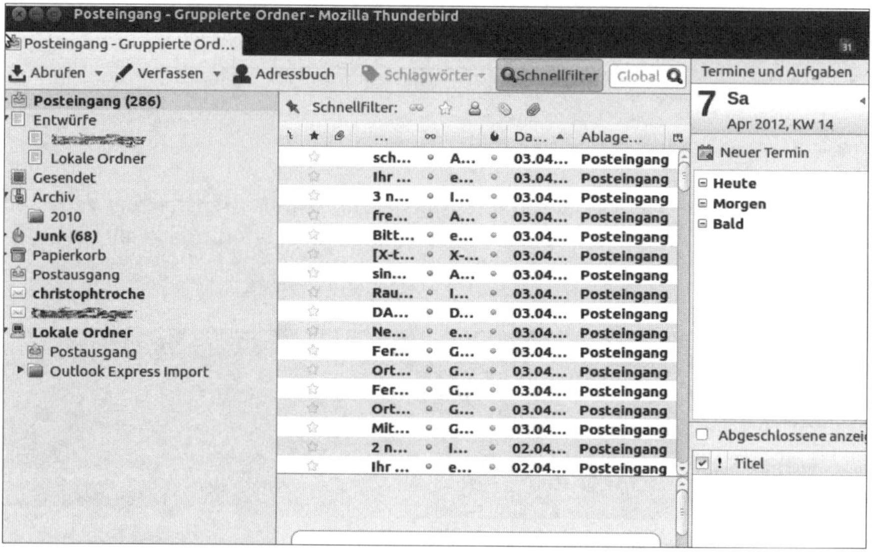

Abb. 5.23: Gesamtansicht von *Thunderbird* mit Lightning

In Laufe der Zeit werden sich immer mehr Mails bei Ihnen ansammeln, vielleicht möchten Sie diese nach Ihren Vorlieben sortieren. Schauen Sie sich die Spalte auf der linken Seite des Fensters an: Hier sehen Sie die Posteingänge Ihrer Konten, die Sie gemeinsam oder getrennt für jedes einzelne Konto anzeigen können. Sie können Ihre gesendeten E-Mails ebenso ansehen wie diejenigen, die Sie nicht fertigstellen konnten. Unfertige E-Mails finden Sie im Ordner `Entwürfe`. Möchten Sie Ihre Mails z. B. nach Absender sortieren, klicken Sie mit der rechten Maustaste auf den Eintrag LOKALE ORDNER. Im folgenden Dialog wählen Sie NEUER ORDNER aus und geben dem Ordner einen Namen, z. B. `Tante Hedwig`. Wenn Sie jetzt auf das kleine +-Zeichen klicken, erscheint der eben erstellte Ordner. Sie könnten nun alle E-Mail-Nachrichten Ihrer Erbtante in diesen Ordner verschieben, indem Sie die E-Mail mit der linken Maustaste packen und auf dem Ordnersymbol TANTE HEDWIG fallenlassen.

Das Adressbuch aus *Thunderbird* weist eine schöne Eigenschaft auf, die *Ein-Klick-Funktion*: Fügen Sie Personen hinzu, indem Sie einfach auf das Stern-Symbol in der empfangenen Nachricht klicken. So wird der Absender sofort zu Ihren Kontakten hinzugefügt. Mit zwei Klicks können Sie weitere Details wie ein Foto, einen Geburtstag und andere Kontaktinformationen einfügen.

Thunderbird bietet einige Sicherheitsfeatures, die Sie vor *Spam*, also Müll-Mails und Phishing-Mails (dies sind E-Mails, mit denen man versucht, Ihnen Passwörter zu entlocken), schützen wollen. Der *Spamfilter* ist lernfähig, das heißt, wenn Sie eine E-Mail mit dem Symbol JUNK kennzeichnen, wird jede weitere Nachricht dieses Absenders demnächst schon vorher ausgefiltert.

Das Alleinstellungsmerkmal von *Thunderbird* ist allerdings der *Add-on-Manager*: egal, ob Sie einen Werbeblocker einbauen, das Aussehen verändern oder die Kontakte in einer Seitenleiste haben wollen. Die Add-ons sind genauso schnell installiert wie bei Nichtgefallen wieder deinstalliert. Die Auswahl ist fast unüberschaubar groß, probieren Sie einfach aus, was Sie möchten. Sie brauchen keine Angst zu haben, an Ihrem Computer irgendetwas zu ruinieren oder sich schädliche Software zu laden.

Abb. 5.24: Im Add-on-Manager gibt es so gut wie keine Erweiterung, die es nicht gibt.

5.6 Firefox, der Internetbrowser

Einer der beliebtesten und meistverbreiteten Browser der Welt ist *Firefox*.

Es gibt, auch für Linux, sehr viele Browser, die ebenso gut beherrschen sind wie *Firefox*. Das Besondere bei *Firefox* sind allerdings die bereits erwähnten Add-ons. Das sind Erweiterungen, mit denen Sie Ihren Browser ganz speziell einrichten können.

Firefox teilt Ihnen bei Bedarf immer mit, wenn Sie eine bestimmte Erweiterung benötigen, die eventuell noch nicht installiert ist. Gleichzeitig nimmt Ihnen *Firefox* den Installationsvorgang ab.

5.7 Mit Firefox umziehen

Wenn Sie unter Windows bereits mit *Firefox* gearbeitet haben, haben sich eine Vielzahl von Einstellungen, Add-ons und Lesezeichen angesammelt. Auf diese möchten Sie sicher nicht verzichten. Auch diese Sammlung persönlicher Einstellungen wird innerhalb eines Profilordners gespeichert. Nach dem gleichen Muster wie beim Umzug des E-Mail-Programms verfahren Sie auch beim Transfer des *Firefox*-Nutzerprofils von Windows nach Ubuntu.

Innerhalb der Ubuntu-Distribution ist *Firefox* der Internetbrowser der Wahl. Jetzt kopiert man nur den Inhalt des Windows-Ordners `/media/windows_c/Dokumente und Einstellungen/BENUTZERNAME/Anwendungsdaten/Mozilla/Firefox/Profiles/....default` nach `/home/BENUTZERNAME/.mozilla/firefox/...default`.

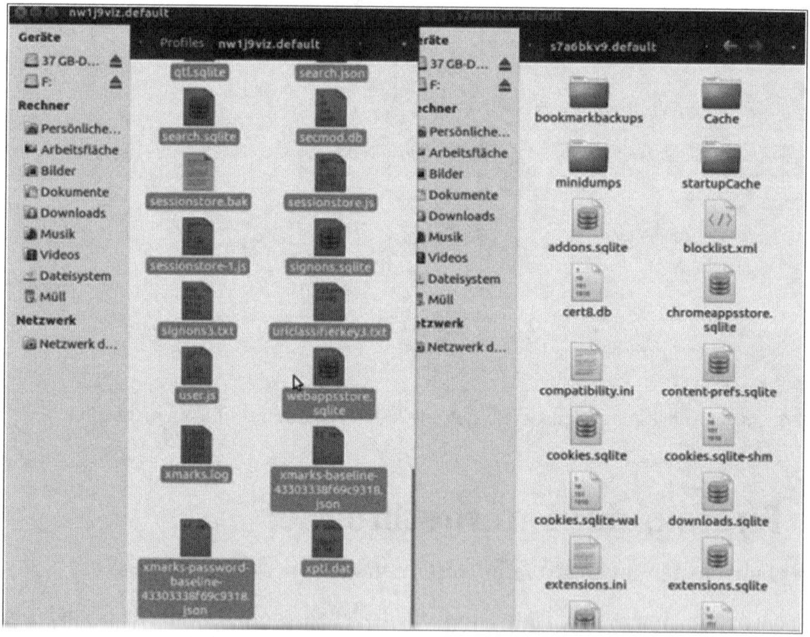

Abb. 5.25: Wie zu erkennen ist, wird der Inhalt des Verzeichnisses, nicht aber das Verzeichnis an sich kopiert.

TIPP

Wichtig! Auch hier bitte nur den Inhalt des Profilordners, nicht aber den Ordner an sich kopieren.

5.8 Mit dem Internet Explorer zu Ubuntu umziehen

Mit dem *Internet Explorer* kann man nicht ohne Weiteres zu Ubuntu umziehen. Sie können aus dem Internet Explorer jedoch Ihre Favoriten mitnehmen und in *Firefox* importieren. Hier heißen sie dann allerdings Lesezeichen. Dazu müssen Sie im Internet Explorer den *Import/Export-Assistenten* aufrufen. Sie starten den Assistenten mit DATEI / IMPORTIEREN UND EXPORTIEREN.

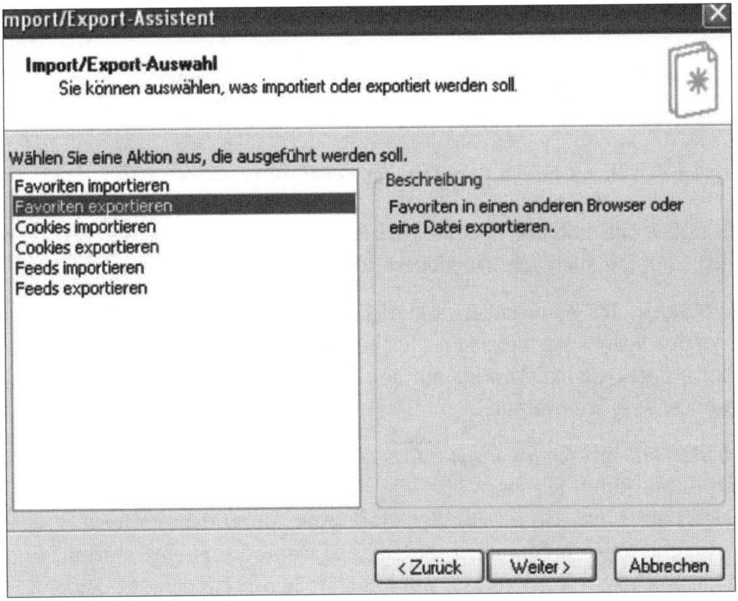

Abb. 5.26: *Import/Export-Assistent* des Internet-Explorers: Hier können Sie die Favoriten exportieren.

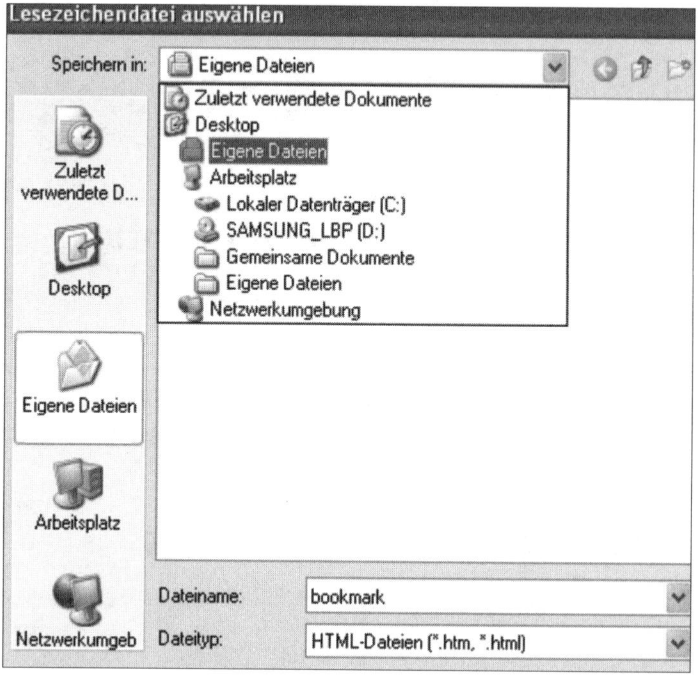

Abb. 5.27: Geben Sie den Zielort für die zu exportierende Datei an.

Sichern Sie die Datei. Sie hat die Endung `.html`. Am besten suchen Sie sich zum Sichern einen Ort, den Sie auch schnell wiederfinden können.

Starten Sie nun *Firefox*. Im Menü Lesezeichen klicken Sie auf Alle Lesezeichen anzeigen und hier auf Lesezeichen von HTML importieren. Suchen Sie sich nun die an prominenter Stelle gespeicherte Datei aus, klicken Sie auf den Button Öffnen und schon sind Ihre Favoriten auch unter *Firefox* abrufbar.

Wenn Sie zum ersten Mal mit *Firefox* ins Internet gehen, sollten Sie vorher einige Einstellungen überprüfen. Rufen Sie diese über das Menü Bearbeiten / Einstellungen auf. Sie sehen ein Menü mit einer Anzahl von Registerkarten. Unter dem Reiter Allgemein geben Sie ein, welche Seite aufgerufen werden soll, wenn Sie *Firefox* starten, und wohin Dateien gespeichert werden sollen, wenn Sie sie herunterladen.

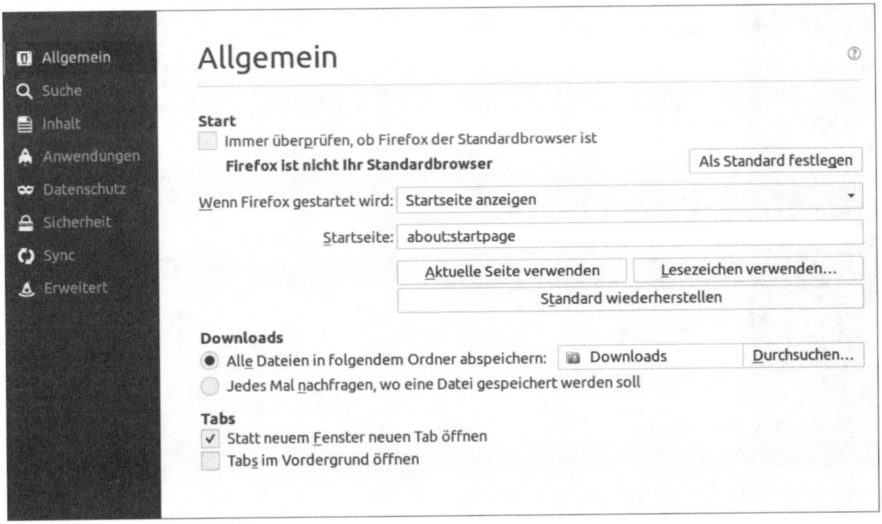

Abb. 5.28: Das Einstellungsmenü mit den allgemeinen Einstellungen

Beim Reiter zum Thema INHALT sollten Sie ein Häkchen neben die Option POP-UP-FENSTER BLOCKIEREN setzen. Pop-up-Fenster sind sehr lästig und können teilweise mit dieser Einstellung unterbunden werden. Einige Webseiten nutzen Pop-up-Fenster jedoch auch konstruktiv, dann müssen Sie diese Option zeitweilig rückgängig machen.

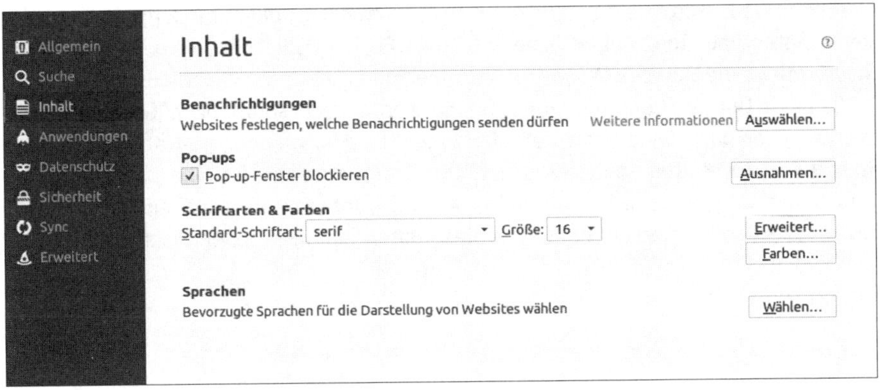

Abb. 5.29: Einstellungen zum Seiteninhalt

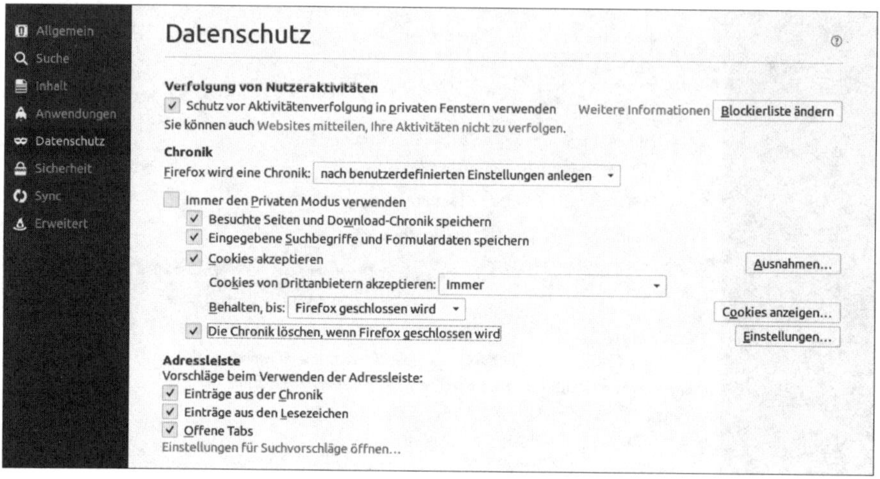

Abb. 5.30: Datenschutz wird großgeschrieben

Sie sollten unbedingt einstellen, dass Sie nicht verfolgt werden möchten, da viele Webseitenanbieter sonst Ihr Browserverhalten analysieren. Klicken Sie dazu auf WEBSEITEN MITTEILEN, IHRE AKTIVITÄTEN NICHT ZU VERFOLGEN. Hier können Sie eine weitere Option zum Schutz vor dem so genannten *Tracking* aktivieren. Dieser Schutz ist nicht wirklich sicher, so lebt er teilweise von der Freiwilligkeit der Webseitenbetreiber, ist aber besser als nichts.

Darüber hinaus sollten Sie den *Privaten Modus* aktivieren, der dafür sorgt, dass *Firefox* keine Daten über Ihre Webbesuche auf Ihrem Rechner speichert. *Cookies* sind kleine Textdateien, die manche Webseitenbetreiber benötigen, um Sie wiederzuerkennen, z. B. beim Online-Shopping. Diese Textdateien sollten sofort nach Gebrauch, spätestens aber nach Ende der Internetsitzung gelöscht werden, weil ansonsten auch hier Ihr Surfverhalten analysierbar ist. Ihre *Internetchronik* ist eine Darstellung der von Ihnen aufgesuchten Seiteninhalte. Auch das interessiert manchen Webbetreiber mehr, als es sollte. Lassen Sie *Firefox* diese Daten beim Schließen löschen.

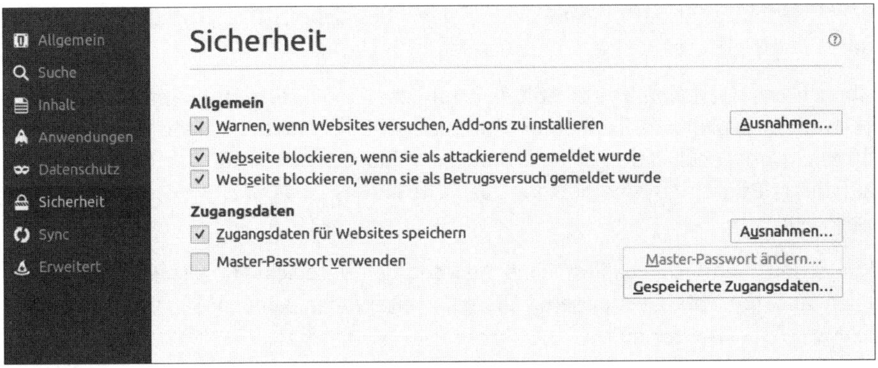

Abb. 5.31: *Einstellungen zum Thema Sicherheit*

Setzen Sie die ersten drei Haken, um sich vor betrügerischen Webseiten zu schützen. Wenn Sie die Passwörter, die nötig sind, um auf einige Internetseiten, wie z. B. *eBay*, zu gelangen, speichern möchten, können Sie dies tun. *Firefox* verfügt über eine ausreichend starke Verschlüsselung, die die Passwörter schützt. Wenn Sie diese Funktion benutzen, ist es allerdings jedem anderen möglich, sich mit Ihrer Identität einzuloggen. Um dies zu verhindern, gibt es das sogenannte *Master-Passwort*. Sie müssen sich also nur noch ein Passwort merken, um alle Passwörter für alle Internetseiten, auf denen Sie angemeldet sind, zu verwalten.

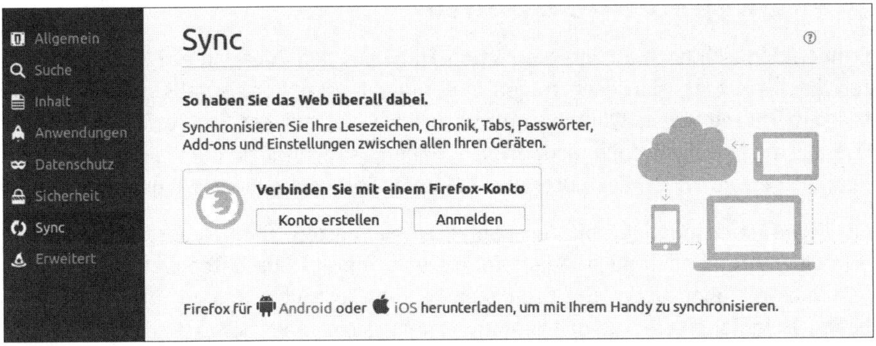

Abb. 5.32: Synchronisation mehrerer Computer

Wenn Sie *Firefox* auf mehreren Computern benutzen, können Sie die Inhalte, die Sie möchten, auf allen PCs auf dem gleichen Stand halten. Wenn Sie auf Ihrem Bürorechner ein Lesezeichen für eine tolle neue Seite setzen, sorgt *Firefox Sync* dafür, dass Sie dieses Lesezeichen auch auf Ihrem Rechner daheim vorfinden. Die Daten werden dabei verschlüsselt auf einem Mozilla-Server gespeichert. Die Einstellungen der anderen Registerkarten können Sie so lassen, wie sie sind.

Ähnlich wie *Thunderbird* unterstützt *Firefox* das *Tabbed Browsing*. Mithilfe von Tabs (Karteireitern) können Sie mehrere Internetseiten in einem einzigen *Firefox*-Fenster öffnen, wobei jede Seite in einem eigenen Tab geladen wird. Damit erhalten Sie auf Ihrem Bildschirm eine bessere Übersicht und es ist einfach, zwischen Seiten zu wechseln.

Wie schon mehrfach erwähnt, sind Add-ons der Unterschied zwischen *Firefox* und allen anderen Internetbrowsern. Diese Erweiterungen können Sie über das Menü EXTRAS / ADD-ONS erreichen.

Einige empfehlenswerte Add-ons

- *Adblock plus*: Blendet die lästigen Werbefenster aus.
- *AnonymoX*: Auf Knopfdruck sind Sie anonym im Internet.
- *Download-Helper*: Speichert Stream-Dateien (z. B. YouTube) dauerhaft auf Ihrem PC.
- *Google Translator for Firefox*: Übersetzt einzelne Wörter oder ganze Seiten.
- *FoxTabs*: 3D-Tab-Management

5.9 Skypen mit Ubuntu

Erinnern Sie sich noch an Science-Fiction-Filme aus den 70er-Jahren? Autos schwebten durch die Luft, Menschen trugen in der Regel glitzernde Overalls und telefonierten mit Bildtelefonen. Während Autos nach wie vor auf der Straße fahren und die Overalls die Modewelt noch nicht erreicht haben, ist zumindest die Videotelefonie zur Realität geworden: am Computer und mit einer Software namens *Skype*.

Mit *Skype* ist es möglich, mit den Kontakten zu chatten, Dateien auszutauschen, zu telefonieren und eben auch Videotelefonate zu führen. Alle Daten werden bei *Skype* verschlüsselt übertragen. Die Grunddienste sind kostenlos und zu ihrer Benutzung bedarf es lediglich einer Registrierung. Man muss sich aber bewusst sein, dass *Skype* auf Techniken basiert, die aus dem Filesharing-Bereich stammen. Auch wenn man gerade nicht telefoniert, jedoch im *Skype*-Netzwerk angemeldet ist, werden Daten im Hintergrund übertragen.

Skype ist in der Welt der Open-Source-Bewegung sehr umstritten, da der Quelltext des Clients und des Netzwerkprotokolls geheim sind. *Skype* funktioniert daher nicht mit anderen Anwendungen, die auf Open Source setzen.

Die Installation ist sehr einfach: Geben Sie in Ubuntu-Software den Suchbegriff Skype ein und laden Sie das Programm herunter. Bedingung: Sie haben in Ubuntu-Software die Programmquellen der Canonical-Partner aktiviert. Hier erhalten Sie allerdings nicht immer die neueste Version des Programms. Alternativ können Sie das Paket auch auf der Seite von *Skype* herunterladen und über Ubuntu-Software installieren. In *Kapitel 4* habe ich dies genau beschrieben.

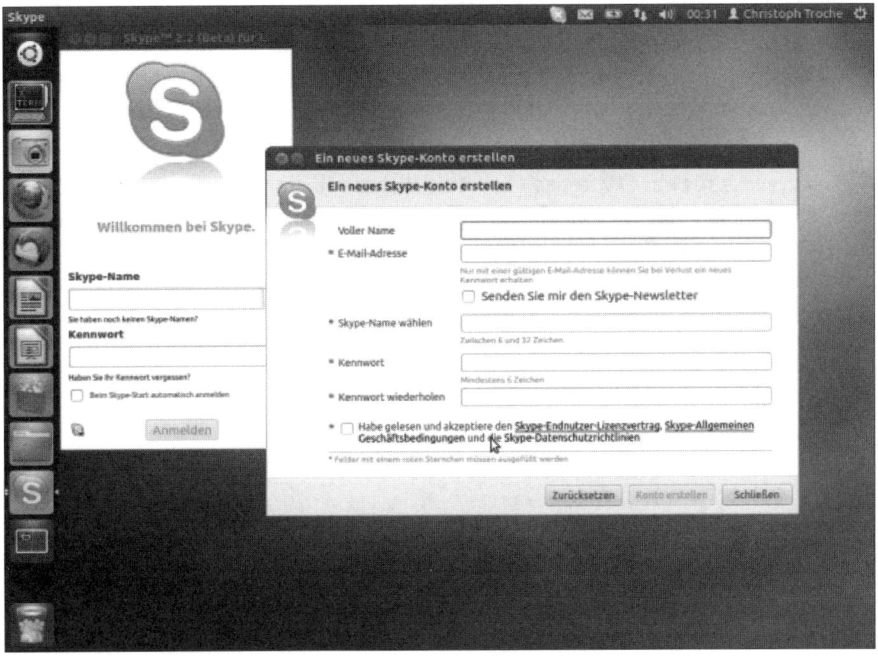

Abb. 5.33: Das Einrichtungsfenster von *Skype* erscheint, wenn man auf den Text Sie haben noch keinen Skype-Namen? klickt.

Die Registrierung eines Zugangs unter *Skype* ist relativ einfach. Hierzu müssen Sie im Einrichtungsfenster die erforderlichen Daten wie Benutzername, Kennwort usw. eingeben. Sofern die Nutzungsbedingungen für *Skype* akzeptabel sind und Sie ihnen zugestimmt haben, lassen Sie das *Skype*-Konto erstellen.

Um Gesprächspartner zu finden, benutzen Sie die Suchfunktion. Hier werden E-Mail-Adressen, Echtnamen und *Skype*-Namen durchsucht, ein Grund, warum Sie Ihren richtigen Namen eingeben sollte, sonst werden Sie nicht gefunden.

Skype legt nun im Panel ein eigenes Symbol ab, mit dessen Hilfe Sie, ähnlich wie bereits weiter oben beschrieben, Ihren Status für andere sichtbar machen und Einstellungen an *Skype* vornehmen können. Ein Videogespräch starten Sie wie ein normales Gespräch. Klicken Sie den gewünschten Gesprächspartner an und wählen Sie KONTAKT ANRUFEN.

TIPP

Um *Skype* vollständig zu beenden, reicht es nicht, nur das Gespräch zu beenden. Klicken Sie auf das *Skype*-Symbol und dann auf den Menüpunkt BEENDEN. Erst jetzt ist die Verbindung von *Skype* zum Internet unterbrochen.

Natürlich muss für ein *Skype*-Gespräch eine Webcam installiert und funktionstüchtig sein, ebenso ein Mikrofon und ein Lautsprecher oder ein Kopfhörer. Die Einstellungen hierzu erreichen Sie durch die Tastenkombination `Strg` + `0`. Die Installation ist, auch wenn Sie einen PC mit zugekaufter Webcam benutzen, nicht weiter schwierig. Um Ihre Audio-Einstellungen zu überprüfen, können Sie den ersten Kontakt, den *Sound-Test-Service*, anrufen und die Einstellungen testen.

Die Qualität Ihrer Videoübertragung beurteilen Sie am besten innerhalb des OPTIONEN-Menüs.

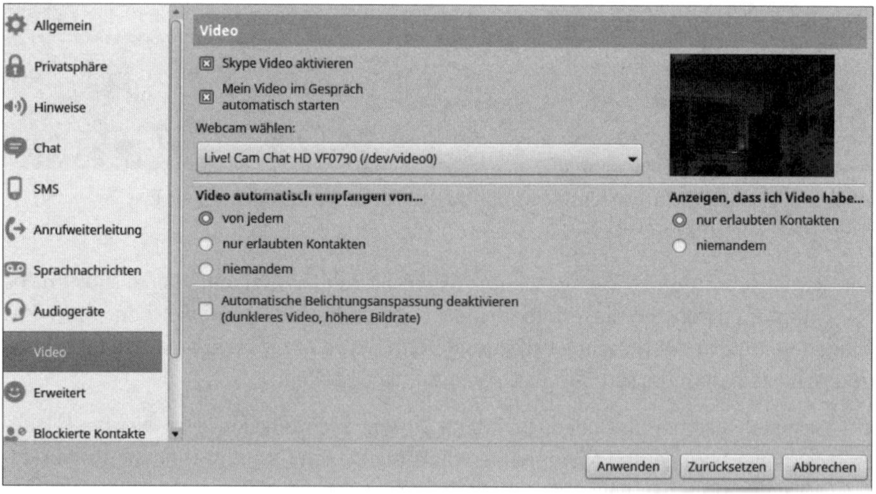

Abb. 5.34: Die Einstellungsebene von *Skype*

Kapitel 6

Windows-Programme mit Ubuntu nutzen

Ziel des Kapitels

- Sie erfahren, wie Sie notwendige Programme anderer Betriebssysteme auch unter Ubuntu nutzen können.

Schritte zum Erfolg

- *Wine* kennenlernen
- Windows-Programme mit *PlayOnLinux* installieren
- Eine virtuelle Maschine unter Linux einrichten
- Windows aus dem System entfernen

6.1 Windows und Linux – schließt sich das nicht aus? 126

6.2 Wine (Wine is not an Emulator) 126

6.3 Windows-Programme mit PlayOnLinux installieren 131

6.4 Die Königsdisziplin: die virtuelle Maschine 133

6.5 Die Windows-Partition von der Festplatte entfernen 142

6.1 Windows und Linux – schließt sich das nicht aus?

Nein, nicht zwangsläufig. Wenn Sie einen Blick in die Diskussionsforen der Linux-Gemeinde werfen, werden Sie feststellen, dass manche Ubuntu-Nutzer ihre Distribution mit fast religiösem Eifer verteidigen. Bei aller Diskussion darf man allerdings nicht vergessen, dass auch Ubuntu kein vollständiges, perfektes und fehlerfreies Betriebssystem ist und es durchaus passieren kann, dass Sie auf eine Software angewiesen sind, für die es unter Ubuntu kein Äquivalent gibt – sei es, dass Sie eine spezielle Software für die Arbeit brauchen oder sich auf eine besondere Software im Privatgebrauch eingearbeitet haben und diese nun nicht missen wollen.

Wenn Sie, wovon ich ausgehe, Ubuntu parallel zu einer Windows-Installation einrichten, haben Sie bereits eine mögliche Lösung geschaffen. Sie arbeiten im Normalfall unter Linux und für den Fall, dass Sie auf ein nur unter Windows laufendes Programm zugreifen möchten, fahren Sie den Computer herunter, starten ihn neu und wählen im Boot-Menü die Windows-Partition aus. Man kann das so beschreiben, dass sich Linux und Windows buchstäblich die Festplatte teilen. Beim Computerstart weisen Sie Ihren Rechner an, ob die Linux- oder Windows-Seite gestartet werden soll, beide Seiten sind gleichwertig und voll funktional.

Allerdings hat diese Vorgehensweise auch einen Nachteil: Sie ist umständlich, da Sie den Computer immer wieder herunterfahren und neu starten müssen. Außerdem ist es schwierig, von der Windows-Seite auf die Linux-Seite zuzugreifen, etwa weil Sie mit Ihrem Windows-Programm Daten verarbeiten wollen, die Sie vorher unter Ubuntu erstellt haben.

Es gibt zwei Möglichkeiten, den Zugriff auf Windows-Programme einfacher zu gestalten. Die erste von ihnen heißt *Wine*.

6.2 Wine (Wine is not an Emulator)

Wine ist ein Programm, mit dem man Windows-Software unter Linux laufen lassen kann. Man benötigt keine Windows-Installation auf seinem Computer, um mit *Wine* Programme starten zu können, die für Windows programmiert wurden. Programme die für Windows XP und Windows 7 programmiert wurden funktionieren meistens flüssig, allerdings gilt: je neuer das Programm ist, desto wahrscheinlicher treten Probleme auf. Die Entwicklung ist indes rasant, innerhalb weniger Wochen werden Programme nutzbar, die vorher nicht oder nur mit Tricks liefen.

Je nach Windows-Programm, das mithilfe von *Wine* ausgeführt wird, ist der Anspruch an die Ressourcen moderat bis sehr hoch.

WEB

Wie gut *Wine* für die eigenen Zwecke funktionieren wird, kann man vor dem Testen durch Stöbern in der WineHQ-Datenbank unter der Webadresse *https://appdb.winehq.org/* herausfinden.

Sie können das Programm leicht über Ubuntu-Software herunterladen und installieren. Nach dem Starten des Programms erhalten Sie folgendes Bild:

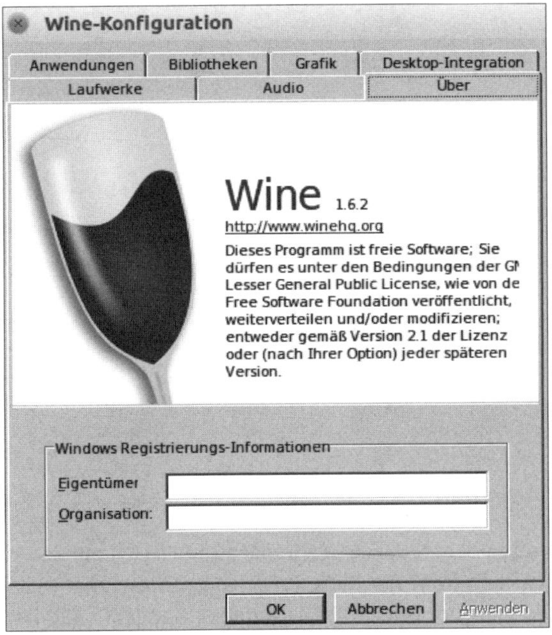

Abb. 6.1: Das Konfigurationsfenster von *Wine*

Man muss nicht zwingend etwas einstellen. Achten Sie jedoch darauf, dass das Laufwerk *C:* in keinem Fall auf das Windows-Laufwerk (z. B. `/media/sda1`) verweist, sondern so wie hier dargestellt `C:../drive_c` heißt.

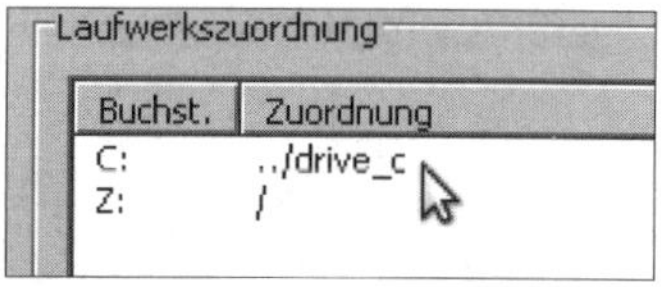

Abb. 6.2: So muss die Laufwerkszuordnung aussehen.

Um ein CD-ROM-Laufwerk einzurichten, müssen Sie zuerst auf LAUFWERKE klicken. Anschließend sieht der Dialog so aus:

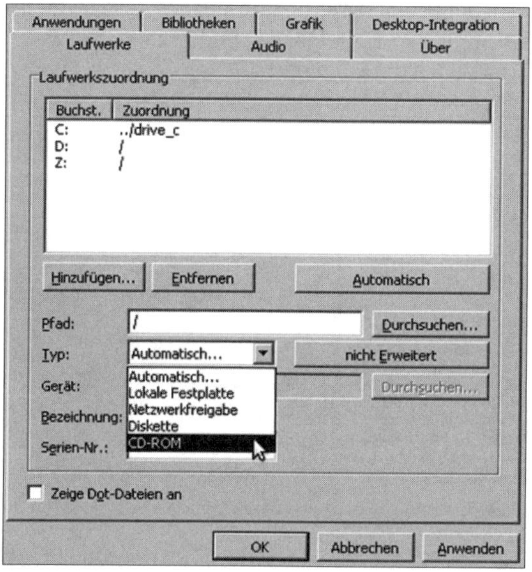

Abb. 6.3: Einrichtung eines CD-ROM-Laufwerks

Klicken Sie hier auf HINZUFÜGEN, wird in der Liste der Laufwerke automatisch ein neues Laufwerk D: eingerichtet. Anschließend folgt ein Klick auf ZEIGE ERWEITERT. Hier muss noch ausgewählt werden, dass es sich um ein CD-ROM-Laufwerk handeln soll. Der Rest sollte so beibehalten werden.

Das CD-ROM-Laufwerk ist nun für Windows-Anwendungen sichtbar. Mit einem Klick auf ANWENDEN werden die Änderungen übernommen und mit OK wird der Dialog beendet. Sollten Audio-Einstellungen notwendig sein, können Sie diese mit dem Reiter AUDIO vornehmen. Testen Sie, ob ein Sound zu hören ist. Sollte es hier Probleme geben, sollten Sie die verschiedenen Ausgabegeräte durchprobieren. In der Regel sind aber die optimalen Einstellungen bereits vorgenommen.

Jetzt gilt es, ein Windows-Programm dazu zu bringen, mithilfe von *Wine* zu starten. Dazu benötigen wir die Windows-Installationsdatei. Ich zeige dies an einem Beispiel: einem Programm namens *MyPhoneExplorer*. Dies ist ein kleines Programm, das es mir ermöglicht, über den PC auf mein Old-School-Mobiltelefon zuzugreifen. Ich lade dieses Programm aus dem Internet herunter, es wird standardmäßig im persönlichen Ordner `Downloads` gespeichert. Ich rufe diesen Ordner auf und klicke das Symbol der `setup.exe` mit der rechten Maustaste an. Im Kontextmenü klicke ich auf WINE WINDOWS-PROGRAMMSTARTER.

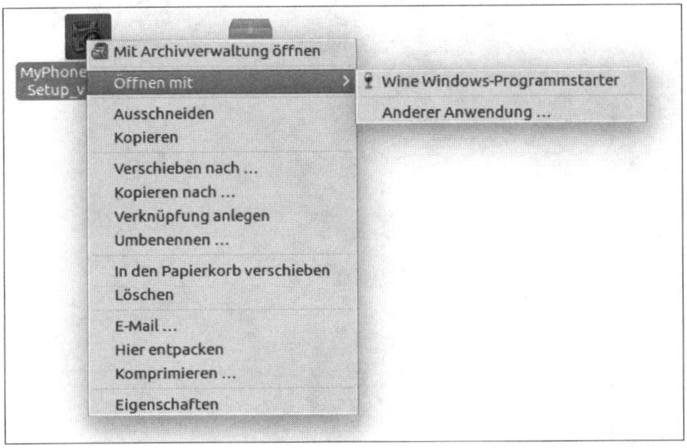

Abb. 6.4: Ich öffne die Installationsdatei mit dem Windows-Programmstarter ...

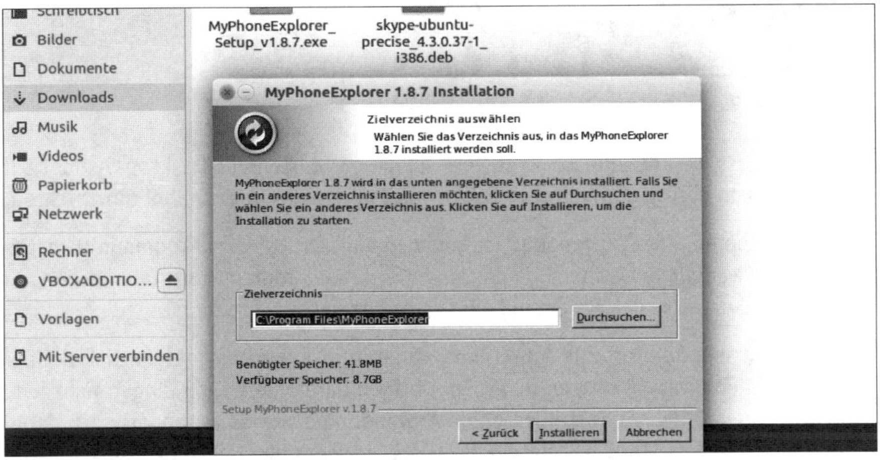

Abb. 6.5: ... und die Installation des Windows-Programms nimmt ihren Lauf.

Folgen Sie den Installationsanleitungen, indem Sie auf den Button Weiter klicken.

Wenn die Installation beendet ist, finden Sie das Programmsymbol als Verknüpfung auf der Arbeitsfläche, sodass Sie das Windows-Programm, das mit *Wine* verknüpft ist, sofort starten können. Während des Installationsprozesses kann der Zielordner auf `C:/Programme/` gekürzt werden, damit später keine Probleme beim Anlegen des Starters im Panel auftauchen.

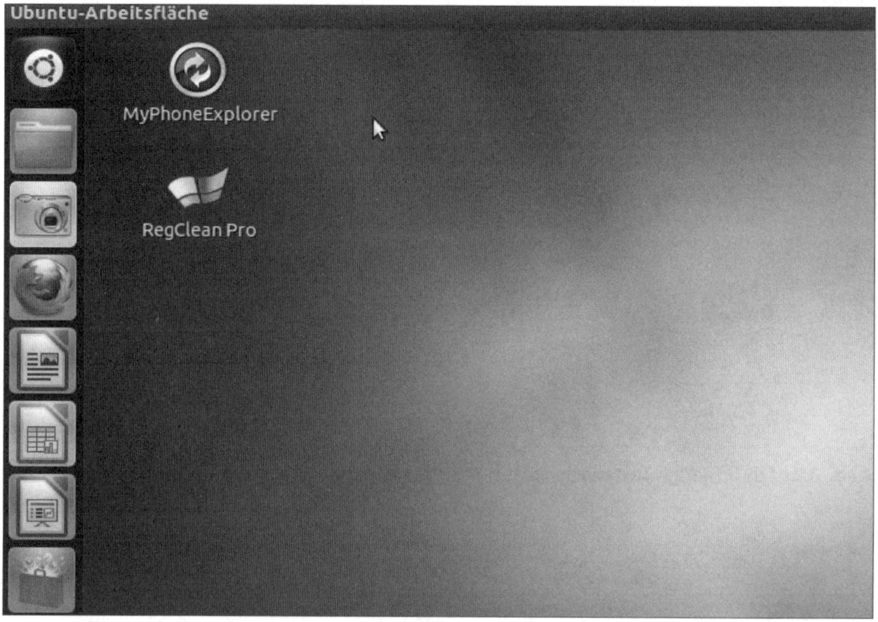

Abb. 6.6: Die Programmsymbole auf der Arbeitsfläche

Nach Abschluss der Installation kann zum schnellen Starten das Desktop-Symbol auf den Panel-Rand gezogen und dort abgelegt werden, um das Startsymbol einzurichten.

Das Deinstallieren einer Anwendung ist genauso einfach: Mit dem Programm *Deinstalliere Wine-Anwendungen* wählen Sie das zu entfernende Programm aus und klicken auf den Button Entfernen. Das Programm wird nun entfernt.

Wine ist eine sehr komfortable Anwendung, allerdings hapert es gelegentlich bei der Nutzung und Programme starten nicht. Im Übrigen harmoniert auch längst nicht jede *Wine*-Version mit der zu installierenden Anwendung. Interessanterweise ist dabei nicht immer die neueste *Wine*-Version die beste, sondern die, mit der es funktioniert.

6.3 Windows-Programme mit PlayOnLinux installieren

Dies führt uns zu *PlayOnLinux*. Der Siegeszug des PC ist sicher eng verknüpft mit Spielen. Und so wundert es auch nicht, dass große Anstrengungen unternommen werden, Windows-Spiele unter Linux lauffähig zu machen. *PlayOnLinux* arbeitet eng mit *Wine* zusammen und tritt als *Frontend* für die manchmal kniffeligen Einstellungen in Erscheinung. Dabei hilft das Programm bei der Installation, Konfiguration und Deinstallation von Windows-Anwendungen unter Linux. Außerdem ermöglicht es, jedem Windows-Programm gegebenenfalls eine andere, passende *Wine*-Version zuzuweisen. So ist es beispielsweise möglich, Spiele, die unter einer aktuellen *Wine*-Version nicht laufen, mit einer älteren Version zum Laufen zu bringen.

Das Ganze ist in sogenannten *Scripts* fertig vorkonfiguriert, so dass die richtigen *Wine*-Versionen, aber auch zusätzlich benötigte Programme automatisch geladen und installiert werden. Dabei werden nicht nur Spiele unterstützt. Wenn Sie möchten, können Sie sogar den Internet-Explorer oder, falls Ihnen *Gimp* nicht ausreicht, *Adobe Photoshop* starten.

TIPP

Dabei benötigen Sie kein Windows-Installationsmedium, allerdings müssen Sie natürlich über die Installations-CD für das zu installierende Programm verfügen.

Das Programm können Sie über Ubuntu-Software herunterladen.

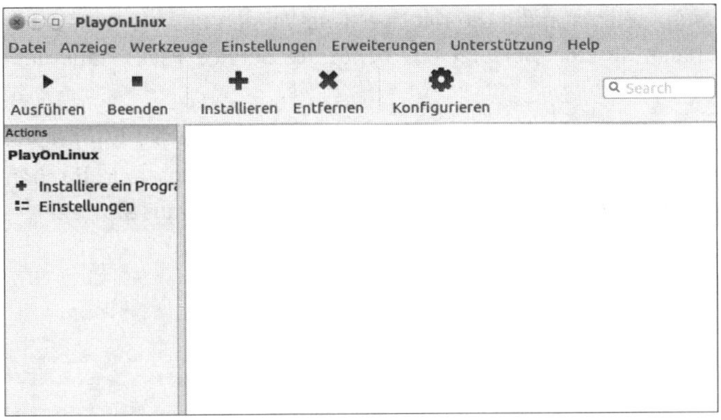

Abb. 6.7: Zuerst erscheint die Oberfläche recht nüchtern.

Ein Klick auf INSTALLIERE EIN PROGRAMM öffnet eine Übersicht über alle vorhandenen Installations-Scripts.

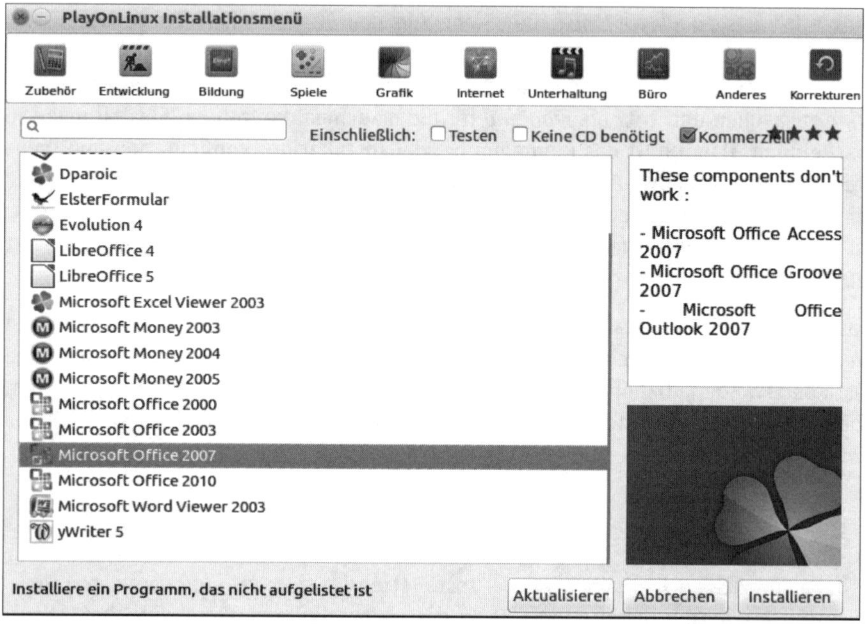

Abb. 6.8: Übersicht über alle Installationsroutinen

Ich wähle hier als Beispiel OFFICE 2007 aus und bestätige die Wahl mit einem Klick auf INSTALLIEREN. Die Installations-CD sollte bereits eingelegt sein. Während der Installation lädt *PlayOnLinux* selbstständig die richtige *Wine*-Version und alle zusätzlich nötigen Zusatzprogramme, so zum Beispiel das benötigte Service Pack 3 aus dem Internet herunter.

Am Ende des Vorganges finden sich drei Icons auf dem Desktop, die *MS Word, Excel* und *PowerPoint* starten. Sollten Sie keine Icons auf dem Desktop wünschen, löschen Sie diese einfach, Sie können die Programme auch aus dem Dash heraus starten.

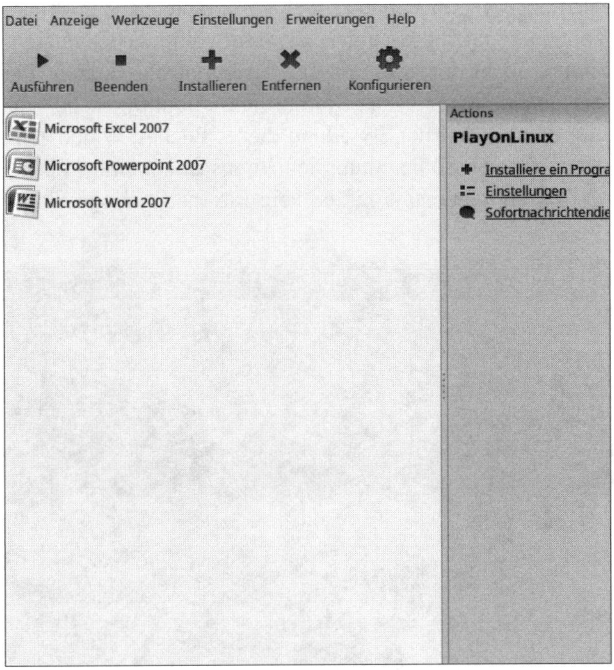

Abb. 6.9: Nun können Sie die drei Programme starten.

6.4 Die Königsdisziplin: die virtuelle Maschine

Sollte das Windows-Programm, das Sie gerne nutzen würden, trotz aller Anstrengungen nicht mit *Wine* funktionieren, bietet sich immer noch die sogenannte *virtuelle Maschine* an. Während *Wine* einem Programm »vorgaukelt«, es befände sich in einer Windows-Umgebung, schafft die virtuelle Maschine tatsächlich eine neue Umgebung, eingebettet in Ubuntu. Dies kann Windows, aber auch ein anderes Betriebssystem sein, wie eine andere Linux-Distribution, Android, DOS oder Solaris. Dieses »Gastsystem« wird innerhalb eines Fensters einer VM (virtuellen Maschine) aufgerufen, was bedeutet, dass der Wechsel zwischen einem Programm, das unter Ubuntu läuft, und einem Programm eines anderen Betriebssystems nichts anderes ist als der Wechsel zwischen zwei Fenstern.

Möglicherweise haben Sie sich auch an Ihr Windows und die entsprechenden Office-Programme gewöhnt. Sie können sogar dieses Betriebssystem völlig sicher nutzen, wenn Sie die Internetverbindung nicht zulassen und das System offline nutzen. Der Autor dieses Buches arbeitet genau so: Das Host-System heißt Ubuntu, in der virtuellen Umgebung läuft, zum Beispiel bei der Erstellung dieses Buches, Windows 7. Dabei kann die Windows-Welt ohne ressourcenhungrige Virenscanner und Firewall auskommen. Meine Windows-Welten haben seit Jahren kein Internet mehr gesehen.

Abb. 6.10: Mein Arbeitsplatz: Links Ubuntu, rechts, in einer virtuellen Maschine, Windows

WEB

Sollten Sie auch ohne Internetverbindung Wert auf Updates Ihrer Windows-Installation legen, können Sie Update-Packs auf der Seite *http://www.winfuture.de* kostenlos und völlig legal herunterladen.

Voraussetzung ist allerdings ein leistungsstärkerer PC, da vor allem der Arbeitsspeicher zwischen dem Host, also dem Gastgeber (in unserem Falle Ubuntu), und dem Gastsystem (z. B. Windows) geteilt werden muss. Grob gesagt sollten schon 2, besser 4 GB RAM zur Verfügung stehen, damit flüssiges Arbeiten in der virtuellen Umgebung möglich ist.

Darüber hinaus benötigen Sie eine Installations-CD oder -DVD des Gastsystems, da Sie das Betriebssystem neu installieren müssen. Eine virtuelle Maschine, die dem Open-Source-Gedanken entspricht und zudem überaus anfängerfreundlich ist, finden

Sie in der Ubuntu-Software: Es ist die *VirtualBox*. Wie Sie ein Programm über das Installationsprogramm herunterladen, haben Sie mittlerweile mehrfach probiert. Die *VirtualBox* wird genauso installiert.

VirtualBox installieren

> **TIPP**
>
> Da die Updates der VB häufig sind, ist die Version in Ubuntu-Software nicht immer up to date. Sie können das Programm auch von der Internetseite *https//www.virtualbox.org/wiki/Downloads* herunterladen. Klicken Sie dazu den Eintrag FOR LINUX HOSTS an und wählen Sie aus, ob Sie ein 32- oder 64-Bit-System haben.

Klicken Sie auf den gewünschten Eintrag und beantworten Sie die Frage, was nun geschehen soll, mit ÖFFNEN MIT UBUNTU-SOFTWARE. Um die weitere Installation der VirtualBox kümmert sich das Programm.

Extension-Packs installieren

Als Zweites sollten Sie das *Extension-Pack* installieren. Es ermöglicht Ihrem Gastsystem unter anderem, auf die USB-Schnittstellen zuzugreifen. Dies geschieht wie folgt: Klicken Sie neben dem Eintrag VIRTUALBOX EXTENSION PACK auf den Link ALL SUPPORTED PLATFORMS und laden Sie die Datei herunter. Die Frage, was mit dieser Datei zu tun ist, beantworten Sie mit: ÖFFNEN MIT ORACLE VIRTUALBOX. Das Programm pflegt die Erweiterungen nun selbstständig ein.

Gasterweiterungs-CD erstellen

Danach sollten Sie die sogenannten Gasterweiterungen installieren. Zwar ist die virtuelle Maschine schon funktionstüchtig, aber noch nicht besonders komfortabel. Die Gasterweiterungen ermöglichen Ihnen die nahtlose Einbindung des Gastsystems (hier: Windows) in das Gastgebersystem (hier: Ubuntu). Wenn Sie zwei Monitore an Ihrem PC haben, können Sie mit der Maus ganz einfach aus dem VM-Fenster auf einem Monitor in den anderen Monitor wechseln, Drag & Drop zwischen den Fenstern und Systemen wird möglich und Sie können einen gemeinsamen Ordner benennen, auf den beide Systeme zum Datenaustausch zugreifen können. Sehr komfortabel ist zudem der Seamless windows-Modus, der das Gastsystem mit der originalen Auflösung im Vollbildmodus laufen lässt.

Die Erstellung der CD ist sehr einfach. Canonical stellt ein Brennprogramm namens *Brasero* zur Verfügung. Installieren und starten Sie das Programm und klicken Sie auf den Button Abbild brennen. Lege Sie die beschreibbare CD-ROM ein. Es öffnet sich ein Dialog, in dem Sie aufgefordert werden, ein Abbild auszuwählen. Jetzt müssen Sie nur noch die .iso-Datei finden, aus der die Gasterweiterungs-CD erstellt werden soll. Diese finden Sie im Ordner `/usr/share/virtualbox` und heißt `VBoxGuestAdditions.iso`. Wählen Sie diese Datei aus und starten Sie den Brennvorgang. Dieser ist recht kurz, da die `.iso`-Datei nur wenige MBit groß ist. Die entstandene CD legen Sie bitte auf die Seite, die brauchen wir später noch.

DKMS installieren

Als letzte vorbereitende Maßnahme sollten Sie das Modul *DKMS (**D**ynamic **K**ernel **M**odul **S**upport)* installieren. Dies ist zwar nicht zwingend notwendig, erleichtert die Arbeit mit der VirtualBox allerdings enorm.

TIPP

Immer dann, wenn ein Kernel-Update im Rahmen der Systemaktualisierung erfolgt, verweigert die VirtualBox zuerst den Betrieb. Das ist keine große Sache: Starten Sie in diesem Falle das Terminal und geben Sie den Befehl `sudo /etc/init.d/vboxdrv setup` ein.

Um diesen Umstand nicht einmal im Monat durchführen zu müssen, überwacht DKMS die Updates und installiert die notwendigen Kernelmodule automatisch. Sie installieren dieses Modul einfach mit dem Befehl

```
sudo apt-get install build-essential dkms
```

Nun wird es aber Zeit, ein Gastsystem zu installieren. Hierzu nehmen wir doch einfach Windows 7. Nach dem Klick auf den Button Neu werden Sie durch den sehr einfachen Installationsvorgang geleitet (siehe *Abbildung 6.11*).

Geben Sie der virtuellen Maschine einen Namen. Sie können so viele virtuelle Maschinen mit so vielen Betriebssystemen installieren, wie Sie wollen. Damit Sie diese leicht auseinanderhalten können, vergeben Sie einen eindeutigen Namen, z. B. `Windows7`. Klicken Sie darüber hinaus im Dropdown-Menü an, welches Betriebssystem Sie installieren wollen, die VirtualBox bereitet alles dafür vor (siehe *Abbildung 6.12*).

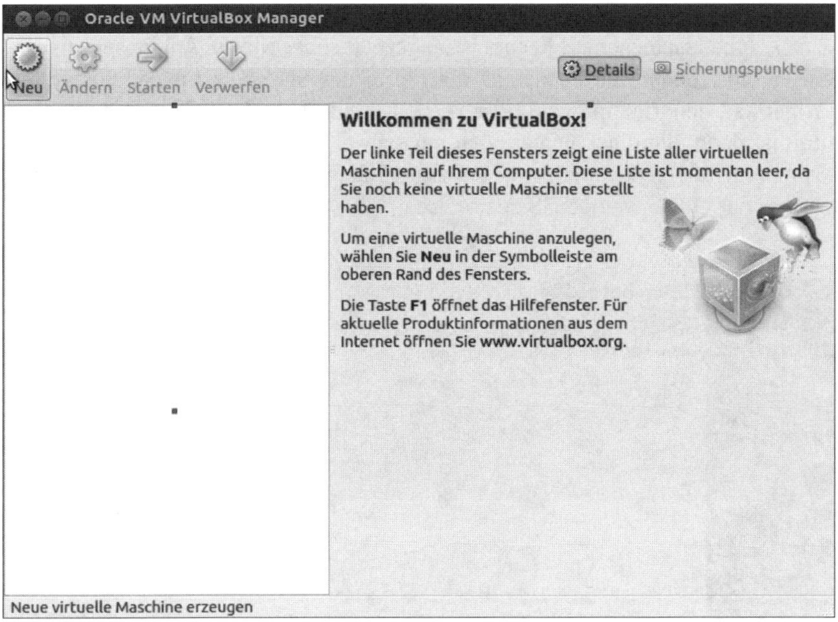

Abb. 6.11: Der Willkommensbildschirm

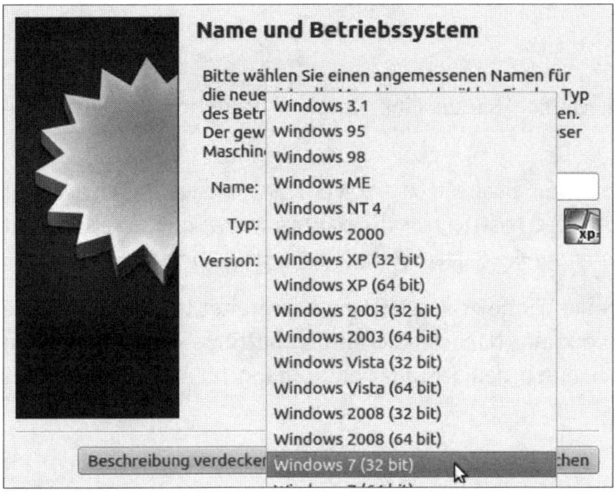

Abb. 6.12: Weisen Sie einen eindeutigen Namen und das gewünschte Betriebssystem zu.

Im nächsten Schritt weisen Sie Ihrem Gastbetriebssystem, in diesem Falle *Windows 7 (32 bit)*, Arbeitsspeicher zu. Rechts ist angezeigt, über wieviel Arbeitsspeicher Ihr System verfügt. Geben Sie höchstens die Hälfte des Speichers für das Gastsystem frei. Windows7 benötigt in der 32-Bit-Version mindestens 1 GB RAM, ein flüssiges Arbeiten ist dann allerdings immer noch nur schwer möglich. Sollten Sie jedoch ein DOS-System installieren wollen, z. B. um alte PC-Spiele zu spielen, brauchen Sie dem Gastsystem nur einige wenige MB zuzuweisen.

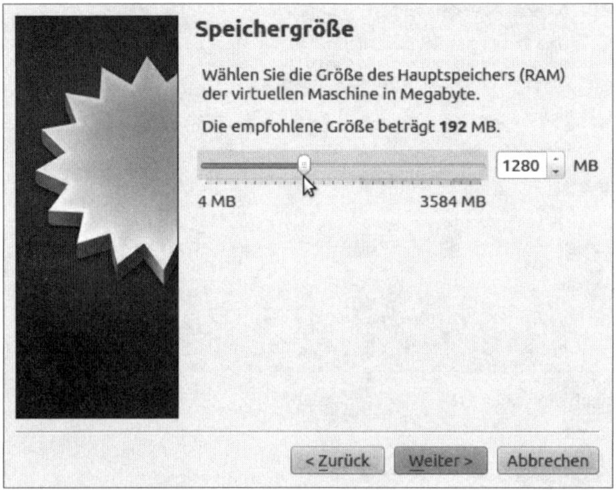

Abb. 6.13: Zuweisung des Arbeitsspeichers

Wenn Sie auf WEITER klicken, werden Sie zu Einstellungen bezüglich der Festplatte gefragt.

Klicken Sie bitte auf die Optionen BOOTFESTPLATTE / FESTPLATTE ERZEUGEN, DATEITYP VDI (VIRTUALBOX DISK IMAGE) und ART DER ABSPEICHERUNG: DYNAMISCH ALLOZIERT. Klicken Sie auf WEITER, bis Sie zu dem in *Abbildung 6.14* gezeigten Bildschirm kommen.

Sie sehen nun, dass alles für eine Windows-Installation vorbereitet ist. Also legen Sie die CD oder DVD in Ihr Laufwerk ein. Nach Anklicken des Buttons STARTEN im oberen Menü werden Sie narrensicher durch den Installationsvorgang für Windows geleitet (siehe *Abbildung 6.15*).

Abb. 6.14: Jetzt ist alles so vorbereitet, dass Sie Windows innerhalb der virtuellen Maschine installieren können.

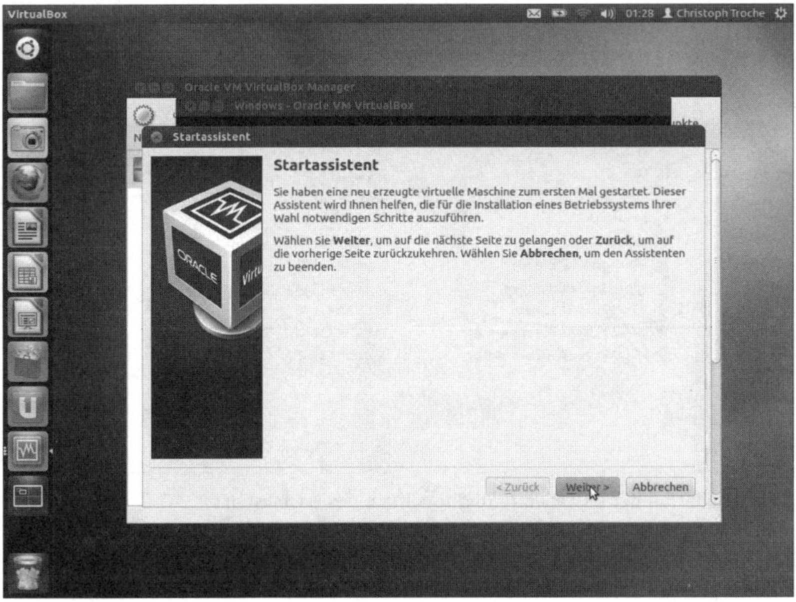

Abb. 6.15: Jetzt beginnt die Installation von Windows.

Da es sich bei Windows allerdings nicht um freie Software handelt, sondern um ein sogenanntes proprietäres Programm, benötigen Sie einen Registrierungsschlüssel. Diesen haben Sie beim Kauf des Computers oder des Betriebssystems erhalten, er klebt meistens mit einem Sicherheitsaufkleber am oder unter dem Computer oder auf der CD-ROM.

Gasterweiterungen installieren

Nachdem Sie Windows installiert haben, können Sie die virtuelle Maschine mit einem Klick auf das Symbol  starten. Sie werden feststellen, dass das Ganze noch sehr unfertig wirkt. Sie können nicht im Vollbildmodus arbeiten und ein nahtloser Austausch zwischen Windows und Ubuntu ist auch noch nicht möglich. Jetzt ist es Zeit, die Gasterweiterungen zu installieren. Legen Sie die vorhin erstellte CD ein und starten Sie den Windows-Explorer. Gehen Sie zum Eintrag CD-Laufwerk und klicken Sie doppelt auf den Eintrag VBoxWindowsAdditions. Nun werden die Erweiterungen installiert. Fahren Sie das virtuelle Windows herunter und schließen Sie die VirtualBox. Nach einem Neustart können Sie mit Ihren Windows-Programmen so arbeiten, wie Sie dies gewohnt sind.

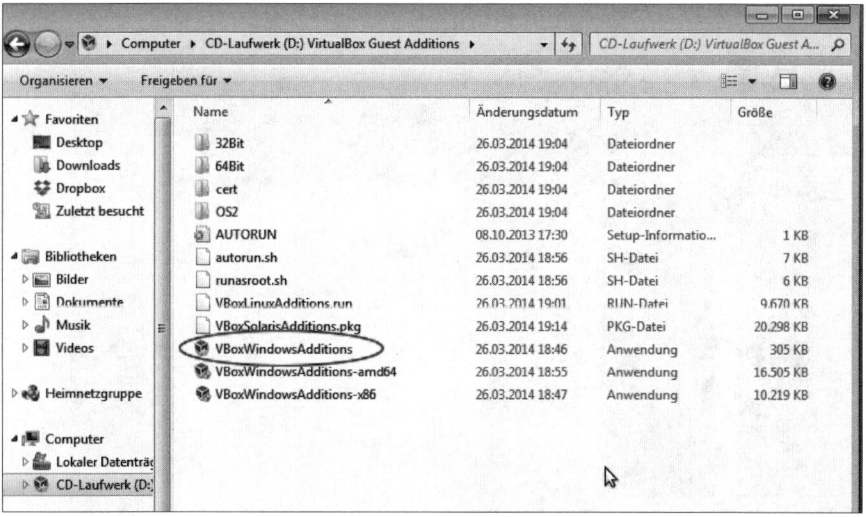

Abb. 6.16: Installation der Gasterweiterung innerhalb des Gastsystems

Alternativ können Sie die Gasterweiterungen auch installieren, indem Sie das virtuelle Windows starten und im Menü der VirtualBox den Punkt Geräte / optische Lauf-

WERKE / ABBILD AUSWÄHLEN anklicken. Suchen Sie im folgenden Dialog die Datei /usr/share/virtualbox/VBoxGuestAdditions.iso.

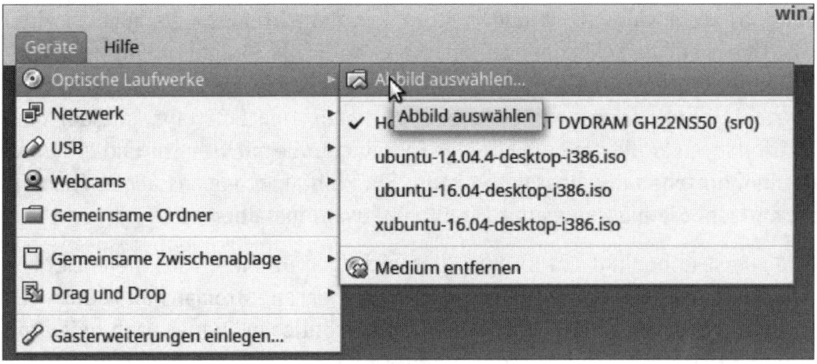

Abb. 6.17: Alternative Installation der Gasterweiterung

Drei verschiedene Möglichkeiten, Windows-Programme zu nutzen		
Parallele Installation	Beide Systeme arbeiten mit voller Funktionalität	Umständlich zu wechseln Zwei vollständig installierte Betriebssysteme nötig
Wine	Einige Programme arbeiten nicht mit vollem Umfang	Kein Windows-Betriebssystem nötig
Virtuelle Maschine	Zwei vollständig installierte Betriebssysteme nötig Funktioniert nur auf leistungsstärkeren Rechnern	Benutzte Software funktioniert zuverlässig Wechsel zwischen den Systemen sehr schnell

Tab. 6.1: Vergleich der Parallelsysteme

WEB

Eine großartige Anleitung, wie man Ubuntu in einer virtuellen Maschine unter Windows laufen lassen kann, findet man unter *http://www.cpf.de/das-unzerstoerbare-system-ein-virtualisiertes-ubuntu-schritt-fur-schritt-erklart-teil-1/219/*.

6.5 Die Windows-Partition von der Festplatte entfernen

Natürlich ist es nicht sinnvoll, Windows sowohl in der VirtualBox als auch in einer zweiten Partition auf dem Rechner zu belassen. Wenn die Programme in der VirtualBox oder unter *Wine* zu Ihrer Zufriedenheit laufen, können Sie die Festplatte auch vollständig an Ubuntu freigeben. Dazu benötigt man eine Software, mit der man seine Partitionen, also die Teilbereiche der Festplatte, die für Ubuntu und Windows reserviert sind, einsehen und bearbeiten kann. Ein Programm namens *GParted* schafft dies recht einfach. Sie müssen es mit Ubuntu-Software installieren.

Machen Sie zuerst unbedingt ein Backup aller wichtigen Dateien. Falls Sie mit einem Laptop arbeiten, stellen Sie die Stromversorgung sicher, ein Stromausfall könnte den Computer unbrauchbar machen. Schauen Sie im persönlichen Ordner nach, wie groß Ihre Windows-Partition ist, Sie müssen sie unter GParted erkennen können.

Abb. 6.18: Die angeschlossenen Speicher, CD-ROM-Laufwerke und erreichbaren Partitionen werden unter Nautilus angezeigt.

Da Sie ja bereits in einem vorherigen Kapitel auf Ihre Windows-Daten zugreifen mussten, kennen Sie Ihre Windows-Partition und wissen, wie groß diese ist.

Starten Sie *GParted* und inspizieren Sie die Partitionen Ihrer Festplatte. Die erste dürfte Ihre Windows-Systempartition sein. Achten Sie aufs Dateisystem, dies heißt bei Windows *ntfs*, und auf die Größe der Partition.

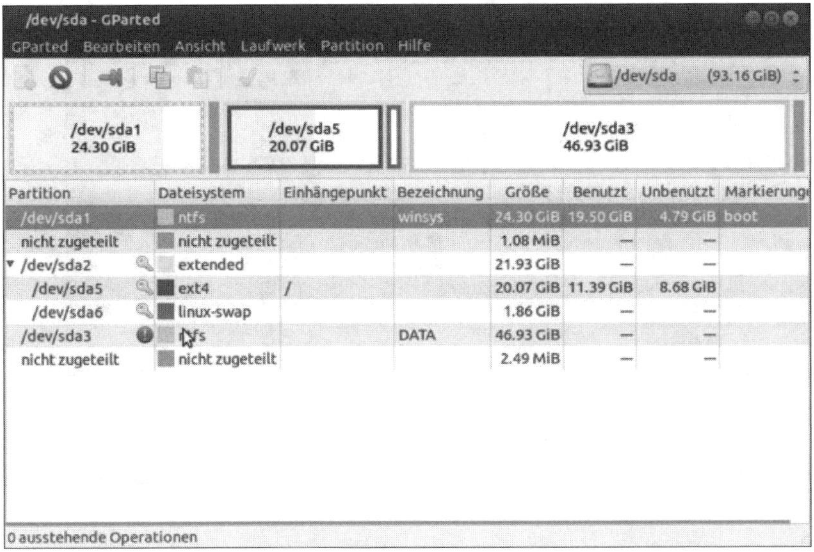

Abb. 6.19: Sieht komplizierter aus, als es ist

Löschen Sie nun diese Windows-Partition, indem Sie mit der rechten Maustaste darauf klicken und LÖSCHEN wählen. Danach klicken Sie oben aufs grüne Häkchen, um die Änderungen zu übernehmen.

> **TIPP**
>
> Sie können auch noch andere Partitionen, die vielleicht im Laufe des Windows-Lebens entstanden sind, löschen. Keinesfalls jedoch dürfen Sie die Partitionen *Linux-swap* und *ext4* löschen.

Nun lassen Sie Ubuntu die Partitionen neu einlesen. Öffnen Sie das Terminal und geben Sie den Befehl

```
sudo update-grub
```

ein, drücken die `Enter`-Taste und legitimieren sich mit Ihrem Passwort.

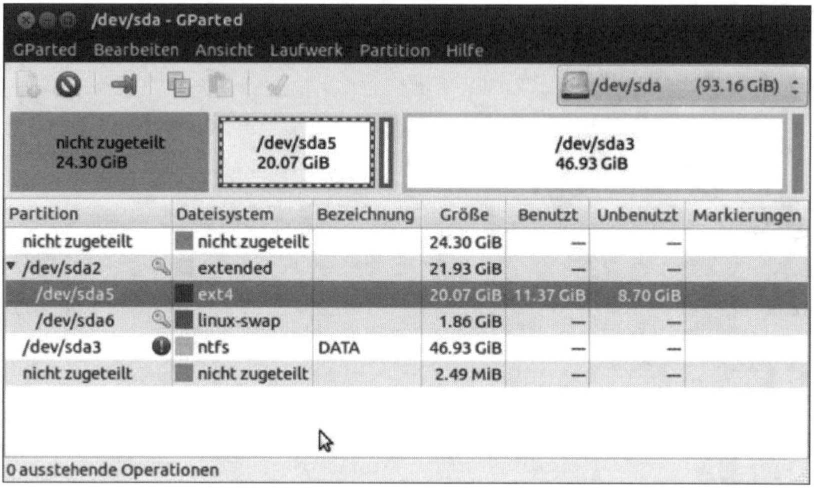

Abb. 6.20: Wo sich vorher die Windows-Partition befand, ist nun ein nicht zugeteilter Bereich.

Starten Sie nun den PC neu, Windows gehört nun der Vergangenheit an, der Bereich, der von Windows genutzt wurde, ist leer. Mit *GParted* können Sie also die Windows-Partition recht einfach von Ihrem Laufwerk entfernen. Das Problem besteht allerdings darin, dass der frei gewordene Platz nicht so ohne weiteres Ihrer Ubuntu-Partition zugeschlagen werden kann. Denn die Ubuntu-Partition kann nur verändert werden, wenn sie nicht genutzt wird. Aber genau dies tun Sie ja, wenn Sie Ubuntu gestartet haben.

Also benötigen Sie wieder einmal eine Live-Installation, so wie Sie sie bereits anfangs des Buches kennengelernt haben.

WEB

Eine Mini-Live-Installation, auf der dann auch nur noch *GParted* läuft und sonst gar nichts, erhalten Sie unter *http://gparted.sourceforge.net/livecd.php.*

Erstellen Sie aus dieser `.iso`-Datei eine bootfähige CD-ROM oder einen USB-Stick, so wie bereits beschrieben, legen Sie diese in das Laufwerk ein und starten Sie den PC. Sollte Ubuntu starten, müssen Sie wieder das BIOS aufrufen und das CD-ROM-Laufwerk als Boot Laufwerk definieren. Wie Sie das bewerkstelligen, ist in *Kapitel 2* beschrieben.

Nun starten Sie innerhalb dieser Live-CD *GParted* und wählen das richtige physische Laufwerk aus (Ihre Festplatte, meist /dev/sda). Auf diesem können Sie jetzt Ihre Ubuntu-Partition einfach vergrößern, indem Sie sie mit der rechten Maustaste anklicken und die Option GRÖSSE DER PARTITION ÄNDERN ODER VERSCHIEBEN auswählen. Übernehmen Sie die Änderung wieder übers grüne Häkchen, warten Sie ab, bis diese geschrieben sind.

Nun haben Sie Windows entfernt und den freien Festplattenplatz Ubuntu zugeschlagen. Entfernen Sie die CD wieder und stellen Sie gegebenenfalls im BIOS die Festplatte als erstes Boot-Laufwerk ein.

Sie sind jetzt in der Linux-Welt angekommen. Herzlich willkommen!

Kapitel 7

Ubuntu in der Gruppe

Ziel des Kapitels

- Richten Sie Ubuntu so ein, dass eine Gruppe von Benutzern mit jeweils eigener Privatsphäre am Computer arbeiten kann.

Schritte zum Erfolg

- Andere Computernutzer als Standardbenutzer einrichten
- Die Rechte der Benutzer und Besitzer kennenlernen
- Die Aufgaben und Möglichkeiten des Systemverwalters kennenlernen

7.1 Warum ein Mehrbenutzersystem? 148

7.2 Benutzer und Benutzergruppen 148

7.3 Der Systemverwalter 149

7.4 Die Benutzerverwaltung 149

7.5 Der Besitzer 151

Eines vorweg: Sollten Sie Ihren PC allein nutzen, können Sie dieses Kapitel gerne überspringen.

7.1 Warum ein Mehrbenutzersystem?

Wenn Sie als einzelner Nutzer vor Ihrem PC sitzen, haben Sie zunächst einmal Zugriff auf alle Ihre Daten, Ihre Textdokumente und die Musik- und Bildersammlung. Sie haben darüber hinaus die Möglichkeit, diese Dokumente zu verändern, den Speicherort zu ändern und so weiter. Dies nennt man den »vollen Zugriff« auf Ihre Dateien. Sie haben zudem die Möglichkeit, Einstellungen vorzunehmen, die das ganze System betreffen. Sie können Programme installieren und deinstallieren, den Zugang zum Netzwerk verändern und vieles mehr. Hierbei agieren Sie als sogenannter *Systemverwalter*. Das ist ausreichend und problemlos, solange Sie Ihren Computer allein nutzen und keine andere Person Zugriff auf ihn bekommt. In diesem Fall können Sie dieses Kapitel getrost übergehen.

Oftmals wird ein Computer allerdings nicht allein von einem Menschen genutzt. Ein Computer kann z. B. auch im Klassenverband, in der Familie oder von Arbeitsgruppen gemeinsam benutzt werden. Oder ein Freund bittet kurz um Zugang zum Internet, weil er auf eine wichtige E-Mail wartet. Kurzum, die Wahrscheinlichkeit, dass ein Computer von mehreren Menschen genutzt wird, ist recht hoch und daher ist es sinnvoll, jedem Benutzer einen eigenen Zugang einzurichten. Wenn mehrere Personen *einen* Computer regelmäßig nutzen, z. B. in einer Schulklasse oder in der Familie, sollte jeder Benutzer die Möglichkeit haben, seine Dokumente, Fotos, E-Mails und so weiter vor den anderen zu schützen.

7.2 Benutzer und Benutzergruppen

Jeder Mensch, der vor einem Computer sitzt und diesen nutzt, ist zunächst einmal ein Nutzer. Linux allerdings, dessen Wurzeln im Netzwerkbetrieb liegen, machte es ein klein wenig komplizierter und weist jedem Benutzer eine Identifikation zu, die mit bestimmten Rechten verbunden ist. Der Netzwerkbetrieb mit bis zu einigen tausend Rechnern und noch mehr Benutzern machte ein hochkomplexes System aus verschiedenen Rechtezuteilungen nötig. So ungeheuer weitläufig die Möglichkeiten zur Rechteverteilung prinzipiell sind, so wurden sie zuletzt für Ubuntu jedoch sehr stark eingeschränkt. Im übertragenen Sinne ist die Motorhaube noch ein ganzes Stück weiter zugeschweißt worden.

Bereits die Benutzerverwaltung ist – im Hinblick auf die Zielgruppe – stark vereinfacht worden. Es besteht eigentlich nur die Möglichkeit, Benutzer anzulegen. Die Benutzergruppen sind hierbei allerdings bereits festgelegt. Es beschränkt sich nur noch auf die Benutzergruppe *Systemverwalter* und die Benutzergruppe *Standardnutzer*.

7.3 Der Systemverwalter

Wenn Sie das System eingerichtet haben, sind zuerst einmal Sie der Systemverwalter. Der Systemverwalter hat die Möglichkeit, mit seinem Passwort alle Einstellungen am System bis in die Tiefe so vorzunehmen, wie Sie dies bei der Einrichtung von Ubuntu bis hierher praktiziert haben. Wie Sie festgestellt haben, wurden Sie vor der Installation von Programmen und der Änderung systemwichtiger Einstellungen jedes Mal nach Ihrer Legitimation gefragt. Der Grund hierfür liegt in einem der Sicherheitsaspekte von Ubuntu: Sie treten, auch wenn Sie eigentlich Systemverwalter sind, immer zuerst als Standardnutzer auf. Nur dann, wenn Sie Verwaltungsaufgaben übernehmen, werden Sie für einige Sekunden zum Administrator. Damit wird verhindert, dass heimlich, ohne dass Sie es merken, Software installiert oder Systemeinstellungen verändert werden. Der Standardnutzer hat diese Möglichkeiten zur Systemveränderung so ohne Weiteres nämlich nicht.

TIPP

Einstellungsänderungen sind jedem Nutzer möglich, der das Passwort des Systemverwalters kennt und bei der Legitimation vorweisen kann, auch wenn er sich mit einem Standardbenutzerkonto eingewählt hat. Dies zeigt, wie verantwortungsvoll mit dem Administratorpasswort umgegangen werden muss.

7.4 Die Benutzerverwaltung

Die Benutzerverwaltung ist über das Systemmenü und dann SYSTEMEINSTELLUNGEN / BENUTZERKONTEN aufrufbar. Um einen Benutzer anzulegen, müssen die Einstellmöglichkeiten zuerst durch einen Klick auf ENTSPERREN und die Eingabe des Passworts entsperrt werden.

Nach dem Entsperren können Sie neue Nutzer anlegen oder natürlich auch vorhandene löschen oder verändern. Auf der linken Seite des Fensters sieht man die bereits vorhandenen Konten.

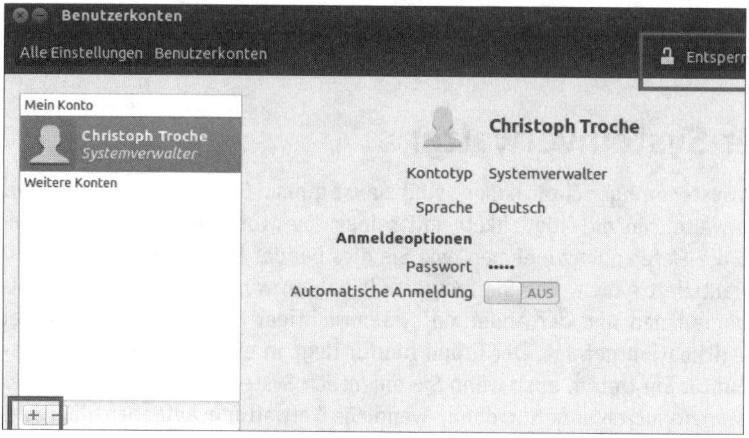

Abb. 7.1: Bisher ist nur ein Benutzerkonto vorhanden.

Mit einem Klick auf das +-Symbol links unten legt der Systemverwalter ein neues Konto an. Hier trägt man dann den Namen und den gewünschten Nutzernamen ein. Weiterhin muss der neue Benutzer entweder dem Kontotyp STANDARD oder SYSTEMVERWALTER zugeordnet werden. Das Anlegen eines Kontos beinhaltet, dass ein Nutzer einen eigenen *Persönlichen Ordner* erhält sowie eigene Profile bei *Firefox* und *Thunderbird*. Er muss oder kann sein eigenes E-Mail-Konto einrichten, das von niemandem ohne seine Erlaubnis eingesehen werden kann.

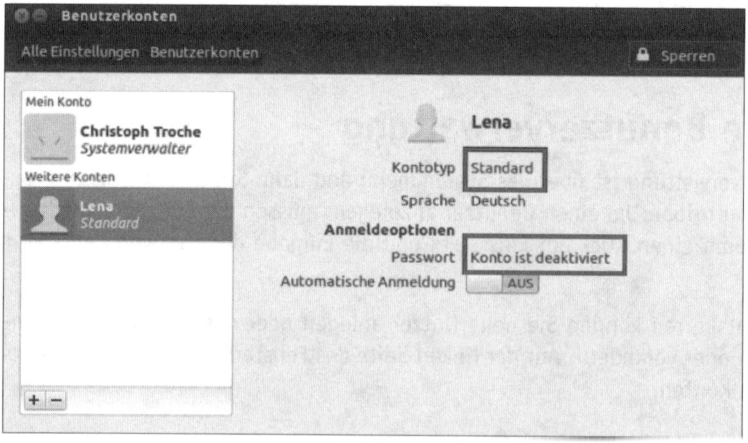

Abb. 7.2: Die Nutzerin *Lena* wurde als Standardnutzerin angelegt; mit ihrem Passwort kann sie keine Systemveränderungen vornehmen.

Als Letztes muss das Konto noch aktiviert werden, indem ein Passwort festgelegt wird. Dazu klickt man auf den Schriftzug KONTO IST DEAKTIVIERT und gibt das gewünschte Passwort ein. Alternativ kann auch festgelegt werden, dass sich der neue Nutzer ohne Passwort anmelden kann. Dies kann man zum Beispiel für einen Gastzugang so einrichten. Für die Benutzerin Lena wird hier ein neues Konto angelegt, als Standardbenutzerin hat sie Zugang zu ihren eigenen Dateien, aber keinen Zugang zu den Systemeinstellungen. Das bedeutet, sie kann keine Programme herunterladen und installieren, auch keine Updates bestehender Programme, sie kann keine neuen Konten einrichten oder bestehende Konten löschen.

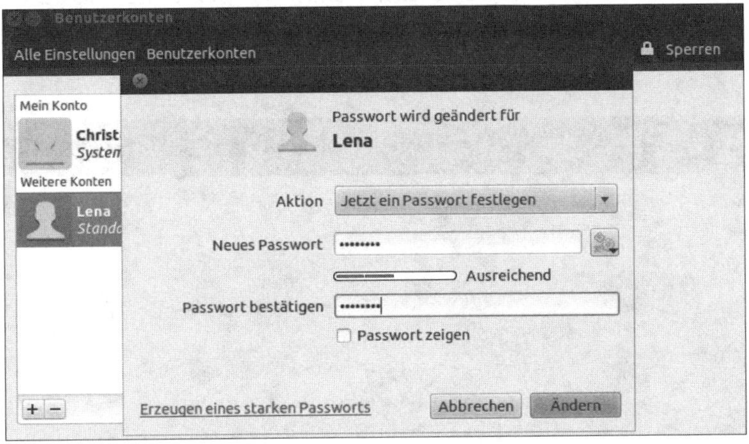

Abb. 7.3: Die Nutzerin bekommt ihr Passwort.

Um einen Nutzer zu löschen, wählt der Systemverwalter diesen zuerst aus und klickt dann auf das Minuszeichen links unten im Fenster. Daraufhin erscheint ein Dialog, in dem abgefragt wird, ob die Benutzerdaten, also alle erstellten Dokumente, ebenfalls gelöscht oder behalten werden sollen. Nach der Auswahl der entsprechenden Option wird das Benutzerkonto gelöscht.

7.5 Der Besitzer

Während der Systemverwalter also eine Allmacht über das System hat und mit seinem Passwort das ganze System von der Festplatte verschwinden lassen kann, liegen alle Rechte über die Dateien, die jeder Nutzer in seinem persönlichen Ordner hat, ausschließlich bei diesem. Für die Vertreiber von Ubuntu hat das Recht zur informationellen Selbstbestimmung oberste Priorität. Ubuntu geht davon aus, dass jeder

Benutzer zuerst einmal der Besitzer jeder Datei ist, die sich in seinem persönlichen Ordner befindet, unabhängig davon, ob er diese heruntergeladen oder selbst erstellt hat. Und jeder Besitzer hat das alleinige Entscheidungsrecht, ob und in welchem Umfang er andere Nutzer an seinen Dateien teilhaben lässt. Auch die Nutzerin Lena stellt diese Rechte selbst ein. Daher können diese Rechte auch nicht in der Benutzerverwaltung, die ja Domäne des Systemverwalters ist, vorgenommen werden, sondern nur in den Einstellungen des persönlichen Ordners, dem Terrain des Benutzers.

Nachdem sich die Nutzerin Lena eingeloggt hat, legt sie mittels ihres Passworts fest, welchen Zugriff auf Ordner oder einzelne Dateien die anderen Nutzer erhalten sollen. Dazu öffnet sie zuerst ihren persönlichen Ordner, markiert mit der rechten Maustaste den Unterordner oder die Datei, deren Zugriffsrechte sie festlegen möchte, und klickt auf EIGENSCHAFTEN.

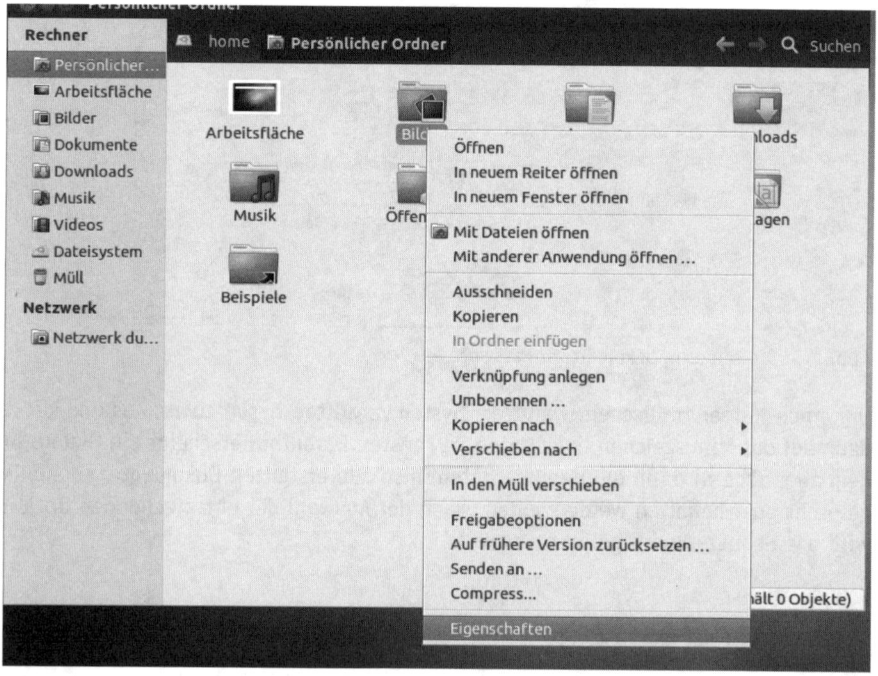

Abb. 7.4: Die Nutzerin Lena definiert hier, inwieweit andere Nutzer auf ihre Bilder zugreifen dürfen.

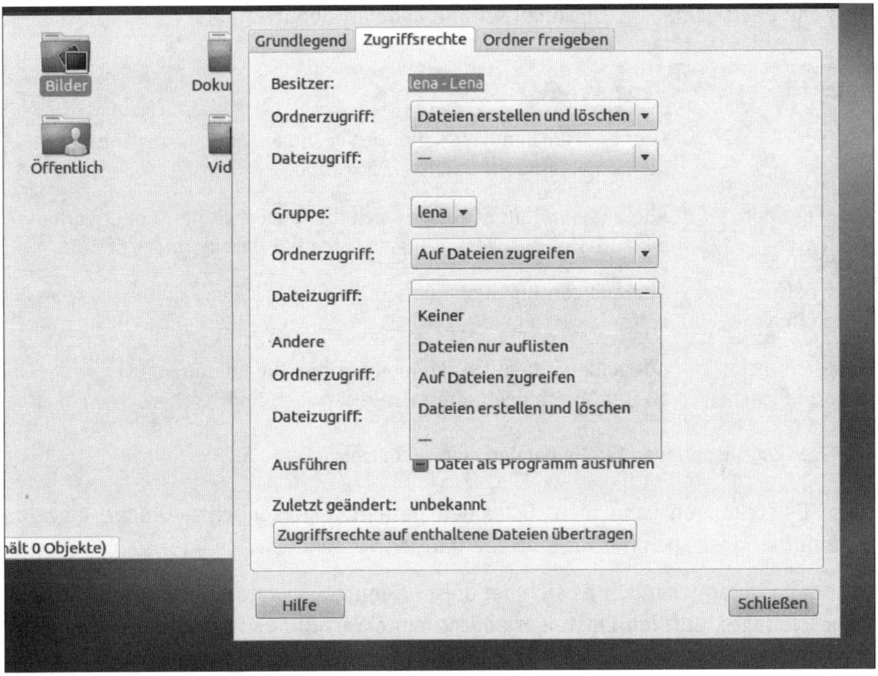

Abb. 7.5: Die Zugriffsoptionen

Die Besitzerin des Ordners BILDER ist Lena, sie darf selbstverständlich Dateien erstellen und löschen (Zeile BESITZER). Gleichzeitig ist sie Mitglied der Gruppe *lena* und alle anderen Mitglieder dieser Gruppe dürften auf die Dateien zugreifen, das heißt, alle Mitglieder der Gruppe *lena* dürfen die Bilder ansehen, können die Bilder aber nicht verändern. Allerdings ist es bei dieser Version von Ubuntu nicht ohne Weiteres möglich, die Zugehörigkeit zu einer Gruppe zu verändern. Daher ist Lena das einzige Mitglied dieser Gruppe (Zeile: GRUPPE).

Die Zeile ANDERE zeigt die Optionen für alle anderen Benutzer auf:

Zugriffsoption	Bedeutung
Keiner	Kein anderer Benutzer kann diesen Ordner öffnen, alle Inhalte bleiben verborgen. Höchste Diskretion.
Dateien nur auflisten	Alle anderen Nutzer können sich die Namen der im Ordner vorhandenen Dateien anzeigen lassen, aber die Dateien nicht öffnen.
Auf Dateien zugreifen	Alle anderen Benutzer können ein Bild ansehen, aber nicht bearbeiten.
Dateien erstellen und löschen	Alle anderen Benutzer können auf die Bilddateien von Lena zugreifen, diese bearbeiten, neue erstellen und löschen.

Tab. 7.1: Zugriffsoptionen für die Dateien eines Benutzers

Diese Einstellungen kann man für seinen gesamten persönlichen Ordner, einzelne Unterordner oder auch nur für einzelne Dateien vornehmen.

Wie schon gesagt, handelt es sich bei dieser Benutzerverwaltung um eine sehr stark eingeschränkte, auf den Einsteiger abgestimmte Version. Es ist beispielsweise nicht möglich,

- neue Gruppen zu erstellen, zum Beispiel die Gruppen *Kinder* und *Eltern*, um die Nutzer hier zuzuordnen und die komplette Gruppe mit Rechten auszustatten.
- die Gruppenzugehörigkeit eines Nutzers zu ändern.
- als Besitzer eines Dokuments Zugriffsrechte differenzierter zu gestalten, z. B. der Nutzerin Hannah den Zugriff auf Bilder zu gewähren, dem Nutzer Pepe hingegen nicht.

TIPP

Sollte es für Sie dringend notwendig sein, die Zugriffsrechte differenzierter zu gestalten, können Sie sich die *gnome-system-tools* aus Ubuntu-Software herunterladen.

Nach der Installation müssen Sie sich einmal neu anmelden, um die Benutzerdaten des Systems einmalig einzulesen. Die grafische Oberfläche für die Benutzerverwaltung findet sich nun unter BENUTZER & GRUPPEN.

TIPP

Vorsicht: Sie agieren als Systemverwalter. Es ist Ihnen erlaubt, das System durch unbedachte Einstellungen unbrauchbar zu machen!

Mit der etwas erweiterten Funktionalität ist es möglich,

- neue Gruppen zu erstellen.
- einzelne Nutzer den Gruppen zuzuordnen.
- den Nutzern differenzierte Benutzerrechte zu erteilen.

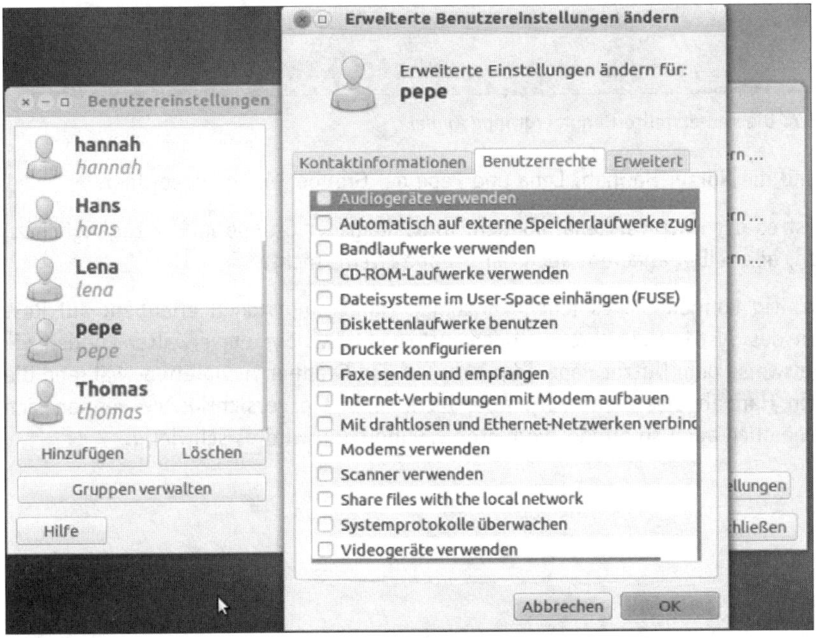

Abb. 7.6: Erweiterte Einstellmöglichkeiten für den Nutzer Pepe

Im Unterschied zu den standardmäßigen Rechten können hier Zugriffsrechte individuell angepasst werden.

Darüber hinaus können Benutzergruppen angelegt und Nutzer individuell zugeordnet werden.

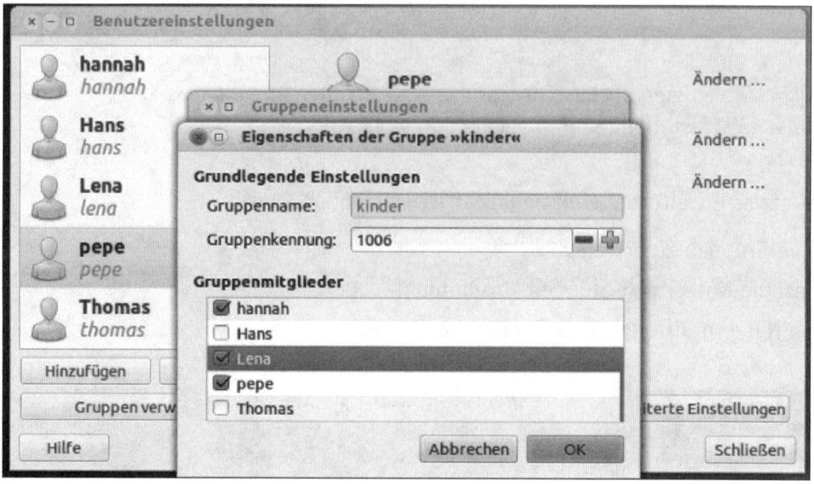

Abb. 7.7: Die neu erstellte Benutzergruppe *Kinder*

Hier sind die Nutzer Hannah, Lena und Pepe der Gruppe *Kinder* zugeordnet.

Jetzt ist es der Nutzerin Lena möglich, ihre Bilder der Gruppe *Kinder* zugänglich zu machen, aber allen anderen, auch der Gruppe *Eltern*, nicht.

Gleichzeitig können Sie es jedem einzelnen Nutzer individuell erlauben, auf Ressourcen des Systems zuzugreifen oder auch nicht. Als Systemverwalter können Sie beispielsweise dem Nutzer Pepe erlauben, auf den Scanner zuzugreifen, während die Nutzerin Hannah dies nicht darf. Aber bitte seien Sie vorsichtig: Sie können sich selbst nämlich auch so einiges verbieten ... und dann wird es schwierig.

Kapitel 8

LibreOffice – das Heimbüro

Ziel des Kapitels

- Sie lernen die wichtigsten Anwendungen und Möglichkeiten dieses Office-Pakets kennen.

Schritte zum Erfolg

- *LibreOffice* anpassen und einstellen
- Erweiterungen laden
- *Writer*, die Textverarbeitung, kennenlernen
- *Calc*, die Tabellenkalkulation, kennenlernen
- *Impress*, das Präsentationsprogramm, kennenlernen
- *Draw*, das Grafikpaket, kennenlernen

8.1 LibreOffice, die Microsoft-Office-Alternative? 158
8.2 LibreOffice starten 159
8.3 LibreOffice anpassen 160
8.4 Textverarbeitung LibreOffice Writer 164
8.5 Menüleiste 164
8.6 Symbolleisten 165
8.7 Statusleiste 166
8.8 Ein neues Dokument erstellen 166
8.9 Ein Dokument öffnen 166
8.10 Rechtschreib- und Grammatikprüfung 167
8.11 Ein Dokument schließen 169
8.12 Ein Dokument als Word-Dokument speichern 170
8.13 Ein Inhaltsverzeichnis erstellen 170
8.14 Rechnen mit Calc, der Tabellenkalkulation 171
8.15 Eindrucksvolle Präsentationen mit Impress 174
8.16 Diagramme erstellen mit Draw 178

8.1 LibreOffice, die Microsoft-Office-Alternative?

Mitte der 1990 Jahre betrat *StarOffice*, eine Office-Version der Hamburger Entwicklerfirma Star-Division den Markt, um dem übermächtigen, aber sehr teuren Office-Paket von Microsoft Paroli zu bieten. *StarOffice* war sehr bald auf mehreren Betriebssystemen, also auch unter Linux, lauffähig. Nach Aufkäufen durch Sun-Microsystems und Oracle wurde der im Jahr 2000 freigegebene Quellcode von der 2010 gegründeten Organisation The Document Foundation übernommen. Diese Stiftung fördert und koordiniert die Weiterentwicklung des Office-Pakets und beteiligt sich an der Weiterentwicklung des offenen Dateiformatstandards *OpenDocument*. *LibreOffice* tritt die Nachfolge von *OpenOffice.org* als Büropaket bei Ubuntu an.

LibreOffice bietet nicht ganz den Funktionsumfang von *Microsoft Office*. Eingedenk der Statistik, dass 95 % aller Benutzer 5 % der Office-Funktionen nutzen, ist der Umfang jedoch mehr als ausreichend. Die wichtigste Eigenschaft von *LibreOffice* ist die derzeit maximale Kompatibilität mit Microsoft-Produkten. Das heißt, Dateien, die mit einem Office-Programm erstellt wurden, können mit dem anderen Programm hervorragend gelesen und weiterverarbeitet werden.

TIPP

Bevor Sie starten: Da die installierten Schriften nicht dieselben sind wie unter Microsoft Office, werden Dokumente oft sehr verfälscht dargestellt. Installieren Sie sich den *ttf-mscorefonts-installer*, ein kleines Programm, das sich die gewünschten und fehlenden Schriftarten aus dem Internet herunterlädt und sie installiert.

Auch das Datenbankmodul *Base* muss erst nachinstalliert werden, es ist nicht in der regulären Ubuntu-Distribution enthalten.

Sollten Sie das deutsche Sprachpaket noch nicht installiert haben, wird es jetzt Zeit, dies zu tun, ansonsten bleibt die Sprache der Menüs, aber auch der Rechtschreibprüfung Englisch. Installieren Sie die Sprachmodule unter SYSTEMEINSTELLUNGEN / SPRACHUNTERSTÜTZUNG.

Natürlich kann man allein über dieses Programmpaket Bücher verfassen, die den Umfang dieses Buches hier bei Weitem sprengen würden. Daher muss ich mich auf die allereinfachsten Funktionsbeschreibungen beschränken.

TIPP

Eine detaillierte Einführung in dieses enorm vielseitige Programmpaket erhalten Sie durch das im mitp-Verlag erschienene Buch *LibreOffice 5* von Winfried Seimert (ISBN 978-3-95845-215-2).

8.2 LibreOffice starten

Nach der Installation von Ubuntu finden Sie in der Starter-Leiste Symbole für *Writer*, *Calc* und *Impress* als den häufigsten Anwendungen. Sie können die Anwendung starten, indem Sie auf das betreffende Symbol klicken. Alternativ können Sie über das Dash auch das *Start-Center*, die Oberfläche für das gesamte *LibreOffice*-Paket, starten.

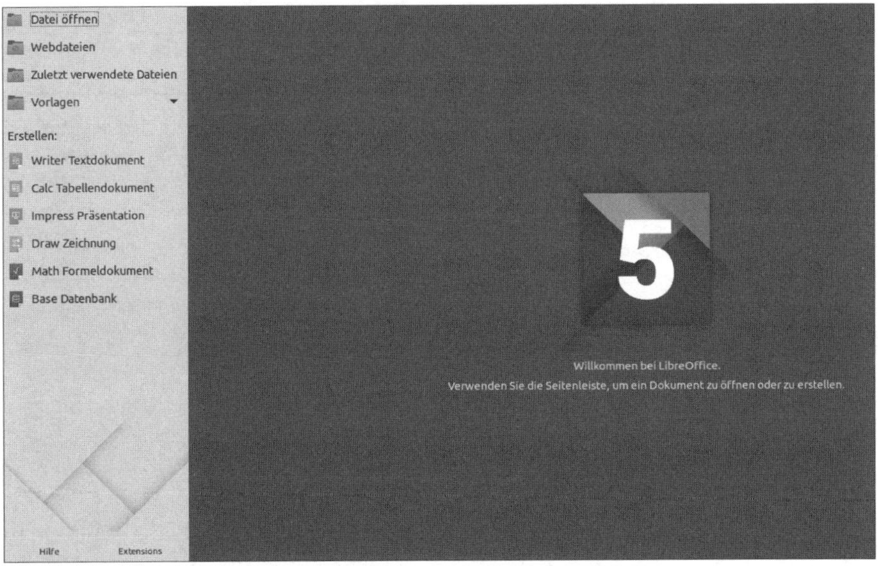

Abb. 8.1: Das Start-Center von *LibreOffice*

Wenn Sie das *Start-Center* in den Starter ziehen, können Sie die übrigen Symbole entfernen und damit den Starter übersichtlicher gestalten.

Klicken Sie nun auf den Bereich, mit dem Sie arbeiten wollen.

8.3 LibreOffice anpassen

Wie die meisten Anwendungen, so ist auch *LibreOffice* durch den Benutzer sehr genau an seine eigenen Bedürfnisse anzupassen. Einige Einstellungen, die alle Module von *LibreOffice* betreffen, stellt man im *Start-Center* ein. Um den Dialog OPTIONEN zu öffnen, wählen Sie bitte EXTRAS / OPTIONEN und die Übersicht über alle einstellbaren Optionen erscheint. Auch wenn sie sehr unübersichtlich und unverständlich erscheint, keine Sorge: Die meisten Einstellungen braucht man im Normalfall nicht zu verändern.

Einstellen sollten Sie allerdings Ihre persönlichen Daten. Alle Komponenten speichern unsichtbar in den Dokumenten die Daten des Verfassers, wie z. B. den Vor- und Nachnamen. Ebenso können Sie z. B. eine Briefvorlage nach DIN benutzen und *LibreOffice* trägt Ihren Namen und Ihre Anschrift als Absenderangaben an die dafür vorgesehene Stelle ein. Ihre BENUTZERDATEN tragen Sie unter dem gleichnamigen Reiter ein.

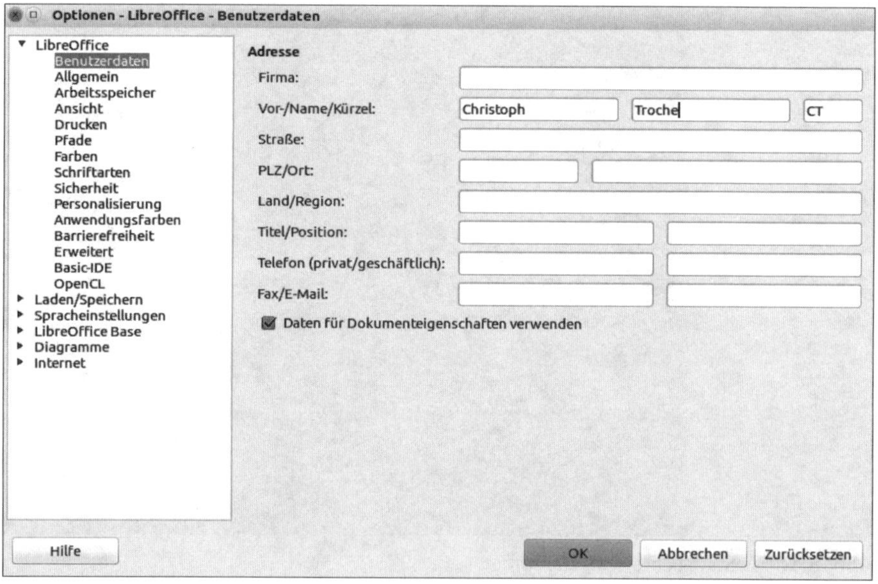

Abb. 8.2: Benutzerdaten können hier eingegeben werden

Überprüfen Sie gegebenenfalls, ob die Pfade, in denen die Dokumente gespeichert werden sollen, so korrekt sind. Befinden Sie sich innerhalb eines Netzwerkes und die Dateien sollen auf einem zentralen Server gespeichert werden, können Sie hier Ihre Einstellung vornehmen.

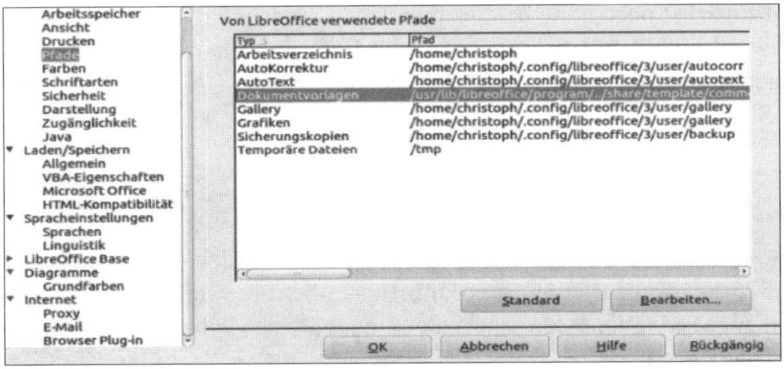

Abb. 8.3: Einstellung der Pfade

Die letzte Option, die Sie überprüfen sollten, sind die Bereiche der Spracheinstellungen. Schauen Sie bitte nach, ob die gewünschten Spracheinstellungen geladen sind. Im Untermenü LINGUISTIK finden Sie noch einige Einstellungen zum Thema SILBENTRENNUNG, THESAURUS und RECHTSCHREIBUNG, die Sie an Ihre Wünsche anpassen können. Diese Einstellungen sind selbsterklärend.

Es wirkt ein wenig unlogisch, dass die Einstellungen, die das Arbeiten an sich betreffen, unter dem Menüpunkt EXTRAS / ANPASSEN zu finden sind. Hier passen Sie die Inhalte der Menüs und der Symbolleisten an Ihre Bedürfnisse an. Sie können Menüs und Symbolleisten neu erstellen, verändern und löschen.

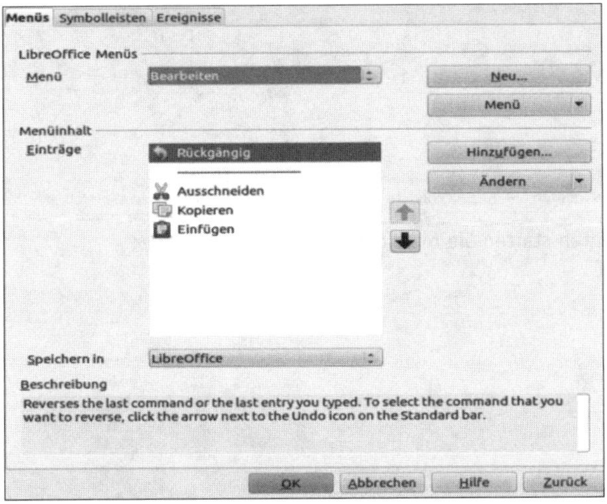

Abb. 8.4: Hier können Sie gegebenenfalls Ihre Menü- und Symbolleisten anpassen.

LibreOffice wird zunächst noch ohne Dokumentvorlagen ausgeliefert. Eventuell haben Sie aber bereits welche mit *Microsoft Office* erstellt und gespeichert. Wenn Sie diese Dokumentvorlagen benutzen möchten, müssen Sie sie zuerst in *LibreOffice* importieren.

TIPP

Dokumentvorlagen sind ein sehr hilfreiches Tool, um einheitlich gestaltete Dokumente, z. B. Briefe, Lebensläufe, Faxe, Protokolle, Broschüren und vieles mehr, zu gestalten. Alle Formatierungen sind bereits erstellt, der Benutzer muss nur noch den Text eingeben.

Diesen Assistenten zum Import starten Sie ebenfalls direkt aus dem *Start-Center* heraus.

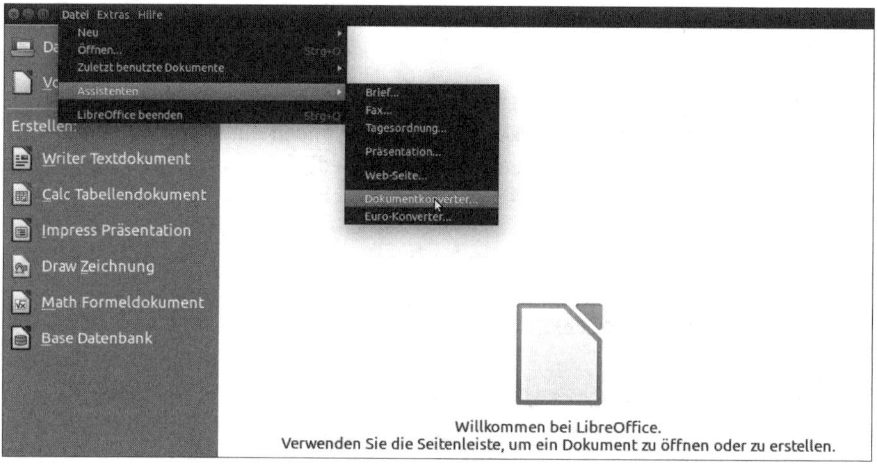

Abb. 8.5: Innerhalb des Assistenten starten Sie bitte den *Dokumenten-Konverter.*

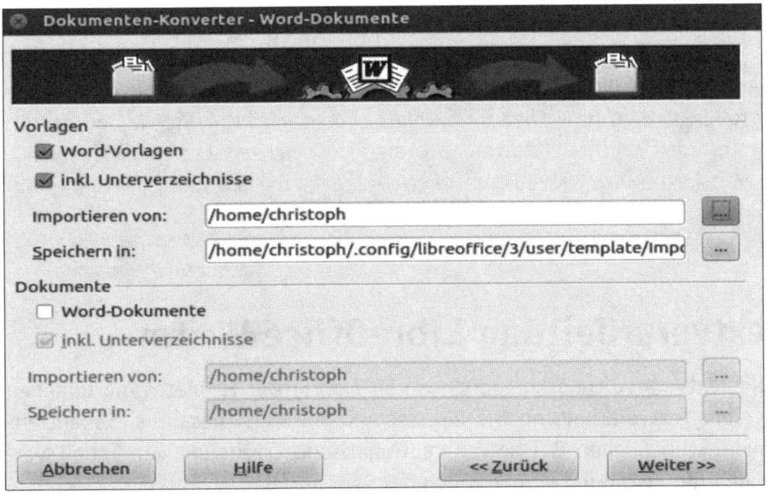

Abb. 8.6: Der Dokumenten-Konverter wandelt Ihre Microsoft-Dokumentvorlagen in *LibreOffice*-Vorlagen um.

Wenn Sie nur die Vorlagen importieren möchten, setzen Sie das Häkchen nur bei den oberen Kästchen und suchen unter IMPORTIEREN VON den Datenträger, auf dem Sie Ihre Dokumentvorlagen beim Sichern gespeichert haben.

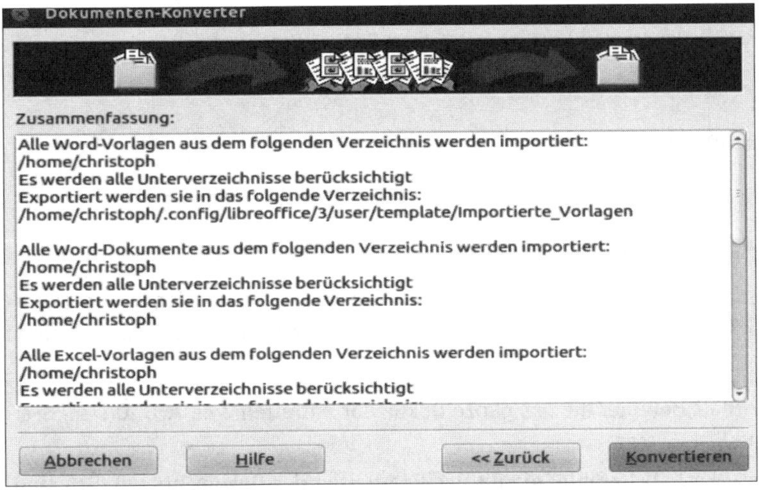

Abb. 8.7: Ein Klick auf den Button KONVERTIEREN und alle Dokumentvorlagen können jetzt auch mit *LibreOffice* genutzt werden.

WEB

Sollten Sie noch keine Vorlagen haben, aber solche gerne nutzen wollen, finden Sie eine große Auswahl unter *http://templates.libreoffice.org/*. Sie werden nach dem Herunterladen in Ihrem Download-Ordner gespeichert. Ebenso finden Sie Tausende von kostenlosen Microsoft-Office-Vorlagen, die Sie nach dem obigen Muster einfach importieren können.

8.4 Textverarbeitung LibreOffice Writer

Writer ist die Textverarbeitungskomponente von *LibreOffice*. Es bietet die üblichen Funktionen einer Textverarbeitung wie Rechtschreibprüfung, Thesaurus, Silbentrennung, Autokorrektur, Suchen & Ersetzen, automatische Erzeugung von Inhaltsverzeichnissen und die Erstellung von Indizes oder Serienbriefen.

Nach dem Starten sehen Sie die *Writer*-Oberfläche.

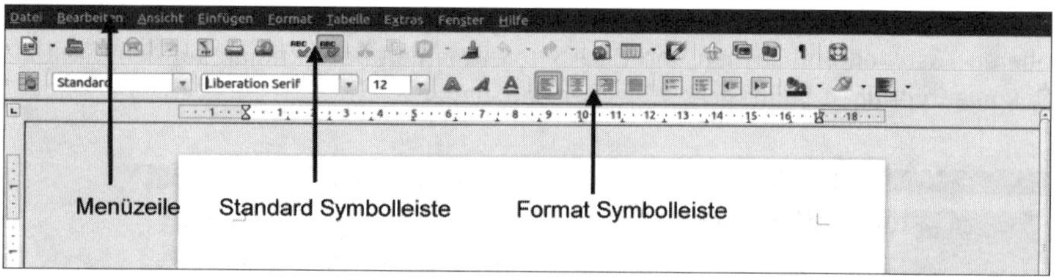

Abb. 8.8: *Writer*-Oberfläche

8.5 Menüleiste

Die Menüleiste ist am oberen Rand des *LibreOffice*-Fensters zu finden. Wenn Sie eines der nachfolgenden Menüs auswählen, öffnet sich ein Untermenü mit weiteren Einträgen.

- DATEI: Enthält Befehle, die das ganze Dokument betreffen, wie z. B. ÖFFNEN, SPEICHERN und PDF-EXPORT.
- BEARBEITEN: Enthält Befehle, die für das Bearbeiten des Dokuments nützlich sind, wie RÜCKGÄNGIG oder SUCHEN & ERSETZEN. Dieses Menü enthält auch Befehle zum AUSSCHNEIDEN, KOPIEREN und EINFÜGEN von ausgewählten Teilen des Dokuments.

- ANSICHT: Enthält Befehle für die Steuerung der Anzeige des Dokuments, wie MASSSTAB und WEB-LAYOUT.
- EINFÜGEN: Enthält Befehle zum Einfügen von Elementen in das Dokument wie z. B. Kopfzeilen, Fußzeilen und Bilder.
- FORMAT: Enthält Befehle, die für die Formatierung des Dokuments nützlich sind, sowie die Autokorrektur.
- TABELLE: Zeigt Befehle für das Bearbeiten einer Tabelle in einem Textdokument an.
- EXTRAS: Enthält die Grammatik- und Rechtschreibprüfung sowie das Optionsmenü und die Möglichkeit zur Anpassung der Symbolleisten.
- FENSTER: Enthält eine Übersicht aller offenen Fenster und eine Möglichkeit, das aktuelle Fenster zu schließen.
- HILFE: Enthält Links zu den *LibreOffice*-Hilfedateien sowie Informationen über *LibreOffice* selbst.

Wie ich oben beschrieben habe, sind die Inhalte der Menüleiste bearbeitbar.

8.6 Symbolleisten

Die *Haupt-* oder *Standard-Symbolleiste* ist die oberste Leiste. Sie ist in allen *LibreOffice*-Komponenten gleich. Hier werden die häufigsten Menübefehle als Icon angezeigt. Dies funktioniert zwar intuitiv – das Bildchen eines Druckers bedeutet, dass ein Dokument gedruckt werden soll –, ist aber vielleicht doch nicht immer auf Anhieb verständlich. Halten Sie den Mauszeiger einen Moment auf das Icon, um zu erfahren, welcher Befehl sich dahinter verbirgt.

Abb. 8.9: Die Standard-Symbolleiste ist bei allen *LibreOffice*-Komponenten gleich.

Die zweite Symbolleiste von oben ist die *Formatleiste*. Sie ist kontextabhängig und zeigt die am besten geeigneten Werkzeuge für das jeweils ausgewählte Element an. Klickt man zum Beispiel eine Grafik an, werden Grafik-Bearbeitungswerkzeuge angezeigt, bei Text entsprechend Werkzeuge zur Textformatierung. Den Inhalt der Symbolleisten können Sie ebenfalls, wie oben beschrieben, anpassen.

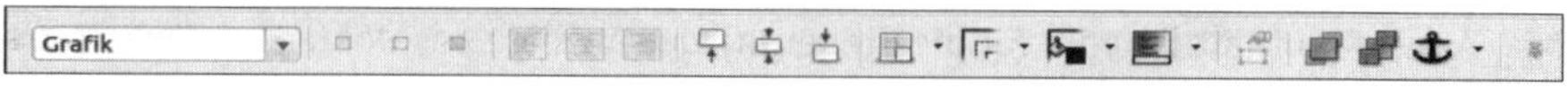

Abb. 8.10: Klicken Sie eine Grafik innerhalb eines Dokuments an, verändert sich die Symbolleiste und bietet Tools zur Bearbeitung der Grafik.

8.7 Statusleiste

Abb. 8.11: Die Statusleiste befindet sich am unteren Rand des Fensters.

Die *Statusleiste* enthält Informationen über das jeweilige Dokument und bietet eine einfache Möglichkeit, einige Einstellungen für das Gesamtdokument zu ändern.

8.8 Ein neues Dokument erstellen

Es gibt mehrere Möglichkeiten, ein leeres Dokument zu erstellen.

- Wenn bei gestartetem *LibreOffice* noch kein Dokument geöffnet worden ist (z. B. wenn Sie alle Dokumente geschlossen, aber *LibreOffice* nicht beendet haben), wird das Start-Center angezeigt (*Abbildung 8.1*). Um ein neues Dokument zu erstellen, klicken Sie auf eines der Symbole. Wenn Sie auf das Symbol VORLAGEN klicken, wird ein neues Dokument mit den Einstellungen der gewählten Vorlage erstellt.
- Benutzen Sie die Pfeiltaste direkt neben der NEU-Schaltfläche auf der Standard-Symbolleiste. In der erscheinenden Auswahlliste können Sie die Art des neuen Dokuments auswählen.
- Drücken Sie die Tastenkombination `Strg` + `N`.
- Über den Assistenten: Die dort angebotenen Auswahlmöglichkeiten sind selbsterklärend (z. B. Erstellung eines Briefs oder Faxes).

8.9 Ein Dokument öffnen

Wenn kein Dokument geöffnet ist, bietet das Start-Center ein Symbol für das Öffnen eines vorhandenen Dokuments an. Des Weiteren können Sie über einen Klick auf das Dreieck am rechten Rand der Schaltfläche die Liste der zuletzt bearbeiteten Dokumente aufklappen.

Sie können ein vorhandenes Dokument auch auf einem der folgenden Wege öffnen: Starten Sie *Writer* und

- wählen Sie DATEI / ÖFFNEN.
- klicken Sie auf die Schaltfläche ÖFFNEN auf der Haupt-Symbolleiste.
- drücken Sie `Strg` + `O` auf der Tastatur.

Wählen Sie die gewünschte Datei und klicken Sie dann auf die Schaltfläche ÖFFNEN. Wenn bereits ein weiteres Dokument in *LibreOffice* geöffnet ist, wird das zweite Dokument in einem neuen Fenster geöffnet.

Im Dialog ÖFFNEN können Sie die Liste der Dateien durch Angabe der Art der Datei, die Sie suchen, einschränken. Wenn Sie zum Beispiel Textdokumente als Dateityp auswählen, dann sehen Sie nur Dokumente, die *Writer* öffnen kann.

8.10 Rechtschreib- und Grammatikprüfung

Writer bietet eine Rechtschreibprüfung, die auf zwei verschiedene Arten genutzt werden kann.

Die *automatische Rechtschreibprüfung* überprüft Ihre Eingaben beim Tippen automatisch auf Rechtschreibfehler und markiert Wörter, die möglicherweise falsch geschrieben sind, mit einer roten Wellenlinie.

Sie können aber auch eine *manuelle Rechtschreibprüfung* durchführen lassen, indem Sie die Maus an einer beliebigen Stelle platzieren und im Menü EXTRAS / RECHTSCHREIBUNG UND GRAMMATIK aufrufen. *LibreOffice* überprüft jetzt Ihr Dokument und bietet bei möglichen Fehlern Verbesserungsvorschläge an (siehe *Abbildung 8.12*).

Rechts erkennen Sie Ihre Möglichkeiten: Sie können den Verbesserungsvorschlag ignorieren, einen der Vorschläge annehmen oder das gegen Ihre Absicht als falsch erkannte Wort in Ihr Wörterbuch aufnehmen.

Darüber hinaus können Sie einzelne mit einer Wellenlinie markierte Wörter überprüfen lassen, um Korrekturvorschläge zu erhalten. Wenn Sie ein Wort aus der Vorschlagliste für die Korrektur auswählen, ersetzt dieses das Wort in Ihrem Text.

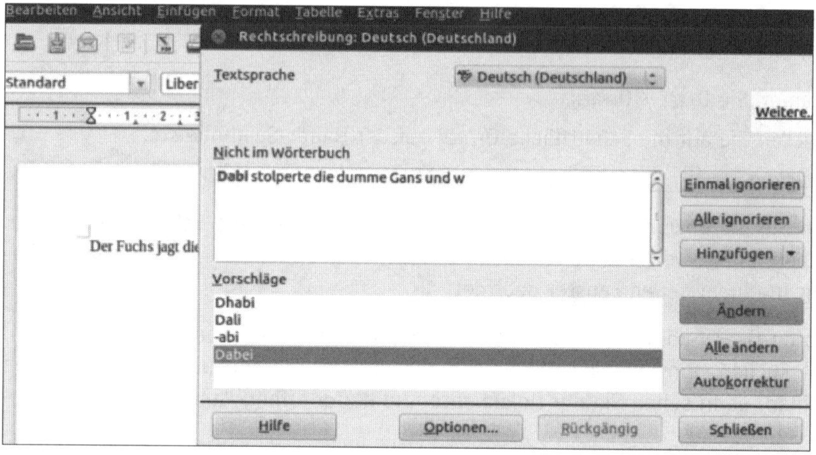

Abb. 8.12: Die Rechtschreibprüfung: Das Wort *Dabi* wird als möglicher Fehler erkannt und angezeigt.

TIPP

Ihr Wörterbuch ist übrigens lernfähig: Nicht der komplette Wortschatz findet sich in den eingesetzten Wörterbüchern. Fügen Sie ein als falsch markiertes, aber richtiges Wort einfach zum Wörterbuch hinzu.

Die Funktion *Autokorrektur* ermöglicht die automatische Korrektur von häufig vorkommenden Rechtschreib- und Tippfehlern. Zum Beispiel wird *Plege* automatisch in *Pflege* geändert, sofern diese Änderung in den Einstellungen der Funktion hinterlegt worden ist.

Wenn Ihnen auffällt, dass Sie immer wieder die gleichen Tippfehler machen, können Sie diese zur Autokorrektur eintragen. Rufen Sie dazu den Menüpunkt EXTRAS / AUTOKORREKTUR-OPTIONEN auf und wechseln Sie in das Register ERSETZUNG. Geben Sie im Feld KÜRZEL Ihren Tippfehler ein und im Feld ERSETZEN DURCH die Korrektur. Diese Funktion ist standardmäßig eingeschaltet.

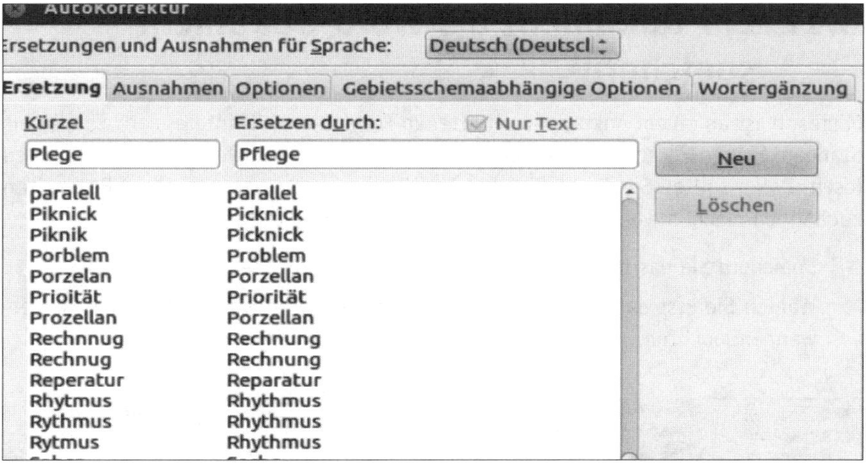

Abb. 8.13: Tippfehler, die immer wieder erscheinen, werden mit der Autokorrektur ohne Ihr Zutun berichtigt.

8.11 Ein Dokument schließen

Mit Datei / Schliessen wird ein Dokument geschlossen. Alternativ können Sie auf das Schliessen-Symbol klicken. Wenn Sie mehr als ein *LibreOffice*-Fenster geöffnet haben, kann jedes Fenster separat geschlossen werden. Die anderen Fenster bleiben dann geöffnet. Wenn nur noch ein *LibreOffice*-Fenster geöffnet ist, haben Sie die Möglichkeit, *LibreOffice* ganz oder nur das Dokument zu schließen. In letzterem Fall bleibt *LibreOffice* geöffnet und das *Start-Center* wird angezeigt.

Falls das Dokument noch ungespeicherte Änderungen enthält, erscheint eine Warnung. Sie können dann wählen, ob Ihre Änderungen gespeichert oder verworfen werden sollen:

- Speichern: Das Dokument wird gespeichert und dann geschlossen.
- Verwerfen: Das Dokument wird ohne die Veränderungen geschlossen.
- Abbrechen: Nichts passiert und Sie kehren zum Bearbeiten in das Dokument zurück.

8.12 Ein Dokument als Word-Dokument speichern

Microsoft ist an einem Austausch mit offenen Formaten nicht interessiert. Es gibt als Standard keinen Filter, der es ermöglichen würde, *LibreOffice*-Dokumente mit *Word* zu lesen. Daher sollten Sie, wenn Sie eine Textdatei anderen zum Lesen und Bearbeiten zugänglich machen wollen, diese im Word-Format abspeichern.

- Speichern Sie das Dokument aber erst als *Writer*-Dokument (`.odt`).
- Wählen Sie erst dann über DATEI / SPEICHERN UNTER das *Word*-Format, das Sie verwenden möchten.

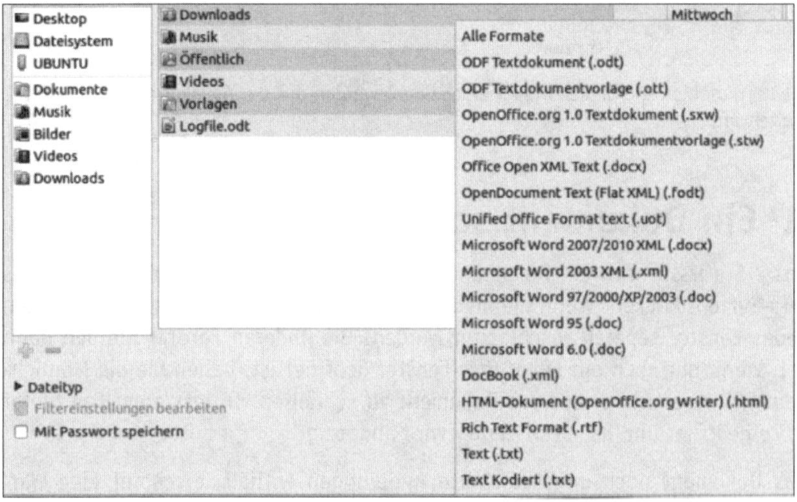

Abb. 8.14: Die Option SPEICHERN UNTER ermöglicht das Speichern in einer Vielzahl von Formaten.

8.13 Ein Inhaltsverzeichnis erstellen

Mit der Inhaltsverzeichnis-Funktion in *Writer* können Sie ein automatisches Inhaltsverzeichnis aus den Überschriften in Ihrem Dokument erstellen. Bevor Sie beginnen, stellen Sie sicher, dass die Überschriften konsequent als solche formatiert sind. Zum Beispiel können Sie die Formatvorlage *Überschrift 1* für Kapitelüberschriften und die Formatvorlage *Überschrift 2* für eine zweite, untergeordnete Überschriftenebene verwenden.

Das schnelle Erstellen eines Inhaltsverzeichnisses ist einfach: Wenn Sie Ihr Dokument erstellen, verwenden Sie die folgenden Absatz-Formatvorlagen für verschiedene Überschriftenebenen (wie Kapitel- und Abschnittsüberschriften): *Überschrift 1*, *Überschrift 2*, *Überschrift 3* und so weiter. Diese werden dann in Ihrem Inhaltsverzeichnis angezeigt.

Setzen Sie den Cursor an die Stelle, an der das Inhaltsverzeichnis eingefügt werden soll.

Wählen Sie EINFÜGEN / VERZEICHNISSE / VERZEICHNISSE.

Ändern Sie nichts im Dialog VERZEICHNIS EINFÜGEN. Klicken Sie auf OK.

Wenn Sie danach Text hinzufügen oder entfernen, sodass sich Überschriften eventuell auf andere Seiten verschieben, oder auch nach dem Hinzufügen, Löschen oder Ändern von Überschriften, müssen Sie das Inhaltsverzeichnis aktualisieren.

Um dies zu tun, gehen Sie wie folgt vor:

- Platzieren Sie den Cursor in dem Inhaltsverzeichnis.
- Klicken Sie mit der rechten Maustaste und wählen Sie aus dem Kontextmenü den Eintrag VERZEICHNIS AKTUALISIEREN.

8.14 Rechnen mit Calc, der Tabellenkalkulation

Eine Tabellenkalkulation empfiehlt sich für den Normalanwender dort, wo er einfachere mathematische Aufgabenstellungen lösen möchte. Allerdings sind alle auf dem Markt befindlichen Tabellenkalkulationen mittlerweile so komplex, dass man ganz leicht dem Phänomen erliegt, dass der Computer einem Arbeit erspart, die man ohne den Computer gar nicht erst gehabt hätte. Man muss das Rad nicht neu erfinden: Im Internet tummeln sich Tausende von vorgefertigten Tabellen, die alle vor allem eines tun: rechnen.

Ich möchte Sie gar nicht in die Tiefen der Tabellenkalkulation einführen, sondern Ihnen zeigen, wie Sie mit einer vorgefertigten Tabelle ein Haushaltsbuch führen. Die bereits erwähnte Internetseite *http://templates.libreoffice.org/* bietet eine Auswahl an Templates, also Vorlagen, an. Laden Sie sich hier das *Personal Budget Template* herunter. Klicken Sie auf DATEI SPEICHERN. Sie finden diese Datei dann in Ihrem Ordner DOWNLOADS. Sie müssen sie danach allerdings noch in den Ordner kopieren, in dem *LibreOffice* nach den Vorlagen sucht. Dieser ist in den *Pfaden* (siehe *Abbildung 8.3*) eingestellt. Wenn Sie die Vorgaben hier belassen haben, handelt es sich dabei um den Pfad Persönlicher Ordner / /.config/libreoffice/3/user/template. Um diesen Ordner zu finden, müssen zuerst die verborgenen Dateien sichtbar gemacht werden (Menü Ansicht / Verborgene Dateien sichtbar). Öffnen Sie also den persönlichen Ordner zweimal: Einmal öffnen Sie den Download-Ordner, einmal den Ordner, in dem sich die Vorlagen befinden. Dann ziehen Sie mit der linken gedrückten Maustaste die Datei personal-budget.ods aus dem Download-Ordner in den Template-Ordner.

Abb. 8.15: Kopieren der Vorlage in den Vorlagenordner

Starten Sie jetzt *LibreOffice Calc*. Sie sehen ein sehr ähnliches Fenster wie beim bereits beschriebenen *Writer*. Auch die weitere Vorgehensweise ist ähnlich: Mit Datei / Neu / Vorlagen und Dokumente öffnen Sie einen Dialog, bei dem die Vorlagen bereits vorausgewählt sind. Klicken Sie nun auf Meine Vorlagen und der Eintrag Personal Budget erscheint. Sie können auf der rechten Seite eine Vorschau der Vorlage anzeigen – sinnvoll, wenn viele Vorlagen gespeichert sind. Ein weiterer Doppelklick öffnet die Vorlage.

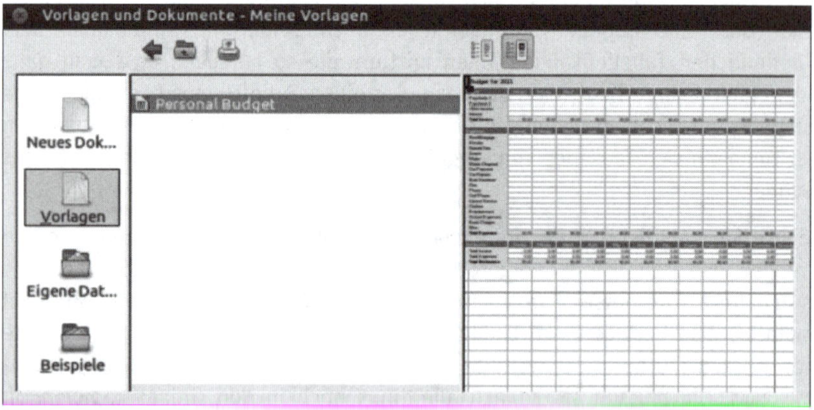

Abb. 8.16: Damit man bei zahlreichen Vorlagen die richtige findet, bietet *LibreOffice* eine Vorschau an.

Jetzt müssen Sie feststellen, dass es sich um einen Budgetrechner von 2011 handelt. Kein Problem.

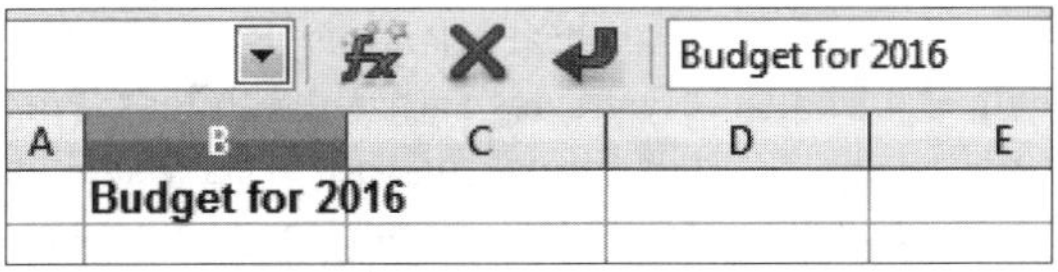

Abb. 8.17: Anpassung der Vorlage

Klicken Sie einmal auf das Feld B1. Dieses Feld finden Sie in der Zeile 1 und der Spalte B. Der schriftliche Eintrag *Budget for 2011* erscheint in der oben angelegten Schriftzeile. Korrigieren Sie hier zu *2016*.

Ebenso werden Sie feststellen, dass die Währung in Dollar lautet. Markieren Sie alle Felder mit dem Eintrag $0,00, indem Sie mit der linken Maustaste einmal in das Feld C7 klicken und dann mit gedrückter Maustaste die komplette Reihe 7 entlangfahren. Die Reihenbezeichnungen finden Sie ganz links im Fenster. Alle Kästchen sollten nun markiert sein. Lassen Sie die Maustaste los und klicken einmal mit der rechten Maustaste in das markierte Gebiet. Wählen Sie im Kontextmenü den Eintrag ZELLEN FORMATIEREN. Es erscheint dieser Dialog:

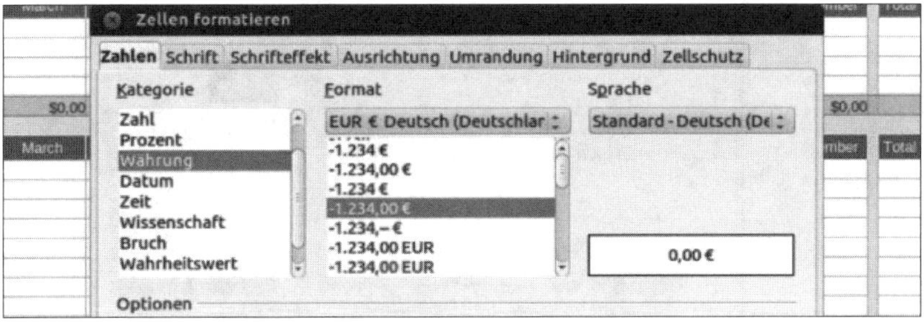

Abb. 8.18: Der Dialog zur Formatierung von Zellen

Hier wählen Sie WÄHRUNG und EUR € DEUTSCH aus. Wiederholen Sie dies in den Zeilen 28 und 33. Das war es eigentlich schon. Speichern Sie die Datei jetzt unter einem Namen, den Sie später wiederfinden können, z. B. DATEI / SPEICHERN UNTER / DOKUMENTE / HAUSHALTSKASSE.

8.15 Eindrucksvolle Präsentationen mit Impress

Vielleicht erinnern Sie sich auch an endlose Folienpräsentationen aus der Schulzeit: eng beschriebene Bleiwüsten mit dem Unterhaltungswert des Fernsehtestbildes. Präsentationsprogramme wie *Impress* haben die Overheadprojektor-Folien als visuelles Präsentationsmedium längst abgelöst. Was früher einschläfernd und langweilig war, kann allerdings durch die mittlerweile enormen Gestaltungsmöglichkeiten von Folien leicht ins Gegenteil umschlagen. Die bunten Präsentationen lassen den Inhalt manchmal in den Hintergrund treten. Ich möchte Ihnen daher eine einfache und effektive Möglichkeit vorstellen, Präsentationen zu erstellen, die weder Sie noch Ihr Publikum überfordern.

Starten Sie das Programm *Impress* oder – wenn Sie sich im *Start-Center* von *LibreOffice* befinden – klicken Sie auf den Button PRÄSENTATION.

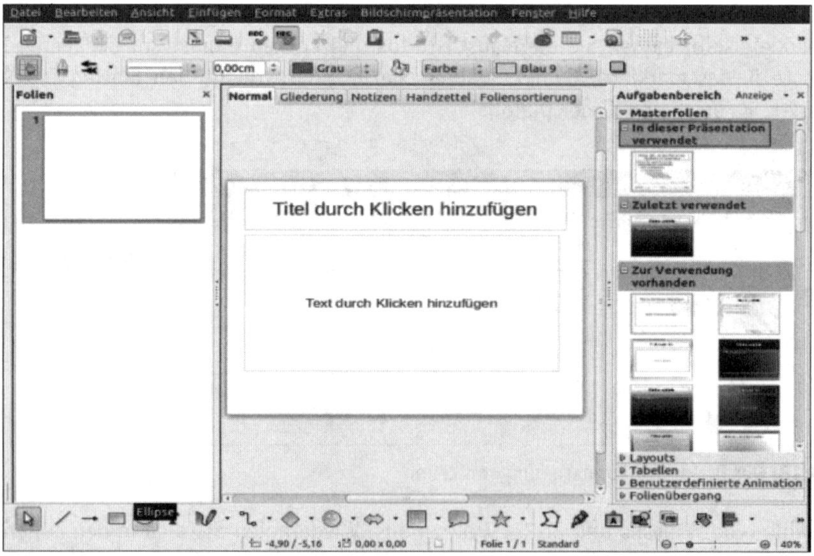

Abb. 8.19: Die Arbeitsoberfläche von *Impress*

Die Oberfläche von *Impress* ist wenig ermutigend, sie wirkt sehr voll, aber erklärt sich fast von selbst: Ganz links finden Sie eine Voransicht auf bereits erstellte Folien, in der Mitte die Folie, die Sie gerade gestalten, und im rechten Drittel diverse Einstellungen, wie Folienlayouts und Hintergründe.

TIPP

Sie können die Größe der einzelnen Bereiche verändern, oder z. B. die Voransicht ganz verschwinden lassen, indem Sie auf das kleine Kreuz oben rechts in der Ecke klicken.

Für einen einfachen Einstieg bedienen wir uns eines Assistenten, der uns das Erstellen einer Präsentation erleichtert. Den Assistenten finden wir unter DATEI / ASSISTENTEN / PRÄSENTATION.

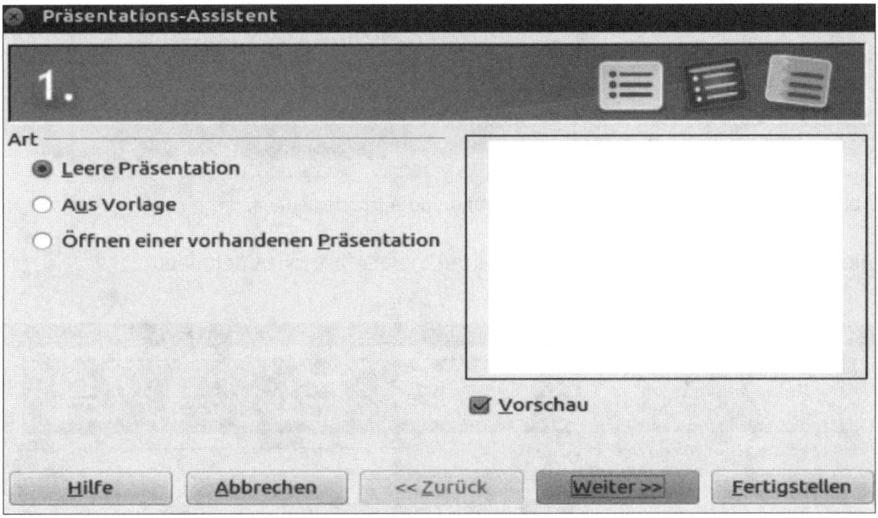

Abb. 8.20: Der Assistent zur Erstellung einer Präsentation

Wenn Sie bereits eine Formatvorlage haben, wählen Sie diese, ansonsten wählen Sie LEERE PRÄSENTATION.

Abb. 8.21: Hier wählen Sie Folienhintergrund und Ausgabemedium.

Die Wiedergabe über einen Beamer sollten Sie als BILDSCHIRM definieren.

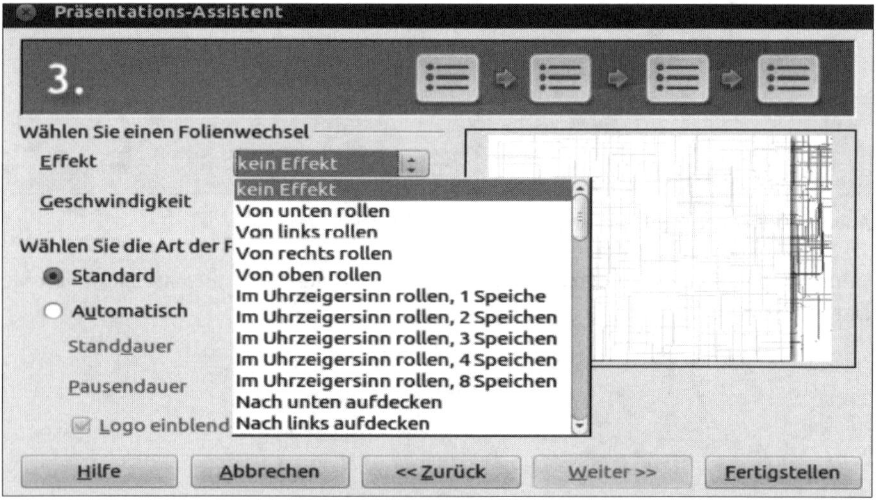

Abb. 8.22: Der dritte und letzte Teil des Assistenten

Hier legen Sie noch fest, wie und in welcher Geschwindigkeit die Folienwechsel erfolgen sollen. Jetzt haben Sie die wichtigsten Parameter festgelegt und können Ihre Präsentation FERTIGSTELLEN.

Wählen Sie jetzt im rechten Bereich den Reiter LAYOUT. Der Hintergrund aller Folien ist zwar festgelegt, aber jede einzelne Folie verlangt eventuell eine eigene Gestaltung. Sie können nun Ihrer Kreativität freien Lauf lassen und fügen Sie Bilder, Filme, Tabellen ein.

TIPP

Wenn Sie häufig mit Elementen arbeiten, die Sie aus anderen Anwendungen übernehmen – z. B. Fotos, Textpassagen oder Tabellen –, sollten Sie sich überlegen, ob ein zweiter Monitor Ihnen hier hilfreich sein könnte. In einem wäre die Quellanwendung, z. B. eine Bildbearbeitung, aktiv, im anderen *Impress*. Ubuntu gibt die Möglichkeit hierfür her, wie in *Kapitel 4* beschrieben.

Im mittleren Bildabschnitt finden Sie hinter den Reitern eine Anzahl von Arbeitshilfen.

- FOLIENSORTIERUNG: Hier können Sie die erstellten Folien in eine andere Reihenfolge bringen
- GLIEDERUNG: Erfasst die Überschriften der Folien und gibt dem Vortragenden einen Leitfaden über die erscheinenden Folien an die Hand.
- NOTIZEN: Jede Folie wird auf einer Seite ausgedruckt, darunter bleibt Platz für Notizen.
- HANDZETTEL: Hier stehen Ihnen Layouts zur Verfügung, mit denen Sie ein Handout für Ihre Zuhörer fertigen können.

Zum Speichern bietet *Impress* eine ganze Reihe von Optionen: Sie können die Präsentation nicht nur als *LibreOffice*-Datei, sondern auch als HTML- oder PDF-Datei speichern, wenn Ihre Kollegen eventuell nicht über eine Präsentationssoftware verfügen. Oder Sie erstellen eine automatisch ablaufende Präsentation, die Sie als Flash-Film speichern und zum Beispiel auf einem Messestand als Hintergrundfilm immer wieder neu ablaufen lassen können.

8.16 Diagramme erstellen mit Draw

Ob Sie eine schnelle Skizze oder eine komplexe Zeichnung benötigen, *Draw* gibt Ihnen die nötigen Werkzeuge an die Hand. Sehr typische Einsatzbereiche sind die Erstellung von Organigrammen und Flowcharts. Es ist mit *Draw* möglich, sehr schnell sehr einfache Diagramme zu erstellen, aber auch Zeichnungen mit der Einbindung von 3D-Objekten sind möglich. Im Wesentlichen erschließen sich dem Benutzer die Möglichkeiten von *Draw* fast von selbst.

Nachdem Sie *Draw* gestartet haben, erscheint eine aufgeräumte Arbeitsoberfläche.

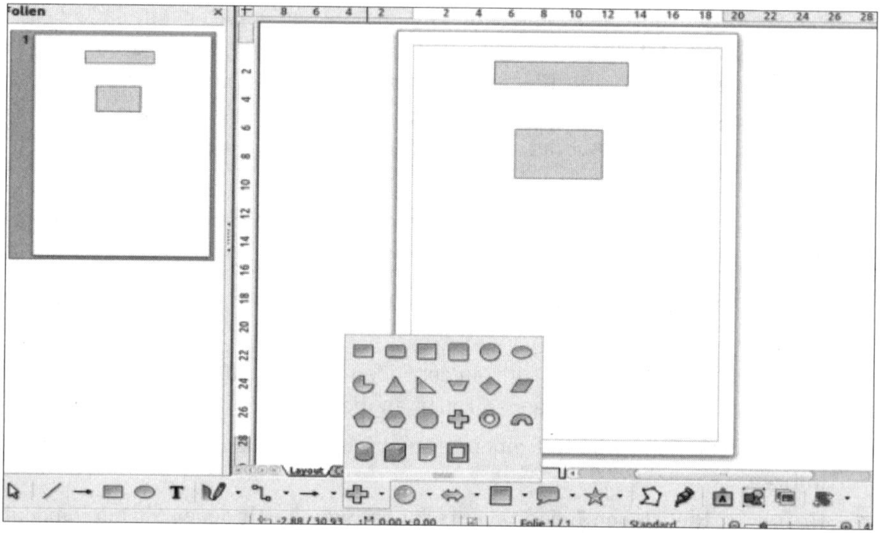

Abb. 8.23: Spartanisch: die Arbeitsoberfläche von *Draw*

Am unteren Bildrand erkennen Sie, in *Abbildung 8.23* bereits aufgeklappt, eine Auswahl an Rechtecken und anderen Formen. Stellen Sie sich diese Rechtecke wie Papptafeln vor, die Sie zu einem Organigramm auf eine große Unterlage heften wollen. Sie haben mehrere Formen zur Auswahl, es muss nicht immer zwingend ein Rechteck sein. Heften Sie nun diese Papptafeln an, indem Sie sie per Drag & Drop an der ungefähr richtigen Stelle platzieren. Es muss nicht die endgültige Größe und Position sein, Sie können alles noch verschieben. Möglicherweise empfiehlt es sich aus Gründen der Übersichtlichkeit, mehrere Farben zu verwenden, hinterlegen Sie also die Tafeln bunt. Dazu klicken Sie doppelt mit der linken Maustaste auf ein Feld, das auf diese Weise markiert wird. Halten Sie den Mauszeiger in das Feld und klicken Sie mit der rechten Maustaste. Im jetzt erscheinenden Menü wählen Sie FLÄCHE und dann die gewünschte Farbe.

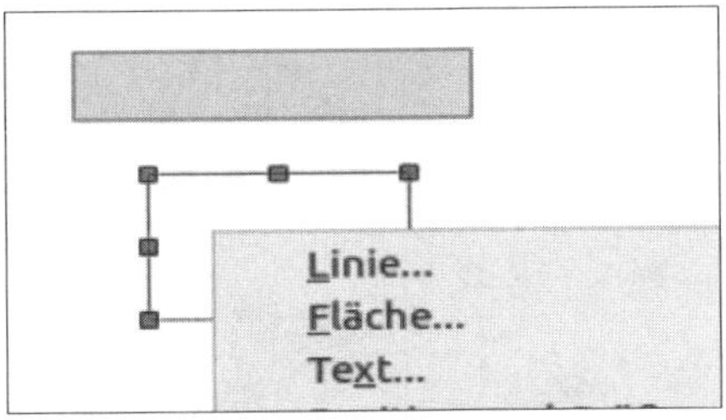

Abb. 8.24: Sie können die Hintergründe der Felder farbig gestalten.

Würden Sie ein Flussdiagramm an einer echten Wand mit echten Papptafeln erstellen, würden Sie selbstverständlich etwas auf die Tafeln schreiben wollen. Der dicke Filzstift ist hier allerdings nicht nötig, geben Sie den Text einfach ein, indem Sie mit der linken Maustaste einmal in das Feld hineinklicken und dann auf das T in der Leiste am unteren Bildrand klicken. Jetzt können Sie Ihren Text in das Feld hineinschreiben. Selbstverständlich können Sie die Textgröße und die Schriftart formatieren. Markieren Sie den Text mit der linken Maustaste. Klicken Sie jetzt mit der rechten Maustaste einmal auf den Text und wählen Sie aus dem Menü den Punkt SCHRIFT. Hier können Sie bestimmen, wo innerhalb des Feldes die Schrift erscheinen soll. In der Formatleiste am oberen Bildrand wählen Sie die Schriftart und -größe aus.

Vielleicht haben Sie in der Zwischenzeit eine Menge roter, gelber und grüner Karten beschrieben und an die virtuelle Wand gehängt.

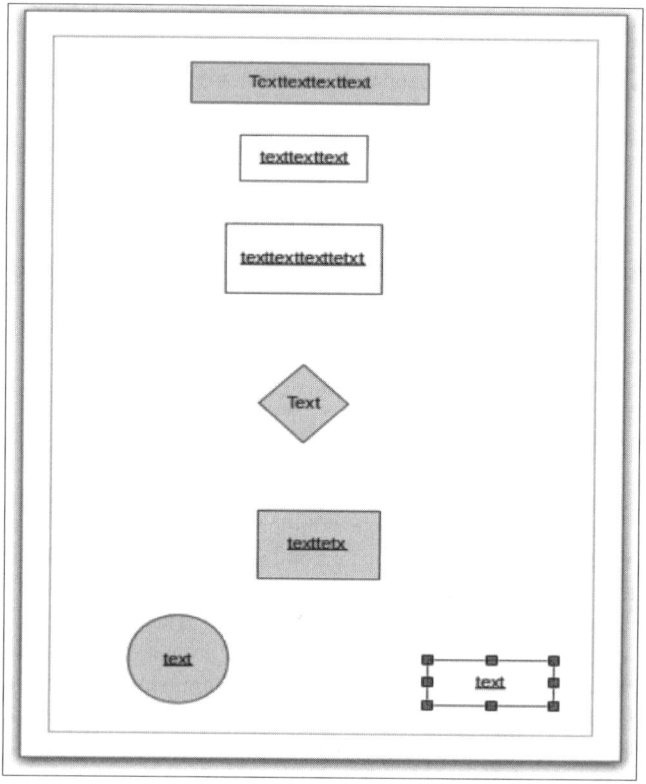

Abb. 8.25: *Draw* ist zuerst einmal nicht viel mehr als bunte beschriftete Karten an einer Tafel.

Um einen Gedankenfluss darzustellen, verbindet man nun die gewünschten Felder miteinander. Hier hat der Wollfaden ausgedient, *Draw* stellt die Verbinder natürlich zur Verfügung.

Diese fertig erstelle Grafik können Sie natürlich unter dem *LibreOffice*-Format speichern, aber Sie können Ihr Dokument auch in nahezu jedes Grafikformat wie *BMP, GIF, JPEG, PNG, TIFF* und *WMF* exportieren. Aufgrund der sehr engen Verknüpfungen innerhalb von *LibreOffice* können Sie dieses Flowchart aber auch in ein Textdokument einbinden oder per Drag & Drop in eine *Impress*-Folie einfügen. Ihrer Kreativität sind keine Grenzen gesetzt.

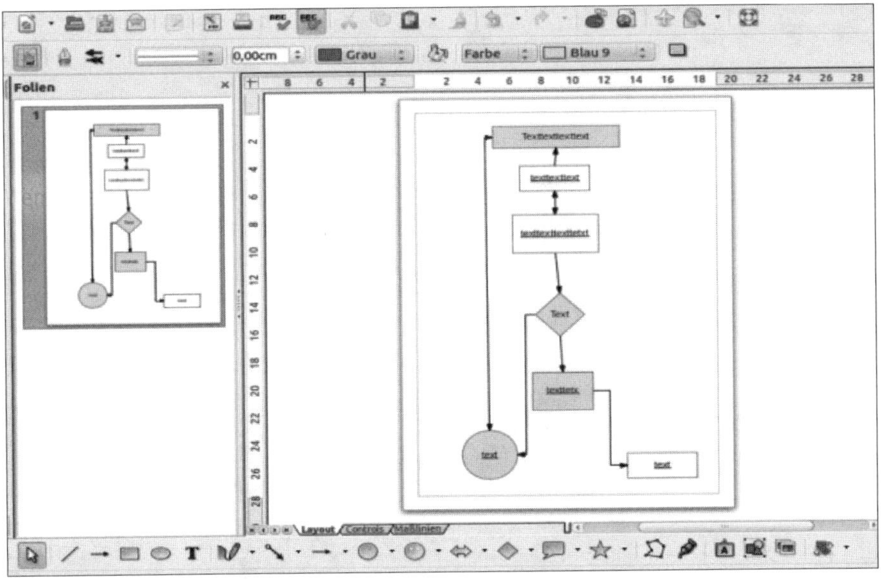

Abb. 8.26: Ein schnell erstelltes Flussdiagramm

Zur *LibreOffice*-Suite gehören noch zwei weitere Anwendungen, die Datenbank *Base* und der Formeleditor *Math*. Mit diesen Programmen möchte ich mich in diesem Rahmen allerdings nicht befassen. Datenbanken waren immer schon ein wenig Stiefkind, schon bei *StarOffice*. Zu verschieden sind die Formate und viel zu komplex ist die Materie. Allein über die Programmierung von SQL-Datenbanken – und dies ist nur eine von vielen Möglichkeiten – können 1.000-seitige Bücher geschrieben werden. *Base* ist daher auch nicht automatisch Teil der Ubuntu-Distribution, sondern muss bei Bedarf erst später heruntergeladen werden.

Math hingegen ist ein so spezielles Programm, dass die wenigsten Leser jemals Bedarf danach haben werden.

Kapitel 9

Mit Ubuntu in der Cloud

Ziel des Kapitels

- Sie lernen die Vorteile und die Grundlagen des Cloud Computings kennen.

Schritte zum Erfolg

- Die Cloud kennenlernen
- Client und Server kennenlernen
- Einrichtung und Nutzung der Client-Software

9.1 Die Cloud: Daten online speichern und aktualisieren 184

9.2 Server und Client 185

9.3 Sicherheit 187

9.4 Der Klassiker: Dropbox 187

9.5 Speicherriese: Magentacloud 190

9.6 Microsoft OneDrive 192

9.7 Verschlüsselt: TeamDrive 193

9.8 Sicher: Seafile 193

9.9 Eine Alternative: Spideroak 194

9.1 Die Cloud: Daten online speichern und aktualisieren

Wäre das nicht eine schöne Vorstellung: Alle digitalen Fotos, die Musiksammlung und die Textdokumente würden ständig automatisch gesichert, ohne lästige Backup-Verfahren durchführen zu müssen, die man so oft vergisst und während deren Verlauf die Computerleistung in die Knie geht? Alle wichtigen Daten nicht nur sicher gespeichert zu wissen, sondern sie auch von überall aus abrufen zu können? Das ist mittlerweile eine ganz einfache Angelegenheit und nennt sich *Cloud Computing*.

TIPP

Der Begriff Cloud Computing beschreibt, vereinfacht gesagt, IT-Dienste, die aus dem Internet heraus angeboten werden. Diese können Rechen- und Systemleistung sein, mit denen große Firmen Spitzenlasten bewältigen können, für den Privatanwender aber auch einfach nur Online- Speicherplatz, auf dem er seine Dateien speichern kann.

Cloud-Speicher sind teilweise kostenlose, teilweise kommerzielle Dienste, bei denen Ihnen im Internet Speicherplatz anboten wird. Die Vorgehensweise ist dabei völlig unkompliziert: Wenn Sie sich erstmalig mit dem Dienst verbinden, wird eine vollständige Kopie der von Ihnen freigegebenen Dateien in den Internetspeicher geladen. Das bedeutet natürlich, dass Sie nach wie vor das Original der Dateien auf Ihrem lokalen Rechner zu Hause behalten. Sie sollen Ihre Dateien ja nicht völlig aus der Hand geben! Verändern Sie nun eine Datei, z. B. die Textdatei Ihres ersten Romans, wird die Kopie, die auf dem Speicher im Internet liegt, ebenfalls automatisch verändert. Diesen Vorgang, der von einer sogenannten *Client-Software* automatisch besorgt wird, nennt man *Synchronisation*. Aber das ist nicht alles: Sie können von irgendeinem Computer auf der Welt, auch wenn hier dieser Client nicht installiert hat, trotzdem auf Ihren Roman zugreifen. Es ist nämlich möglich, sich mithilfe eines Webbrowsers auf Ihrem Konto einzuloggen, Ihren Roman herunterzuladen und weiterzuschreiben. Und diese Veränderung, obwohl an einem anderen Computer vorgenommen, wird wieder mit dem Speicherort der Datei im Internet synchronisiert.

9.2 Server und Client

Zwei Begriffe tauchen dabei immer wieder auf: Server und Client. Unter einem *Server* (»Diener, Anbieter«) versteht man einen Computer und/oder eine Software, der bzw. die mit anderen Computern, den Clients (»Kunden«), kommuniziert, um Dienstleistungen anzubieten. In unserem Falle ist der Server ein Computernetzwerk, das irgendwo in einem Rechenzentrum steht und Speicherplatz anbietet. Auf diesen Speicher und die darauf abgelegten Dateien können Sie nach Ihrer Registrierung nicht nur mit Ihrem PC, sondern auch mit dem Smartphone oder Tablet zugreifen. Dies können Sie auf jeden Fall, wenn Sie sich mit einem Webbrowser auf der Serverseite einloggen, allerdings ist es sicherer und zuverlässiger, wenn Sie ein Programm diese Verbindung und die Synchronisation organisieren lassen. Dieses Programm bezeichnet man als *Client*. Ich stelle Ihnen hier einige Clients vor, die von unserem Computer aus die automatische Kommunikation mit den jeweiligen Servern übernehmen, um den Kontakt herzustellen und den Transfer von Daten zu überwachen. Der Autor hat keinerlei Werbevertrag mit einem dieser Anbieter, nur bieten diese (Stand Juni 2016) als einzige ein Client-Programm für Ubuntu an oder sind aufgrund von großem, kostenlosem Speicherplatz für uns interessant.

Bis Juni 2014 bot Ubuntu selbst eine Cloud-Lösung an, dieser Dienst wurde allerdings eingestellt. Damit ist bedauerlicherweise das wichtigste Open-Source-Programm verschwunden. Nahezu alle anderen Programme sind proprietäre Software, der Quellcode ist nicht einsehbar. Daher sind Aussagen über die Sicherheit nur schwer zu treffen.

Der kostenlose Speichplatz variiert zwischen 2 und 15 GB. Diese Angebote können relativ leicht erweitert werden. Machen Sie Werbung bei Ihren Bekannten, die sich bei der Einrichtung ihres Onlinespeichers auf Sie beziehen, bekommen Sie zusätzlichen Speicherplatz. Angesichts der Tatsache, dass die Speicherkapazität Ihrer Festplatte ein Vielfaches dieser wenigen GB ist, könnte man sich schon die Frage stellen, ob das Verfahren denn überhaupt lohnt. Schauen Sie sich einmal den Umfang Ihres Dateispeichers, also der Texte und Fotos, an. Wenn Sie nicht gerade ein exzessiver Filmesammler sind, werden Sie feststellen, dass der allergrößte Teil der Festplatte mit Software belegt ist, mit dem Sie einen verschwindend kleinen Anteil an Daten produzieren.

Die Einrichtung und der Umgang mit der Client-Software ist überraschend einfach und setzt keinerlei Netzwerkkenntnisse voraus.

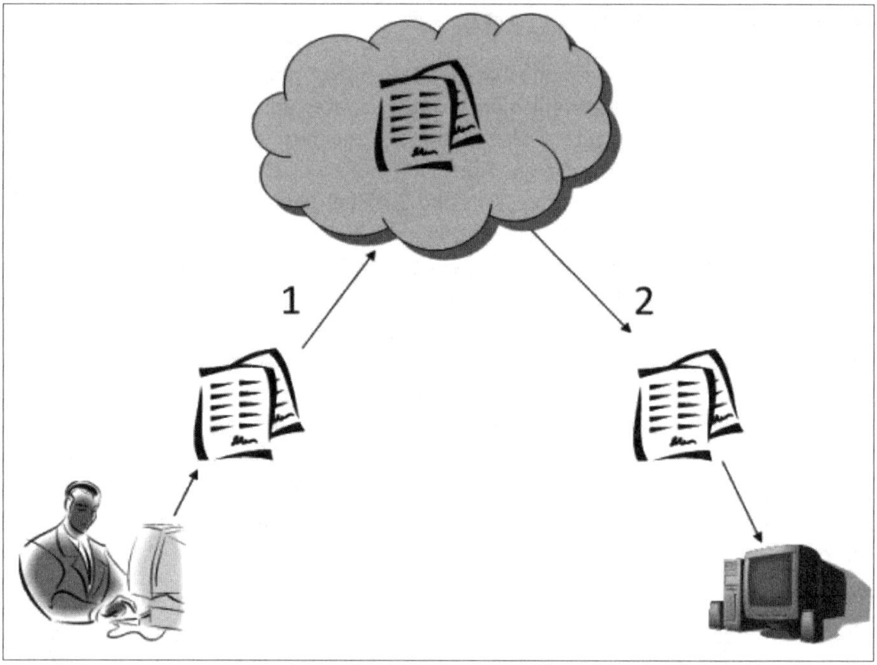

Abb. 9.1: Client/Server

In *Abbildung 9.1* sehen Sie, wie einfach das funktioniert: Im ersten Schritt erstellt der Benutzer ein Dokument, das er in die Cloud, also per Internet auf einen Server, z. B. die *Dropbox*, kopiert. Im zweiten Schritt wird diese Datei automatisch auf den Computer 2 geladen, sobald eine Internetverbindung besteht. Diese Datei kann bei Bedarf vom anderen Computer aus weiter bearbeitet werden, wobei die Veränderung automatisch auf Computer 1 aktualisiert würde.

Cloud Computing kann Ihnen also bei drei wichtigen Dingen helfen:

- Ihre Dokumente online zu sichern
- Ihre Dokumente auf verschiedenen Computern stets auf dem gleichen Stand zu halten
- Ihre Dokumente von überall aus mit einem Webbrowser abzurufen, sofern eine Internetverbindung besteht

9.3 Sicherheit

Einige Tests renommierter Fachzeitschriften zeigten Sicherheitsmängel bei allen Cloud-Speicher-Anbietern auf. Auch wenn in den letzten Jahren stark nachgebessert wurde, gilt Folgendes:

Speichern Sie niemals streng vertrauliche Dateien auf einem Onlinespeicher. Jeder Speicher, der sich auf dem Territorium der USA befindet, kann nach den Enthüllungen der letzten Jahre von Nachrichtendiensten ausgelesen werden, die erhaltenen Informationen können genutzt werden.

Sollten Sie den Cloud-Speicher als Lagerplatz für Ihr Backup nutzen, verwenden Sie die eingebaute Verschlüsselung.

9.4 Der Klassiker: Dropbox

https://www.dropbox.com

Die *Dropbox* ist so weit verbreitet, dass sie fast so etwas wie einen Standard darstellt. *Dropbox* ist nämlich plattformübergreifend, das heißt auf Linux, Windows, Mac OS und auch auf mobilen Geräten lauffähig. Kostenlos bekommen Sie 2 GB (Stand Juni 2016) Festplattenspeicher, den Sie allerdings durch häufig inszenierte Aktionen leicht vergrößern können. Sie können die *Dropbox* über Ubuntu-Software installieren, sofern, wie in *Kapitel 4* beschrieben, die *Anderen Paketquellen* freigeschaltet sind. Die Einrichtung ist völlig unproblematisch und selbsterklärend. Während der Installation des Clients wird ein Ordner namens /Dropbox erstellt und Dateien, die Sie in diesen Ordner kopieren, werden automatisch auf den Server kopiert. Abgeschlossene Synchronisationsvorgänge erkennen Sie daran, dass dem *Dropbox*-Symbol ein Häkchen beigefügt ist.

Abb. 9.2: Ordner ist synchronisiert

Wenn Sie das folgende Symbol sehen ...

Abb. 9.3: Ordner wird gerade synchronisiert

... wird der Ordner gerade mit dem Onlinespeicher synchronisiert. Außerdem wird im Panel ein weiteres Symbol platziert, mit dem Sie einen Schnellzugang zu den wichtigsten Funktionen der *Dropbox* haben.

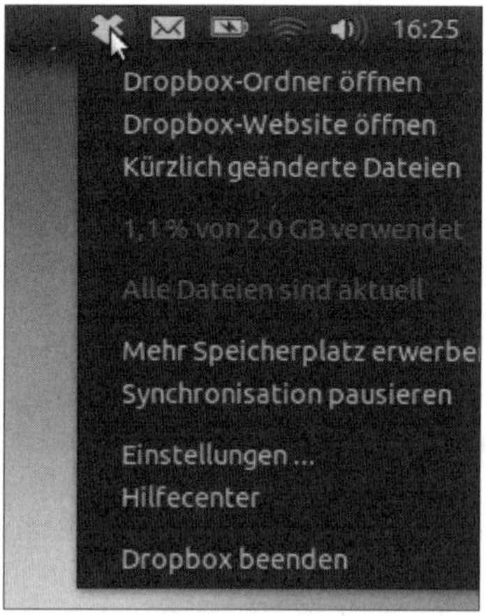

Abb. 9.4: Schnellzugriff zu den Funktionen der *Dropbox*

TIPP

Bitte sind Sie sich dessen gewahr, dass die Daten, die Sie in die *Dropbox* laden, nicht verschlüsselt sind. Vertrauliche Dokumente sollten Sie hier nicht speichern oder zumindest in einem Archiv sicher verschlüsseln. Hierzu mehr in *Kapitel 10*.

Um auf Ihren Roman zurückzukommen: Sie haben im Urlaub an Ihrem Werk geschrieben und es per *Dropbox* in der Cloud gespeichert. Dabei überschreiben Sie die alte Version – es sei denn, Sie speichern den Roman unter *Ver1*, *Ver2* etc. Zu Hause fällt Ihnen aber ein, dass Sie sich in der Urlaubsstimmung zu einem Happy End haben hinreißen lassen, und Sie müssen Teile des Romans umarbeiten. Jetzt wäre es toll, eine ältere Version des Textes zur Verfügung zu haben. *Dropbox* scheint hier ein Herz für Romanciers zu haben, es speichert nämlich nur die Änderungen einer bereits bestehenden Datei. Einerseits reduziert dies die Menge der übertragenen Daten, andererseits können Sie ältere Versionen eines Textes ganz leicht wieder hervorzaubern.

Klicken Sie dazu mit der rechten Maustaste in Nautilus auf die Romandatei, die im *Dropbox*-Ordner liegt. Wählen Sie den Menüpunkt FRÜHERE VERSIONEN ANSEHEN aus und stellen Sie die Datei so wieder her, wie sie vor dem Urlaub ausgesehen hat.

Dateien zum Download freigeben

Ihr Roman ist fertiggestellt und Sie wollen die Datei Ihrem Verleger schicken. Nun ist sie aber so groß geraten, dass Ihr E-Mail-Provider einen Mail-Anhang dieser Größe nicht duldet. Oder Sie haben eine 50 MB große Sammlung Urlaubsbilder, die Sie einem Bekannten gerne schicken würden. Einen so großen Anhang werden Sie nicht als Mail-Anhang verschicken können. Sie können aber die *Dropbox* benutzen, um Ihrem Verleger oder Ihren Bekannten den Zugang zu großen Dateien zu ermöglichen.

Klicken Sie dazu mit der rechten Maustaste auf eine Datei oder ein Verzeichnis und wählen Sie aus dem Kontextmenü die Option DROPBOX-LINK FREIGEBEN. *Dropbox* erstellt nun einen Download-Link und speichert ihn in der Zwischenablage. Sie verschicken diesen Link, indem Sie eine E-Mail erstellen und den Link mithilfe der Tasten [Strg] + [V] einfügen. Öffnet Ihr Verleger die Mail und klickt auf den angezeigten Link, kann er den Roman von Ihrem *Dropbox*-Speicher herunterladen.

TIPP

Es empfiehlt sich der Übersichtlichkeit halber, die zum Download freigegebenen Dateien im `Public`-Ordner zu speichern. Möchten Sie nun den Zugriff auf die Datei rückgängig machen, entfernen Sie sie einfach aus dem `Public`-Ordner.

Dropbox bietet diesen Client auch für Android- oder iPhone-Smartphones und Tablets an. Dies ermöglich es Ihnen, Fotos, die Sie mit Ihrem Smartphone geschossen haben, bei bestehender Internetverbindung gleich online zu speichern und den knappen Speicherplatz auf dem mobilen Gerät zu schonen. Oder Sie laden den Roman auf Ihr Tablet und bearbeiten ihn hier weiter.

9.5 Speicherriese: Magentacloud

https://cloud.telekom-dienste.de/

Auch wenn Sie kein Kunde der Telekom sind, stellt der größte deutsche Telefonanbieter Ihnen 10 GB Speicherplatz zur Verfügung. Als Telekom-Kunde sind es sogar 25 GB. Das reicht, um sehr viele Urlaubsfotos online zu sichern.

Eine Clientsoftware wie bei der *Dropbox* gibt es allerdings nicht. Sie können aber ganz einfach mit Hilfe des Webbrowsers auf Ihre Dateien zugreifen. Geben Sie *https://webdav.magentacloud.de* in die Adresszeile ein und nach Abfrage von Benutzername und Passwort sehen Sie Ihre Dateien. Diese können Sie per Drag & Drop lokal auf Ihrem Computer speichern, per rechtem Mausklick teilen und vieles mehr.

Komfortabler ist es allerdings, den Cloudspeicher direkt in Ihre Dateiverwaltung *Nautilus* einzubinden. Hierzu klicken Sie auf: DATEI / MIT SERVER VERBINDEN. Wählen Sie als Server-Typ SICHERES WEBDAV (HTTPS). Nun geben Sie als Serveradresse `davs://IHRE-EMAILADRESSE@webdav.magentacloud.de` ein. Das Kennwort wird dann beim Zugriff jedesmal erneut abgefragt.

Vielleicht möchten Sie Ihre Zugangsdaten bei jedem Zugriff auf Ihre online gespeicherten Dateien eingeben. Dann können Sie das Online-Mediencenter mit ein bisschen Handarbeit auch direkt ins lokale Datensystem einhängen. Das ermöglicht es Ihnen, Ihren Cloudspeicher wie eine Festplatte nutzen, also Backups anlegen, Dateien hin- und herkopieren, ohne jedes Mal das Passwort eingeben zu müssen.

Zuerst installieren Sie *davfs2*, ein Programm das es ermöglicht, WebDAV-Speicher als lokales Dateisystem zu installieren und einzuhängen. Am einfachsten geht dies mit Hilfe des Terminals: Hier geben Sie folgende Befehle ein:

```
sudo apt-get install davfs2

sudo chmod u+s /usr/sbin/mount.davfs

sudo usermod -a -G davfs2 IHR BENUTZERNAME (hier kommt Ihr Ubuntu-
Benutzername hin)
```

Nun erstellen Sie ein neues Verzeichnis namens *Mediencenter*.

Dies können Sie mit Hilfe der Dateiverwaltung Nautilus tun, indem Sie zuerst auf PERSÖNLICHER ORDNER klicken, und hier auf DATEI / NEUER ORDNER ERSTELLEN. Benennen Sie den Ordner `Mediencenter`.

Alternativ können Sie auch das Terminal benutzen mit dem Befehl:

```
mkdir ~/Mediencenter
```

Nun geht es darum, eine Datei namens /etc/fstab zu bearbeiten: Wenn Sie dies mit Hilfe von Nautilus machen möchten, müssen Sie sich zuerst Systemadministratorenrechte zur Bearbeitung des Ordners beschaffen. Klicken Sie mit der rechten Maustaste auf die Datei FSTAB und wählen aus dem Kontextmenü MIT EDITOR BEARBEITEN. Nun öffnet sich eine ganz einfache Textverarbeitung.

Schneller geht es mit dem Terminal. Geben Sie den Befehl

```
sudo gedit /etc/fstab
```

ein, bestätigen Sie und legitimieren Sie sich mit Ihrem Passwort.

Es öffnet sich die simple Textverarbeitung *gedit* und hier tragen Sie ganz am Ende der Textdatei

```
https://webdav.mediencenter.t-online.de/ /home/IHR BENUTZERNAME/
Mediencenter davfs rw,noauto,user 0 0
```

ein.

Speichern Sie die Datei und schließen Sie den Editor.

Nun legen Sie eine Datei mit dem Namen *secrets* im Verzeichnis /.davfs2 an, die gleich mit Zugriffsrechten versehen und bearbeitet wird:

```
cd ~

mkdir ~/.davfs2

touch ~/.davfs2/secrets

chmod 600 ~/.davfs2/secrets
```

Die Bearbeitung dieser Datei können Sie natürlich über *Nautilus* und Datei / mit dem Editor bearbeiten anstoßen oder schneller im Terminal:

```
gedit ~/.davfs2/secrets
```

Nun öffnet sich wieder der Texteditor und Sie fügen folgendes ein:

```
/home/IHR BENUTZERNAME/Mediencenter anmeldung@t-online.de PASSWORT
(hier kommt Ihr Passwort hinein, mit dem Sie sich bei der Telekom-Cloud anmelden)
```

Speichern Sie und schließen Sie den Editor.

Nun kopieren Sie die Datei `davfs2.conf` aus dem Verzeichnis `/etc/davfs2` in das Verzeichnis `/.davfs2`. Wenn Sie das im Terminal machen wollen, tragen Sie ein:

```
cp /etc/davfs2/davfs2.conf ~/.davfs2/
```

Auch diese Datei wird nun bearbeitet. Ob Sie den Editor unter *Nautilus* oder per Terminal mit dem Befehl `gedit ~/.davfs2/davfs2.conf` starten, bleibt Ihnen überlassen.

Im Texteditor suchen Sie in der Abteilung `WebDAV Related Options` die Zeilen, die folgenden Text enthalten, und entfernen die # am Anfang der Zeilen. Außerdem tragen Sie die Ziffern 0 oder 1 entsprechend der Anleitung ein.

```
use_locks 0

if_match_bug 1

cache_size 1 # MiByte

table_size 4096

delay_upload 1

gui_optimize 1
```

Speichern Sie die Veränderungen und fahren Sie den Computer herunter.

Nach einem Neustart finden Sie in Nautilus unter GERÄTE einen neuen Eintrag: MEDIENCENTER. Dieser hat eine kontinuierliche Verbindung zu Ihrem Cloudspeicher und Sie können den Speicher gleich einer lokalen Festplatte nutzen.

9.6 Microsoft OneDrive

https://onedrive.live.com

Der Marktführer für Betriebssysteme aus Redmond bietet selbst einen Cloudspeicher an, den Sie auch mit Ubuntu uneingeschränkt nutzen können. In der kostenlosen

Grundversion stehen Ihnen 5 GB Speicherplatz zur Verfügung. Da Microsoft und seine Firmenpolitik der natürliche Gegner von Linux ist, wird wohl eher die Hölle zufrieren, als dass jemals ein Ubuntu-Client angeboten werden wird.

Dennoch ist der Speicherplatz über den Webbrowser jederzeit erreichbar. Über die Sicherheit des Speicherplatzes kann man keine sichere Aussage treffen.

9.7 Verschlüsselt: TeamDrive

http://www.teamdrive.com/de/home.html

Teamdrive ist ein deutscher kommerzieller Anbieter für Onlinespeicher, der 2 GB Speicherplatz kostenlos anbietet. Können Sie weitere Nutzer gewinnen, winken Ihnen 250 MB zusätzlicher Speicher zur Verfügung gestellt. *TeamDrive* stellt einen Linux-Client *Teamdrive 3* zur Verfügung, den Sie von der Webseite herunterladen und installieren können. Alle Dateien werden von der Software vor dem Hochladen auf die Server mit dem Chiffre AES-256 verschlüsselt, was dazu führte, dass die Software mit dem Datenschutzgütesiegel des Landes Schleswig-Holstein ausgezeichnet wurde. *TeamDrive* legt einen eigenen Ordner, ähnlich wie die *Dropbox*, an, der über mehrere Systems, also PC, Smartphone, Laptops synchron gehalten wird.

9.8 Sicher: Seafile

https://seafile.de

Der deutsche Anbieter *Seafile* erregte im Juni 2016 Aufmerksamkeit, als er der Aufforderung des US-Bezahlservice *PayPal* eine Absage erteilte, Nutzerdaten preiszugeben. *PayPal* drohte mit Kontosperrung, *Seafile* kündigte die Nutzung eines alternativen Bezahlservices an. *Seafile* stellt zurzeit 2 GB kostenlosen Speicherplatz zur Verfügung. Dabei wird auch ein Open-Source-Client-Programm angeboten, das von der Website heruntergeladen und installiert werden muss.

Im Unterschied zu den anderen hier vorgestellten Clients wird kein Ordner oder Laufwerk erstellt, der bzw. das online gespeichert wird, sondern Sie können als Nutzer selbst bestimmen, welche Ordner oder Dateien online gespeichert werden sollen.

9.9 Eine Alternative: Spideroak

https://spideroak.com

Einen Dienst, den ich nur noch kurz vorstellen möchte, ist *Spideroak*. Der Anbieter, der Ihnen 2 GB kostenlosen Festplattenspeicher zur Verfügung stellt, wirbt mit maximaler Sicherheit, da die Dateien beim Upload verschlüsselt werden. Da der Server Ihr Passwort nicht im Klartext speichert, ist ein unbefugter Zugriff zuerst einmal nicht möglich. Allerdings befindet sich der Sitz des Unternehmens in den USA, sodass amerikanisches Recht gilt und ein Schutz der Inhalte vor dem interessierten Blick der US-Behörden nicht gegeben ist.

Die Installationsdatei für den Client laden Sie von der Internetseite des Anbieters *https://spideroak.com/opendownload/* herunter. Es handelt sich um eine `.deb`-Datei, die sich automatisch mit Ubuntu-Software installieren lässt.

Danach installiert sich ein Icon im Panel, mit dessen Hilfe Sie alle Einstellungen vornehmen können. Die Handhabung ist identisch mit *Dropbox* etc.

Kapitel 10

Safety first – Sicherheit im System

Ziel des Kapitels

- Ihr Computer und Ihre persönlichen Daten bleiben vor Angriffen geschützt.

Schritte zum Erfolg

- Das Sicherheitskonzept von Ubuntu kennenlernen
- Sichere Passwörter erstellen
- Daten verschlüsseln lernen
- Ihre eigene Verantwortung für den Umgang mit dem Internet kennenlernen
- Das Backup-Programm *Déjà Dup* kennenlernen

10.1 Ist Linux sicher? 196
10.2 Die Privilegien bei Linux 196
10.3 Sichere Passwörter erstellen 198
10.4 Verriegelt und verschlossen – Verschlüsselung sensibler Daten 202
10.5 Sicherheit und Datenschutz im Internet 202
10.6 Firefox absichern 203
10.7 Social Engineering – Phishing 205
10.8 Ihre Dateien sichern 207
10.9 Speichern im Cloud-Speicher 210
10.10 Nach einem Festplattencrash 211

10.1 Ist Linux sicher?

Als ich vor vier Jahren das Buch zu Ubuntu 12.04 schrieb, hätte niemand auch nur im Entferntesten geglaubt, in welchem Umfang Geheimdienste und Behörden Daten sammeln und dabei ungeniert auch auf Daten unbescholtener Bürger zugreifen. Die Erstellung eines »Staatstrojaners«, der sich in die Computer von Verdächtigen einschleusen und Daten auslesen soll, ist abgeschlossen und das Programm in der Zwischenzeit längst in Benutzung. Zur selben Zeit steigt die Anzahl von krimineller Schadsoftware exponentiell an, täglich entstehen Tausende mehr oder weniger gefährliche Viren, Würmer oder Trojanern neu.

Von Computerviren hat jeder schon einmal gehört, allerdings sind sie neben Würmern, Botnetzen und Trojanern nur eine Form von Schadprogrammen, von denen der Computer bedroht wird. Viren stellen die mit Abstand größte Gruppe von Schadsoftware dar. Ein Virus ist ein kleines Programm, das ganz nach dem Vorbild des natürlichen Pendants für sich genommen gar keine Funktion hat. Erst dann, wenn ein Virus auf bestimmte Programmcodes trifft, erwacht er zum Leben und richtet Schaden an. Bis heute werden Viren, aber auch alle anderen Schadprogramme fast ausschließlich für die Windows-Umgebung programmiert:

Windows ist das am weitesten verbreitete, fast monopolartige Betriebssystem. Diese Tatsache macht es zum bevorzugten Angriffsziel für Programmierer, denn um einen erfolgreichen Virus zu programmieren, der sich möglichst schnell verbreitet, benötigt man eine Monokultur.

Aber auch wenn Linux oder ein anderes Betriebssystem weiter verbreitet wäre, wäre es für einen kriminell veranlagten Virus-Programmierer nahezu unmöglich, einen Virus zu erstellen, der auf einem Linux-System großen Schaden anrichten und das System zerstören könnte. Dies liegt im Privilegien-System von Linux begründet.

10.2 Die Privilegien bei Linux

Da ein Benutzer unter Linux nur Zugang zu seinen eigenen Daten hat, kann er auch nur seine Daten verändern oder löschen. Unter Windows hingegen ist jeder Benutzer zugleich erst einmal Administrator, d. h., er hat Zugang zu allen Daten, auch zu den Systemdaten. Da jeder Virus, der in ein System eindringt, die gleichen Rechte hat wie der Benutzer, hat ein Virus somit Zugriff auf das ganze System. Zwar müssen Sie sich auch unter Windows nicht zwingend als Administrator einloggen, Sie können sich auch mit einem eingeschränkten Benutzerkonto einloggen. Nur sind dann die Einschränkungen so enorm, dass man sich sehr bald, trotz der damit verbundenen Risiken, wieder als Administrator einloggen möchte.

Auch bei Linux gibt es einen Benutzer mit allen Rechten. Er wird als *Root* bezeichnet. Er darf mit dem System anstellen, was er möchte, er darf es sogar zerstören, wenn er das Passwort dafür besitzt. Alle anderen Benutzer sind normale *User*, die das System nur benutzen dürfen. Sie dürfen keine Installationen und Veränderungen am System vornehmen. Damit der Hauptbenutzer nicht in Versuchung kommt, Ubuntu ausschließlich als Administrator zu nutzen, gibt es den Befehl sudo. Dieser Befehl räumt einem normalen Benutzer die privilegierten Rechte eines Roots genau einen Befehl oder eine ganz kurze Zeitspanne lang ein, beispielweise dann, wenn er aus Ubuntu-Software ein Programm installieren will. Nachdem dieser eine Befehl ausgeführt wurde, mutiert der Administrator wieder zum ganz normalen Nutzer.

TIPP

Während der Installation erhält der erste Nutzer, also in der Regel der, der das System einrichtet, privilegierte Rechte. Sein Passwort ist für Administratoraufgaben gültig.

Sicher kann man auch mittels Virenscannern und Firewalls sein Windows-System schützen, Virenscanner sind jedoch lückenhaft und davon abhängig, dass der Benutzer die Virendefinition täglich auf dem neuesten Stand hält. Außerdem sind auch diese Programme durch ein Schadprogramm, das bereits ins System eingedrungen ist, leicht deaktivierbar. Der Virus hat ja Administratorrechte, genau wie der Benutzer. Auch für Ubuntu gibt es Anti-Virenprogramme, allerdings nicht für Linux-Viren, denn die gibt es so gut wie nicht, sondern um Windows-Viren zu eliminieren.

Ebenso benötigen Sie in der Standardinstallation keine Firewall. Sofern Sie sich hinter einem Router befinden, sind Sie sowieso sicher, denn im Router ist eine effiziente Hardware-Firewall eingebaut.

- Firewalls blockieren den Zugriff aus dem Internet auf Dienste, die auf Ihrem Computer laufen. In der Standardinstallation von Ubuntu werden solche Dienste gar nicht angeboten, es gibt also nichts zu blockieren.
- Firewalls blockieren darüber hinaus unerwünschte Zugriffe vom Computer aus auf das Internet mittels Schadprogrammen (Viren, Spionagesoftware etc.). Solange Sie Ihre Programme über Ubuntu-Software beziehen, brauchen Sie hier keine Sorgen zu haben, diese Programme sind definitiv frei von Schadprogrammen.

Ein weiterer Sicherheitsvorteil von Linux ist der Open-Source-Gedanke. Da die Architektur des Betriebssystems und fast der gesamten Software, die für Ubuntu angeboten wird, offenliegt, werden Sicherheitslücken von der weltweiten Community sofort erkannt und schnell geschlossen. So etwa im Fall *Heartbleed*, als der Quellcode der Sicherheitssoftware SSL durch einen Programmierfehler angreifbar wurde. Dieser Fehler durchaus katastrophalen Ausmaßes wurde bei der Überprüfung des Quellcodes durch andere Softwareentwickler entdeckt und in der Zwischenzeit behoben. Der Quellcode von Windows hingegen ist fast ein Staatsgeheimnis und Sicherheitslücken werden eigentlich immer erst bekannt, wenn bereits ein Schaden entstanden ist.

10.3 Sichere Passwörter erstellen

Das größte Sicherheitsrisiko sitzt vor dem Computer. Hier spielt nicht so sehr das Surfverhalten im Internet, sondern der Umgang mit Passwörtern die größte Rolle. Wenn Sie in manchen Büros Einblick in vertrauliche Daten nehmen wollen, schauen Sie unter der Tastatur nach. Hier finden sich genauso oft Zettel mit Passwörtern wie Ersatzhausschlüssel unter der Fußmatte. Wenn nicht gerade der Systemadministrator das Passwort vorgegeben hat, sind diese manchmal von erschreckender Einfachheit. Die weltweit häufigsten Passwörter lauten: *123456*, *qwerty* und *password*. Ich möchte Ihnen einige Regeln zum Umgang mit Passwörtern nahelegen, Ubuntu unterstützt Sie ebenfalls, indem es die Stärke Ihres Login-Passworts bewertet.

Oberste Regeln

- Benutzen Sie niemals ein real existierendes Wort. Oft werden auch einfach nur Namen der Liebsten, der Familie oder der Haustiere verwendet. Hier können Sie sich ein Passwort gleich sparen, denn ausreichende Sicherheit für Ihre Daten bieten diese Kennwörter leider nicht. Hacker arbeiten oft mit sogenannten Wörterbuchangriffen. Dabei werden mit Computerhilfe ganze Wörterbücher als Kennwort ausprobiert. Dann fällt die Sicherung in Sekunden.
- Ändern Sie Ihr Passwort regelmäßig.
- Speichern Sie Ihr Passwort nie unverschlüsselt (in lesbarem Text) auf Ihrer Festplatte.
- Verwenden Sie möglichst viele unterschiedliche Zeichen.
- Bringen Sie Sonderzeichen mit ein.
- Nur: Wie löst man den Widerspruch, ein Passwort zu generieren, das nicht zu entschlüsseln ist, das man sich aber dennoch gut merken oder immer wieder herleiten kann? Ich stelle Ihnen zwei Methoden hier vor.

Buchstaben-durch-Zahlen-ersetzen-Methode

Das beste Passwort ist ein rein zufälliges Kennwort, bestehend aus allen Zeichen und Sonderzeichen, die Ihre Tastatur hergibt. Natürlich sind diese Passwörter schwer zu merken. Wenn es sich aber um wirklich wichtige Daten handelt, sollten Sie trotzdem ein rein zufällig generiertes Wort wie z. B. *geK7{m(6$ci* benutzen. Etwas sicherer sind zwar Passwortkombinationen aus Buchstaben und Zahlen, z. B. ist *Marion67* besser als *Marion*, aber auch diese Kombination ist nicht sicher. Ersetzen Sie doch einfach Buchstaben durch Ziffern. Dann würde aus *Marion67 Mar1On67*. Wenn Sie Ziffern verwenden, die Buchstaben ähnlich sehen, also z. B. das E durch die 3, das O durch 0, das I durch eine 1 und das S durch 5 ersetzen, entstehen schwer zu knackende Kennworte, die man sich trotzdem merken kann. Das Wort *Sommer* kann man sehr leicht knacken, das Wort *S0mm3er* schon weniger leicht und wenn Sie den besonders heißen Sommer 2003 *502Xm3r*03 als Passwort nehmen, sind Ihre Daten sicher (wobei *mm* durch *2Xm* ersetzt wurde).

So weit, so gut. Nun sollten Sie aber – und dies ist Regel Nummer zwei – ein Passwort nicht zweimal verwenden. Also sollten Sie sich eine Methode ausdenken, Ihr »sicheres Passwort« *502Xm3r*03 dem jeweiligen Zweck zuzuordnen. Die einfachste Möglichkeit wäre es, sie würden diesen Zweck einfach hinten dranhängen: Aus *502Xm3r*03 wird dann für die Benutzung des großen Internetauktionshauses *502Xm3r03/ebay* und für Facebook eben *502Xm3r03/facebook*. Das macht es einem Hacker noch etwas schwieriger. Nicht mehr lösbar wird es, wenn Sie die Buchstaben des Ziels im Wort verstecken, z. B. an 2., 4. usw. Position. Dann heißt das eBay-Passwort auf einmal 5**e**0**b**2**a**X**y**m3r03. Und Facebook wird mit 5**f**0**a**2**c**X**e**m**b**3**o**r**o**0**k**3 erreicht. Das ist mit normalen Methoden nicht zu hacken.

Die Anfangsbuchstabenmethode

Mit Eselsbrücken können Sie sich die schwierigsten Passwortkombinationen leicht einprägen! Jeder kennt Sprichwörter wie »Das Spiel dauert neunzig Minuten und am Ende gewinnen die Deutschen«. Indem Sie nur die Anfangsbuchstaben hernehmen, erstellen Sie daraus das Kennwort *DSd90M&aEgdD*. Nehmen Sie einen Gedichtanfang, ein Sprichwort, irgendeinen Spruch. Sie können damit wunderbare Passwörter generieren. Können Sie sich vorstellen, welcher Spruch sich hinter *MHdh3E,3EhmH* verbirgt? Auch diese Passwörter können Sie an den jeweiligen Zweck anpassen.

Dabei sollte ein Passwort mindestens acht Zeichen lang sein. Acht Zeichen bedeuten 191.707.312.997.281 mögliche Kombinationen, wenn nur Groß- und Kleinbuchstaben und die Ziffern 0 bis 9 (= 61 Zeichen) verwendet wurden. Ein gewaltsamer Angriff auf Ihren Computer kann mit einer Million Tastenanschlägen pro Sekunde erfolgen. Das würde aber bedeuten, dass jemand bis zu 53.252 Stunden, also fast sechs Jahre, auf das Knacken Ihres Passworts verwenden müsste. Was Ihren Desktop zu Hause angeht, steht hier für einen Hacker der Aufwand in keinem Verhältnis zum Nutzen.

Was aber tun Sie, wenn Sie viele Passwörter zu verwalten haben? Ubuntu-Software bietet eine reiche Auswahl an guten Passwortverwaltungen. Das sind sehr sicher verschlüsselte Datenbanken, die mit einem Master-Passwort gesichert werden. Sie können für jeden Account eine absurde Buchstaben-Zahlen-Zeichen-Kombination erstellen, die Sie sich nicht einmal zu merken brauchen, das übernimmt der Passwortmanager für Sie.

In dieser Distribution ist das Programm *Seahorse* als Passwortverwaltung installiert. Sie finden es allerdings nicht unter diesem Namen, sondern unter PASSWÖRTER UND VERSCHLÜSSELUNG. Und wie der Name schon sagt, dient es zu mehr als nur zur Verwaltung von Passwörtern.

Der Begrüßungsbildschirm ist zunächst einmal sehr schlicht und wie Sie sehen, gibt es bereits einen Eintrag: einen Schlüsselbund namens LOGIN.

Ein Schlüsselbund ist eine Sammlung von Passwörtern und PGP-Schlüsseln. Wahrscheinlich ist dieser noch leer. Um ein neues Passwort zu speichern, klicken Sie bitte auf DATEI / NEU und es erscheint folgendes Fenster:

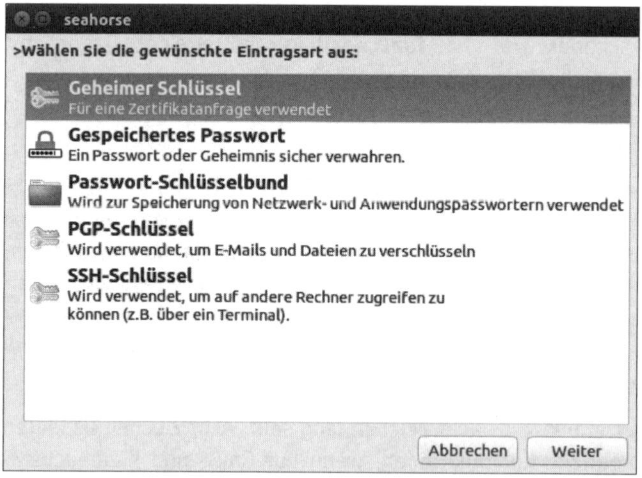

Abb. 10.1: Dialog zum Erstellen neuer Passwörter

Sie können nun ein Passwort speichern. Das ist so weit nicht schwierig, ein Doppelklick auf den Eintrag Gespeichertes Passwort öffnet den Dialog, in dem Sie ein neues Passwort samt Beschreibung hinterlegen können.

Abb. 10.2: Über einen Dialog speichert man einzelne Passwörter.

TIPP

Um diesen Dialog zu öffnen und die gespeicherten Passwörter einzusehen, ist keine zusätzliche Eingabe eines Passworts nötig. Das Passwort ist nur so sicher wie Ihr Anmeldepasswort.

Eine höhere Sicherheit erreichen Sie, wenn Sie einen zweiten Schlüsselbund einrichten. Dazu klicken Sie die zweite Zeile an. Sie werden aufgefordert, einen Namen für die Schlüsselsammlung einzugeben sowie ein Passwort. Geben Sie hier ein anderes Passwort als beim Anmelden ein, dann hat ein Schnüffler immerhin schon zwei Passwörter vor sich. Aber das auch nur, wenn Sie mittels Kontextdialogs den Schlüsselbund sperren. Sonst ist es auch hier durch einen einfachen Klick möglich, die Passwörter zu lesen. Eine Option, dass sich der Schlüsselbund automatisch sperrt, gibt es leider nicht.

Die Optionen, die SSH- und PGP-Schlüssel betreffen, sind recht kompliziert. Sie dienen dazu, sich per Remote mit einem anderen Computer zu verbinden oder E-Mails zu verschlüsseln.

Theoretisch ist es mithilfe von *Seahorse* möglich, einzelne Dateien im persönlichen Ordner zu verschlüsseln. Dazu muss über Ubuntu-Software das *Seahorse-Nautilus* heruntergeladen und installiert werden, dann kann man per Rechtsklick auf eine Datei die Option VERSCHLÜSSELN auswählen.

WEB

Umfassende Informationen zu diesem weitreichenden Thema bieten die Webseiten *http://wiki.ubuntuusers.de/GnuPG* oder verständlicher *https://www.datenschutzzentrum.de/selbstdatenschutz/internet/pgp/wozu.htm*.

10.4 Verriegelt und verschlossen – Verschlüsselung sensibler Daten

Wenn auf Ihrer Festplatte sensible Dateien lagern, ist eine Verschlüsselung unabdingbar. Prinzipiell lassen sich einzelne Dateien verschlüsseln, Sicherheit erlangen Sie aber nur durch eine systematische Verschlüsselung der ganzen Festplatte. Sie haben bereits während des Installationsvorgangs die Möglichkeit, die Festplatte zu verschlüsseln. So kann sie dann, falls der Computer, die Festplatte oder – dies ist wohl die wahrscheinlichste Variante – Ihr Laptop gestohlen wird, niemand die Daten der Festplatte mittels eines Live-Systems auslesen.

10.5 Sicherheit und Datenschutz im Internet

»Du bist der Herr deiner Worte, einmal ausgesprochen, beherrschen sie dich.«

Wie oben beschrieben, ist es sehr schwierig, einen Linux-PC vom Internet aus zu kapern, um vertrauliche Informationen auszulesen. Man kann fragen: Warum dann also sicheres Surfen? Natürlich hat man mit dieser Aussage im allgemeinen recht, ernsthaften Schaden hat man nicht zu erwarten. Trotzdem: Das Recht auf informationelle Selbstbestimmung, also Ihr Recht darauf, von Ihren persönlichen Daten nichts preiszugeben, was Sie nicht preisgeben möchten, wird im Internet sehr flexibel ausgelegt. Ohne dass Sie es merken, hinterlassen Sie im Internet eine digitale Fährte, aus der sich Benutzerprofile erstellen lassen. Diese werden für viel Geld verkauft, aus genau diesem Grund ist Facebook eine der teuersten Firmen der Welt.

Man mag den Verlust der Kontrolle über seine Daten als notwendiges Übel in den Zeiten des Internets betrachten. Und was hat man denn schon groß zu verbergen? Tatsächlich werden diese Datensätze in Zukunft viel invasiver eingesetzt werden. Als Bonitätsprüfung, bei Versicherungen, Krankenkassen usw. Selbst Arbeitgeber können sich Profile eines Bewerbers kaufen.

Nun posten Sie in sozialen Netzwerken Ihre Daten freiwillig und haben wenigstens ansatzweise die Kontrolle darüber, welche Informationen Sie freigeben. Anders ist es mit der digitalen Spur, die Sie im Internet hinterlassen, ohne es zu merken. Hier müssen Sie aktiv werden, damit Ihr Surfverhalten nicht oder doch zumindest schwer nachvollzogen werden kann.

10.6 Firefox absichern

Firefox bietet einige Features an, die das Surfen sicherer und weniger transparent machen: Öffnen Sie den Dialog Bearbeiten / Einstellen. Hier finden Sie übersichtlich die Optionen, mit denen Sie den Datenschutz verbessern können.

Im Bereich Datenschutz möchte ich Ihnen folgende Einstellungen empfehlen:

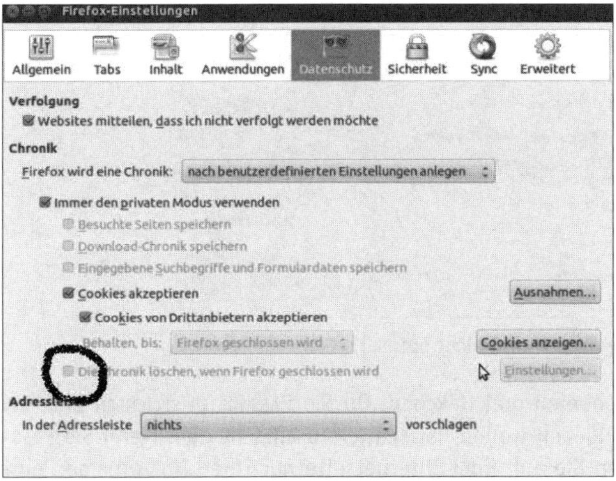

Abb. 10.3: Die Datenschutzeinstellungen sind nicht automatisch optimal eingestellt.

Legen Sie zuerst fest, dass Sie nicht verfolgt werden wollen. Viele Webseitenbetreiber nutzen diese Funktion zu statistischen Zwecken.

Diese Einstellungen zum Thema Chronik können Sie vornehmen, indem Sie im Drop-down-Menü die benutzerdefinierten Einstellungen aktivieren. Aus einer Chronik lässt sich perfekt Ihr Surfverhalten herauslesen. Daran sind nicht nur Firmen im Internet interessiert, sondern u. U. auch Familienmitglieder oder Chefs.

Legen Sie die Chronik, wenn überhaupt, so an, dass Sie den privaten Modus verwenden: Speichern Sie keine besuchten Seiten, Download-Chroniken, eingegebene Suchbegriffe. Die gehen einfach niemanden etwas an.

Ein *Cookie* ist eine kleine Datei, die ein Webserver auf dem eigenen Rechner anlegen darf. Die Bedrohung, die von Cookies ausgeht, betrifft das informationelle Selbstbestimmungsrecht. Cookies ganz zu verbieten, ist leider oft nicht praktikabel, da Cookies auch für legitime Zwecke verwendet werden, zum Beispiel um Anmeldedaten nicht immer wieder abfragen zu müssen. Daher sollten Sie Cookies grundsätzlich akzeptieren, aber löschen lassen, wenn Sie *Firefox* schließen. Damit verringern Sie die Gefahr, dass diese Dateien unbefugt ausgelesen werden. Ebenso sollten Sie die Chronik löschen, wenn *Firefox* geschlossen wird.

Der Reiter Sicherheit bietet darüber hinaus noch einige wichtige Einstellmöglichkeiten:

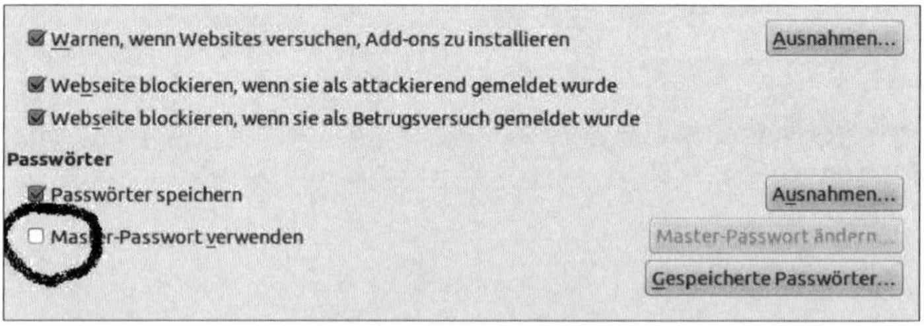

Abb. 10.4: Auch diese Einstellungen sind nicht optimal.

Setzen Sie unbedingt die oberen drei Häkchen. Ob Sie Passwörter speichern und mit einem Master-Passwort freigeben wollen, ist schwer zu entscheiden. Wenn Sie Passwörter speichern, brauchen Sie auf einer Internetseite nur Ihren Nutzernamen einzugeben, Firefox fügt das Passwort automatisch hinzu. Sie können auf diese Art und Weise nicht zu erratende Passwörter erstellen und dann einfach vergessen. Dieses Verfahren sollten Sie aber auf keinen Fall bei so heiklen Seiten wie dem Online-Banking anwenden.

TIPP

Wenn Sie aber Ihre Passwörter speichern, verwenden Sie unbedingt ein Master-Passwort, da Ihre gespeicherten Passwörter sonst nicht verschlüsselt sind!

Darüber hinaus möchte ich Ihnen noch einige Add-ons empfehlen, die den Browser sicherer machen:

- *AdBlock Plus*: Zum Blockieren von Werbung und zum Blockieren bösartiger Webseiten.
- *Better Privacy*: Löscht Langzeit-Cookies, die durch die Cookie-Verwaltung nicht erkannt werden.
- *anonymoX*: Ermöglicht das anonyme Surfen im Internet, indem Sie eine virtuelle Identität aus einem anderen Land annehmen.
- *NoScript:* JavaScript und andere Plug-ins nur bei vertrauenswürdigen Quellen.
- *Browser Protect*: Verhindert, dass jemand über das Internet die Kontrolle über Firefox übernimmt.

Diese Plug-ins schützen Ihren Computer und Ihre persönlichen Daten. Sie hindern allerdings niemanden daran, seinen gesunden Menschenverstand auszuschalten. Die größte Verantwortung für die Sicherheit im Netz liegt bei Ihnen.

10.7 Social Engineering – Phishing

Phishing ist der Versuch, über gefälschte Webseiten an Ihre geheimen Bankdaten zu gelangen, sie »abzufischen«. Die Techniken dabei sind zum Teil enorm ausgefeilt.

Im Allgemeinen beginnt eine Phishing-Attacke mit einer persönlich gehaltenen, offiziell anmutenden E-Mail, wobei der Empfänger mit »Sehr geehrter Kunde« angesprochen wird anstatt mit dem eigentlichen Namen. Der Empfänger soll eine betrügerische Website besuchen, die täuschend echt aussieht und unter einem Vorwand zur Eingabe seiner Zugangsdaten auffordert. Folgt er dieser Aufforderung, gelangen seine Zugangsdaten in die Hände der Urheber der Phishing-Attacke.

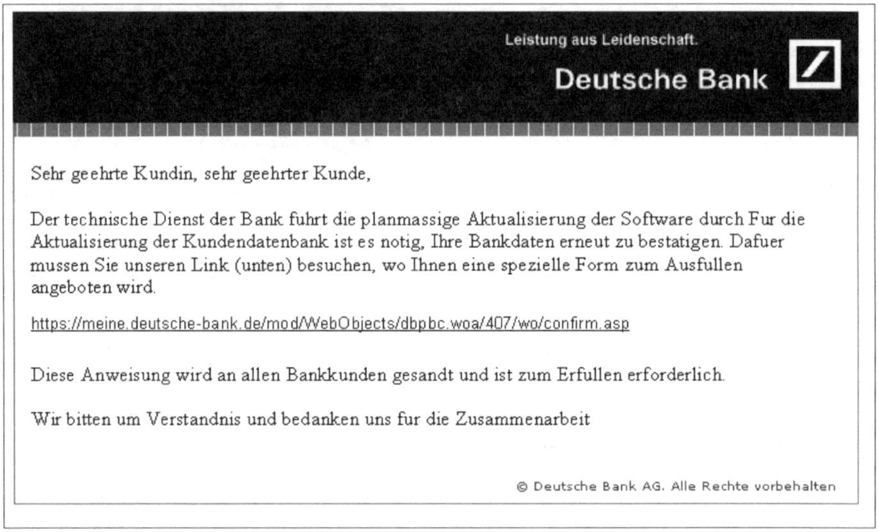

Leistung aus Leidenschaft.

Deutsche Bank

Sehr geehrte Kundin, sehr geehrter Kunde,

Der technische Dienst der Bank fuhrt die planmassige Aktualisierung der Software durch Fur die Aktualisierung der Kundendatenbank ist es notig, Ihre Bankdaten erneut zu bestatigen. Dafuer mussen Sie unseren Link (unten) besuchen, wo Ihnen eine spezielle Form zum Ausfullen angeboten wird.

https://meine.deutsche-bank.de/mod/WebObjects/dbpbc.woa/407/wo/confirm.asp

Diese Anweisung wird an allen Bankkunden gesandt und ist zum Erfullen erforderlich.

Wir bitten um Verstandnis und bedanken uns fur die Zusammenarbeit

© Deutsche Bank AG. Alle Rechte vorbehalten

Abb. 10.5: Das Bild zeigt eine täuschend echt gestaltete Internetseite, die nur auf das Abfischen von TAN abzielt. (Quelle: Wikipedia)

Bei anderen Angriffsformen befindet sich die Schadsoftware auf einer infizierten Webseite. Diese wird dann allein durch den Besuch der Website auf dem Computer des Internetnutzers installiert.

Ein gesundes Misstrauen gegenüber dem Medium E-Mail und das aufmerksame Lesen der Phishing-E-Mails sind hilfreich. Die Seiten sind oft so täuschend ähnlich zu den Originalseiten aufgebaut, dass man schon sehr genau hinschauen muss, um die Unterschiede zu erkennen.

Wenn Sie sich an zwei simple Regeln halten, wird das Abfischen Ihrer Daten unmöglich:

- Keine Bank verlangt von ihren Kunden, TANs preiszugeben. Niemals. Löschen Sie solche E-Mails, mit denen Ihre Bank Sie angeblich anschreibt.
- Öffnen Sie niemals die in der E-Mail angegebene Webseite, bereits diese könnte infiziert sein. Der Virus würde auf Ihrem PC zwar keinen Schaden anrichten, Sie würden ihn allerdings möglicherweise mit eigenen E-Mails weiterverbreiten.

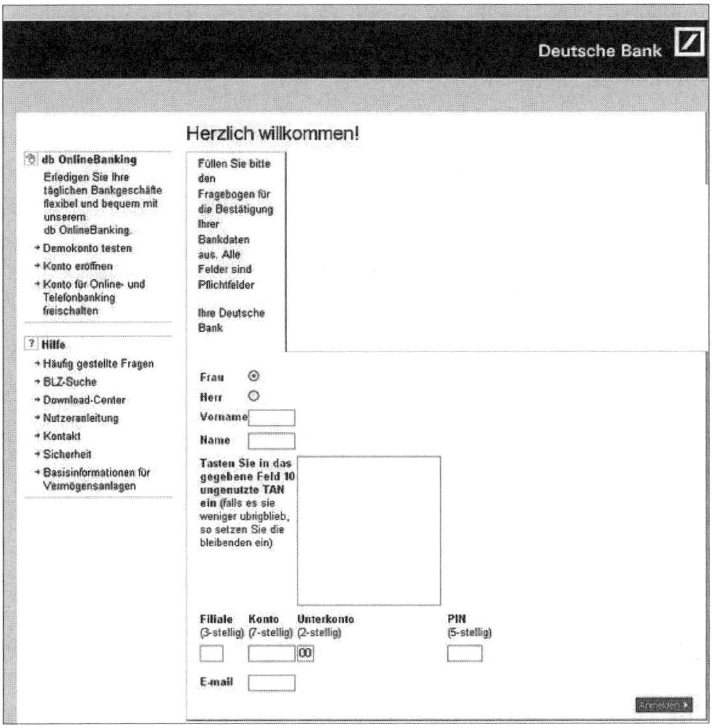

Abb. 10.6: Wer hier eine TAN eingibt, findet bald geplünderte Konten vor. (Quelle: Wikipedia)

10.8 Ihre Dateien sichern

Festplatten haben, wie alle Industrieprodukte, eine begrenzte Lebenszeit. Daher ist es unabdingbar, seine Daten regelmäßig zu speichern. Eine Möglichkeit, Daten auszulagern und sie in Echtzeit online zu speichern, habe ich bereits in *Kapitel 9* erläutert. Sie können einzelne Ordner mithilfe eines Cloud-Speichers in Echtzeit auf einen externen Server kopieren und damit außerhalb Ihres Systems speichern. Hauptaugenmerk dieses Konzepts liegt allerdings auf der Synchronisation auf mehreren Rechnern. Nun kann es aber auch notwendig sein, den gesamten Datenbestand eines Rechners inklusive der Systemeinstellungen zu sichern. Hierfür ist bei Ubuntu ein übersichtliches und einfaches Instrument vorgesehen: *Déjà Dup*. Sie finden es in den Systemeinstellungen unter SICHERUNG.

Bevor Sie die Sicherung starten, sollten Sie noch einige Einstellungen vornehmen.

Wenn Sie im Übersichtsfenster die Option AUTOMATISCHE DATENSICHERUNG einschalten, können Sie *Déjà Dup* anweisen, den Datenbestand täglich, wöchentlich, zweiwöchentlich oder monatlich zu speichern.

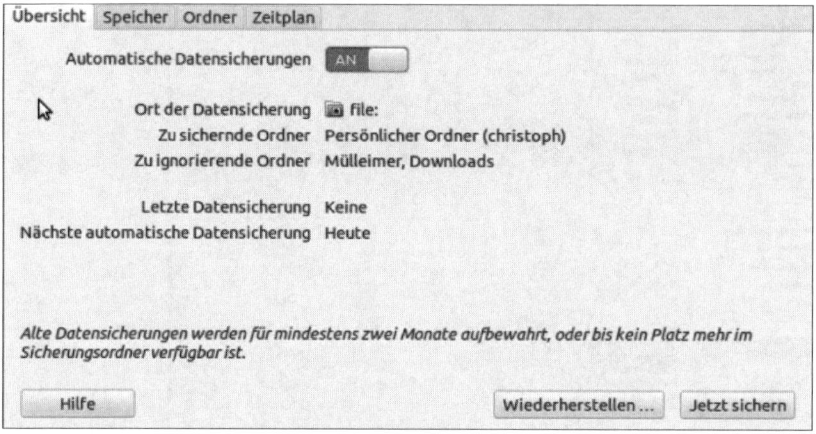

Abb. 10.7: Automatisches Backup mit Déjà Dup

Im zweiten Fenster wählen Sie den Speicherort außerhalb Ihres Computers aus. Es bieten sich Möglichkeiten, die Daten im Netzwerk zu sichern, aber auch ein Cloud-Speicher ist, sofern Sie sich registriert haben, nutzbar. Da bei einer Sicherung der komplette Datensatz aller Dateien gesichert wird, ist der Datendurchsatz sehr groß.

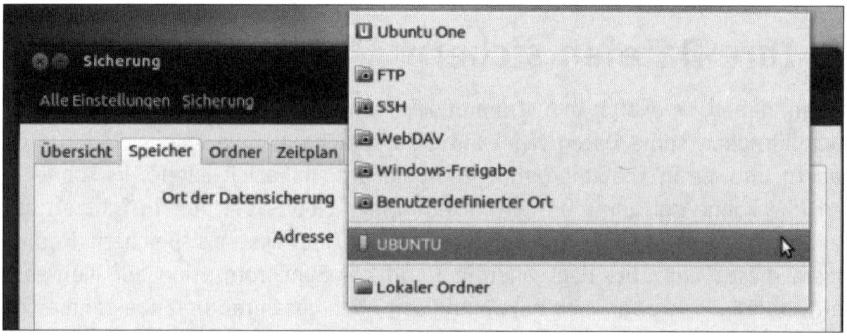

Abb. 10.8: Den Speicherort festlegen

In *Abbildung 10.8* sehen Sie, dass eine über USB-Anschluss eingebundene Festplatte namens *Ubuntu* als Speicherort ausgewählt wurde.

TIPP

Es empfiehlt sich, die Sicherung auf einer externen Festplatte, wie man sie heute für wenig Geld und mit enormen Kapazitäten kaufen kann, zu speichern.

Der dritte Reiter zeigt an, welche Dateien gespeichert werden sollen. Normalerweise wird der persönliche Ordner, unter Ausschluss des Mülleimers und des Download-Ordners, gesichert.

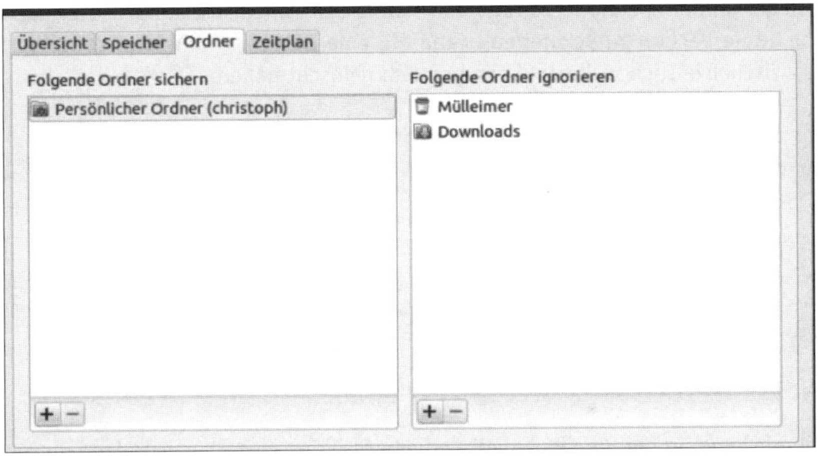

Abb. 10.9: Fügen Sie über die Schaltfläche [+] Ordner hinzu und schließen Sie mit der Schaltfläche [-] Ordner aus.

Im letzten Reiter geben Sie neben dem Sicherungsintervall an, wie viele Datensicherungen aufbewahrt werden sollen. Theoretisch benötigt man immer nur die jeweils letzte Sicherung, damit sich bei Bedarf der Datenbestand wieder reproduzieren lässt. *Déjà Dup* bietet hier als kürzeste Aufbewahrungsdauer zwei Monate an.

Nachdem Sie die Sicherung der Daten mit JETZT SICHERN gestartet haben, werden Sie nach einem Passwort gefragt, um die Datei zu verschlüsseln und zu komprimieren. Sie sollten, falls Sie vertrauliche Dokumente sichern, einem Passwort zustimmen, auch wenn das Verfahren damit länger dauert. Der erste Sicherungsvorgang kann sehr lange dauern. Die zweite Sicherung, die Sie durchführen, wird dagegen vergleichsweise schnell. Déjà Dup speichert dann nur noch die veränderten oder neu hinzugekommenen Dateien. Sie können daher eine tägliche Sicherung einstellen.

TIPP

Inkrementelle Sicherung: Beim ersten Backup dauert die Sicherung sehr lange, weil alle Daten komplett auf den Sicherungsspeicher kopiert werden. Bei allen weiteren Speicherungen werden nur noch die Veränderungen gespeichert, wodurch viel Speicherplatz, Zeit und Datenvolumen gespart wird.

Mit der Schaltfläche WIEDERHERSTELLEN können Sie eine Datensicherung wieder zurückspielen. Zuerst wird Ihnen der Speicherort, dann ein Datum der Sicherung angeboten. In der Regel werden Sie die letzte Datensicherung auswählen, Sie können aber auch auf eine ältere Version zurückgreifen, wenn Sie eine Datei wiederherstellen wollen, die Sie zwischenzeitlich vielleicht versehentlich gelöscht haben.

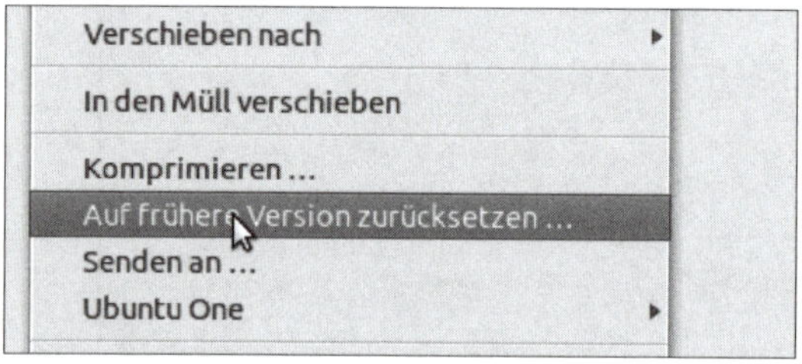

Abb. 10.10: Déjà Dup bindet sich nahtlos in Nautilus ein.

Um eine einzelne, in der Vergangenheit veränderte Datei wiederherzustellen, klicken Sie mit der rechten Maustaste auf die Datei und wählen aus dem Kontextmenü den Punkt AUF FRÜHERE VERSION ZURÜCKSETZEN aus. Danach wählen Sie die gesuchte Version aus und die Datei wird durch diese ersetzt.

10.9 Speichern im Cloud-Speicher

Sie können Ihre Dateien aber auch mit einem kleinen Umweg in der *Dropbox* oder einem anderem Cloud-Speicher sichern. Erstellen Sie hier einfach einen Ordner *Backup* im Ordner des jeweiligen Cloud-Dienstes. Dann starten Sie den Backup-Prozess wie oben beschrieben, wählen aber als Ziel den gerade erstellten Ordner aus. Dieser wird nach der Sicherung gleich in der Cloud gespeichert.

Nun bietet der Cloud-Speicher nur wenige GB Festplattenplatz, Ihre komplette Installation mit allen Programmen und Einstellungen allerdings nimmt sehr viel mehr Platz in Anspruch. Was tun?

TIPP

Man kann beide Methoden, nämlich einerseits mit *Dropbox* & Co. die Dateien, die Sie auf mehreren Rechnern synchron halten wollen, zu sichern und andererseits mit *Déjà Dup* die übrigen Dateien, v. a. die Systemdateien, zu sichern, sehr gut miteinander kombinieren.

Sichern Sie alle Fotos, Musik, Textdateien online, so wie im vorherigen Kapitel beschrieben.

Sichern Sie dann den persönlichen Ordner ohne den *Dropbox*-Ordner mit *Déjà Dup* und speichern Sie die Sicherung auf einer externen Festplatte

Weitere Informationen zum Themen Cloud-Speicher finden Sie in *Kapitel 9*.

10.10 Nach einem Festplattencrash

Wenn Ihre Festplatte jetzt aus Altersgründen den Geist aufgegeben hat oder Sie sich vielleicht einen neuen Computer geleistet haben, brauchen Sie keine langen Sitzungen mehr zu fürchten: Sie stellen Ihre Arbeitsumgebung im Nu wieder her.

- Installieren Sie Ubuntu.
- Spielen Sie die *Déjà-Dup*-Sicherung zurück.
- Installieren Sie eine Festplatte, falls nicht bereits geschehen.
- Warten Sie, bis die Cloud-Speicher ihre Inhalte wieder auf die Festplatte kopiert (synchronisiert) haben.

Das war es schon, alle Ihre Daten einschließlich der von Ihnen vorgenommenen Systemeinstellungen sind auf dem exakt gleichen Stand wie vorher.

Lösung zu Seite 199: Der Spruch, der dem Passwort zugrunde liegt heißt: *M*ein *H*ut *d*er *h*at *3 E*cken, *3 E*cken *h*at *m*ein *H*ut. Leicht zu merken, nicht zu knacken, oder?

Kapitel 11

Nautilus, Kommandozeile und Verzeichnisbaum

Ziel des Kapitels

- Sie finden sich in den Verzeichnissen des Ubuntu-Computers zurecht und lernen das Terminal und die Dateiverwaltung *Nautilus* besser kennen.

Schritte zum Erfolg

- Die Logik im Verzeichnisbaum erkennen
- Lernen, was das Ein- und Aushängen von Verzeichnissen und Laufwerken bedeutet
- Die wichtigsten Befehle in der Kommandozeile kennenlernen
- Die Möglichkeiten der Dateiverwaltung *Nautilus* kennenlernen

11.1 Der Linux-Verzeichnisbaum: eine etwas andere Logik 214

11.2 Geräte im Verzeichnisbaum 216

11.3 Das Terminal 221

11.4 Nautilus 223

11.1 Der Linux-Verzeichnisbaum: eine etwas andere Logik

Jetzt geht es also los, jetzt wird Linux doch kompliziert? Ja und nein. Bis hierher haben wir es ohne besondere Kenntnisse des Verzeichnisbaums geschafft und Ubuntu ist eben so ausgelegt, dass dies weiterhin so bleiben kann. Trotzdem möchte ich Ihnen diese Einführung geben, schon weil in vielen Hilfsforen von Ihnen erwartet wird, dass Sie bestimmte Angaben machen, die eben nur mit dem Terminal erstellt werden können und die zumindest oberflächliche Kenntnisse des Verzeichnisbaums voraussetzen.

Eine Besonderheit zeichnet Linux gegenüber anderen Betriebssystemen aus: Aus Sicht des Betriebssystems ist alles, woraus gelesen und in das geschrieben wird, eine Datei. Das gilt, merkwürdig genug, nicht nur für Laufwerke, Festplatten und Partitionen, sondern auch für alle Geräte. Der Monitor, die Soundkarte und der Drucker sind in diesem Sinne Dateien, in die das Betriebssystem hineinschreibt. Gelesen wird beispielsweise von der Tastatur, dem Scanner und der Maus.

Dateien aber müssen in Verzeichnissen zu finden sein, und so ist es auch hier. Der Verzeichnisbaum unter Linux folgt einer anderen Hierarchie als der Baum unter z. B. Microsoft und er ist viel stringenter.

Steht bei Microsoft der Laufwerkbuchstabe am Anfang der Hierarchie, so ist dies bei Linux das sogenannte *Root-Verzeichnis*. Dieses wird symbolisiert durch einen Slash /.

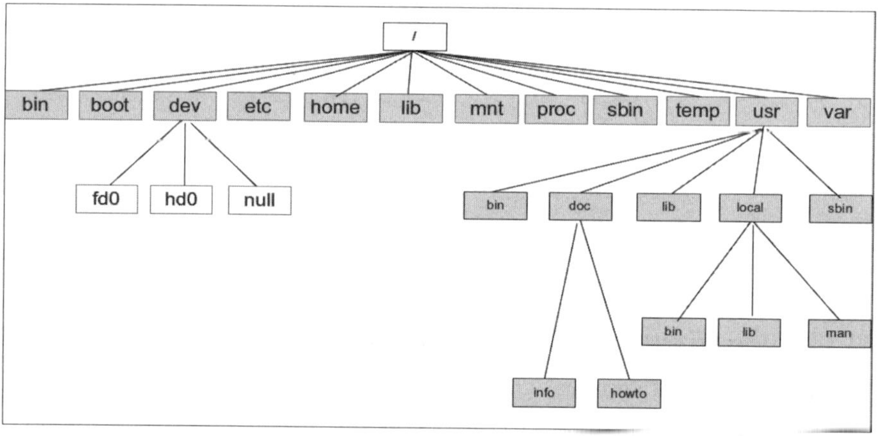

Abb. 11.1: Verzeichnishierarchie unter Linux

TIPP

Bitte beachten Sie die korrekte Schreibweise: Während bei Microsoft-Systemen ein Backslash \ verwendet wird, benutzt man bei Linux einen Slash /.

Schauen wir uns die wichtigsten Verzeichnisse einmal an:

- `/`: Ist das Haupt-, Root- oder Wurzelverzeichnis. Hier am Beginn des Verzeichnisbaums sollten keine Dateien, sondern nur Verzeichnisse liegen.
- `/bin`: Hier befinden sich wichtige Programme (*binaries*) zur Systemverwaltung, die immer verfügbar sein müssen. Diese Programme können von jedem Benutzer verwendet werden. Anwendungen wie z. B. *LibreOffice* findet man hier nicht.
- `/boot`: Hier befindet sich der Kernel, das Herz des Betriebssystems. Der Normaluser hat hier keinen Zugang.
- `/dev`: In diesem Verzeichnis findet man die Gerätedateien, also die Zugangspunkte zur peripheren Hardware (*devices*). `/fd0` beispielsweise stellt den Zugang zur Floppydisk her.
- `/etc`: Hier befinden sich die Konfigurationsdateien des Systems. Dabei handelt es sich um einfache Textdateien, die mit dem Editor verändert werden können. Wenn Sie in Internetforen aufgefordert werden, eine bestimmte Konfigurationsdatei anzupassen, um ein Problem zu lösen, werden Sie hier fündig.
- `/home`: Ist wohl das meistgenutzte Verzeichnis. Für jeden Benutzer wird ein eigenes `/home`-Verzeichnis angelegt, in dem er Dateien anlegen, ändern und löschen kann. In den Unterverzeichnissen werden beispielsweise die *Thunderbird*- und *Firefox*-Profile abgelegt.
- `/lib`: Enthält die Programmbibliotheken (*libraries*). Die Bibliotheken enthalten Funktionen, die von mehreren Programmen gleichzeitig genutzt werden.
- `/mnt`: Ist das Standard-Mount-Verzeichnis unter Linux. Es wird bei Ubuntu nicht genutzt, ist aber trotzdem vorhanden, da sich die Laufwerke anderer Betriebssysteme hier einhängen sollen.
- `/proc`: Hier werden Informationen über die laufenden Prozesse (*process*) gespeichert.
- `/sbin`: Ähnlich wie im Verzeichnis `/bin` sind hier Kommandos gespeichert, die allerdings nur mit Administratorrechten ausgeführt werden können.
- `/temp`: Hier werden vorübergehend Programmdateien ausgelagert.

- /usr: In diesem Verzeichnis werden die zusätzlich installierten Programme, die nicht zur regulären Distribution gehören, gespeichert. Die meisten davon findet man im Unterverzeichnis /usr/bin.
- /var: In diesem Verzeichnis lagern die sich laufend verändernden Informationen wie zum Beispiel die Zwischenablage und Druckaufträge.

Sie haben zwei Möglichkeiten, den Inhalt dieser Verzeichnisse zu betrachten: zum einen, indem Sie sich mit *Nautilus*, dem Dateimanager, durch die Verzeichnisse klicken, zum anderen mit dem Terminal, auch Konsole genannt. Hier müssen Sie dann aber die entsprechenden Befehle kennen.

Sie werden feststellen, dass Sie längst nicht alle Verzeichnisse öffnen und auch nicht alle Dateien verändern können.

TIPP

Nur der Systemverwalter hat die Zugriffsrechte auf die Systemdateien. Allerdings melden Sie sich für gewöhnlich nicht als Systemverwalter, sondern als normaler Benutzer im System an. Der Grund ist im *Kapitel 10* über die Sicherheit des Systems beschrieben.

11.2 Geräte im Verzeichnisbaum

Wie bereits erwähnt, werden alle peripheren Geräte als Dateien im Verzeichnisbaum abgebildet. Damit Linux ein Gerät ansprechen kann, muss eine Datei vorhanden sein, die dieses Gerät abbildet. Diese Dateien finden Sie im Verzeichnis /DEV. Die Namen der Dateien sind standardisiert, so lautet beispielsweise das Äquivalent zum Laufwerk C:\ von Microsoft unter Linux /dev/hd0.

Gelegentlich kann man anhand des Dateinamens sogar erkennen, welches Gerät sich hinter der Datei versteckt.

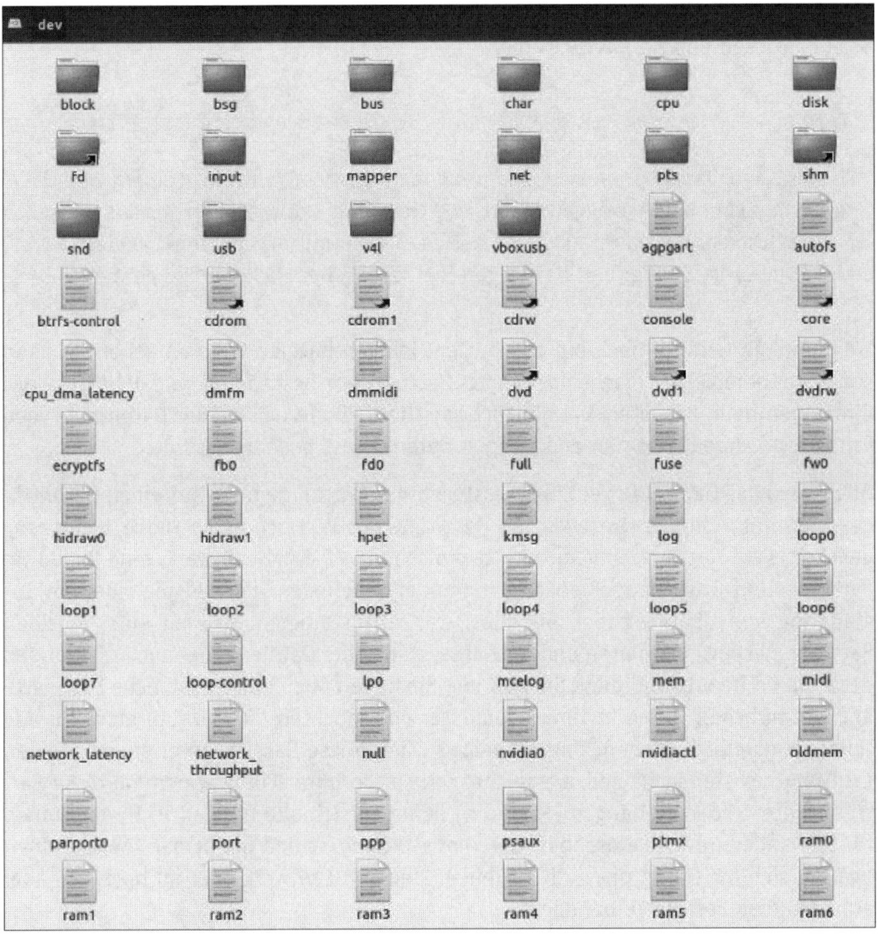

Abb. 11.2: Der Verzeichnisbaum von /dev – hier sind alle peripheren Geräte als Datei gelistet.

Das Ein- und Aushängen von Verzeichnissen war bis vor einiger Zeit noch mit Befehlen im Terminal verbunden. Einhängen bedeutet dabei »im Dateisystem nutzbar machen«. *Nautilus* listet alle erreichbaren Geräte und anderen Dateisysteme, wie zum Beispiel ein parallel laufendes Windows-Verzeichnis, in der Seitenleiste auf. In aller Regel sind diese Verzeichnisse automatisch eingehängt. Sie können ein Laufwerk sehr einfach aushängen, indem Sie mit der rechten Maustaste auf das entsprechende Symbol klicken und AUSHÄNGEN wählen.

TIPP

Solange ein Datenträger eingehängt ist, darf er nicht entfernt werden. Bei CDs wird die Schublade verriegelt, bei USB-Sticks und externen Festplatten müssen Sie allerdings selbst aufpassen. Klicken Sie immer mit der rechten Maustaste auf das Symbol im Starter und bestätigen Sie Datenträger sicher entfernen.

Wenn Sie ein Gerät einfach nur ausstecken, können Dateien verloren gehen. Es kann sogar passieren, dass das eingehängte Dateisystem beschädigt wird und dass das Einhängen beim nächsten Mal gänzlich misslingt. Dann müsste der Datenträger neu formatiert werden, was den endgültigen Datenverlust bedeuten würde.

Aber wozu das Ganze? Unter Linux lässt sich der Ort, an dem Sie auf einen Datenträger zugreifen, einfach festlegen. An der Stelle des Verzeichnisses `/home/benutzer/geheimnisvoller Ordner` kann sich technisch ein CD-ROM-Laufwerk, eine Windows-Partition, ein Drucker oder etwas ganz anderes befinden. Ein Beispiel: Bei der Installation von Ubuntu haben Sie alles, was zu installieren war, auf einer einzigen Partition gespeichert: Daten und Betriebssystem, Ihre Dateien, aber auch die Dateien der anderen Benutzer. Stellen Sie sich vor, Sie haben noch eine zusätzliche Festplatte mit vertraulichen Daten in Ihrem Computer und möchten diese Daten nicht für alle Nutzer zugänglich machen. Unter Windows wären diese Dateien unter einem anderen Laufwerkbuchstaben für jeden erreichbar. Nicht so unter Linux. Wenn Sie diese Partition unter /home einhängen (Mounten) befinden sich alle Dateien in Ihrem Ordner, für alle anderen nicht einsehbar. Der /home-Ordner ist und bleibt der /home-Ordner, egal ob sich die Daten physisch auf einem anderen Laufwerk oder im Netzwerk oder auf derselben Festplatte befinden.

So können Sie Laufwerke, Partitionen, komplette Windows-Dateisysteme als *Datei* in Ihren /HOME-Ordner einhängen. Die Daten gehören dann Ihnen.

Um eine Datei in Ihrem /HOME-Ordner einzuhängen, benötigen Sie zwei Informationen:

- den Namen der Datei
- den Ort, an dem die Datei eingehängt werden soll

Wenn man einmal herausgefunden hat, unter welchem Namen das zweite Laufwerk im Dateisystem geführt wird, ist es ein Leichtes, dieses in Ihren /home-Ordner einzuhängen.

Gehen wir zu dem Beispiel der zweiten Festplatte in Ihrem Computer, die Sie in Ihrem System einbinden möchten: Klicken Sie mit der rechten Maustaste einmal auf das Symbol der zweiten Festplatte, hier als *Volume* bezeichnet. Man erfährt, dass das Laufwerk im Ordner /media liegt und *Volume* heißt.

Öffnen Sie nun das Terminal und geben Sie den Befehl `mount –l` ein. Jetzt werden die vorhandenen eingehängten Laufwerke aufgelistet. Wir suchen den Eintrag media/Volume und erfahren, dass diese Datei (wir erinnern uns, auch Laufwerke werden als Datei geführt) unter /dev/sdb1 aufgeführt ist.

Abb. 11.3: Wir suchen den Eintrag MEDIA/VOLUME.

Nun müssen wir einen Einhängepunkt schaffen. Da dieser Punkt in unserem /home-Ordner liegen und nicht die bereits dort vorhandenen Dateien überschreiben soll, erstellen wir einen leeren Ordner mit Namen `platte`.

Dazu klicken wir mit der rechten Maustaste in das Fenster des persönlichen Ordners, wählen aus dem Kontextmenü den Eintrag NEUEN ORDNER ANLEGEN aus und benennen den so erstellten Ordner um in *platte*.

Jetzt haben wir nicht nur den Namen der einzuhängenden Datei, wir haben auch einen Einhängepunkt erstellt.

Hängen Sie nun das Volume aus, indem Sie mit der rechten Maustaste auf das Symbol VOLUME klicken und AUSHÄNGEN wählen. Jetzt ist die Festplatte für das System nicht mehr verfügbar

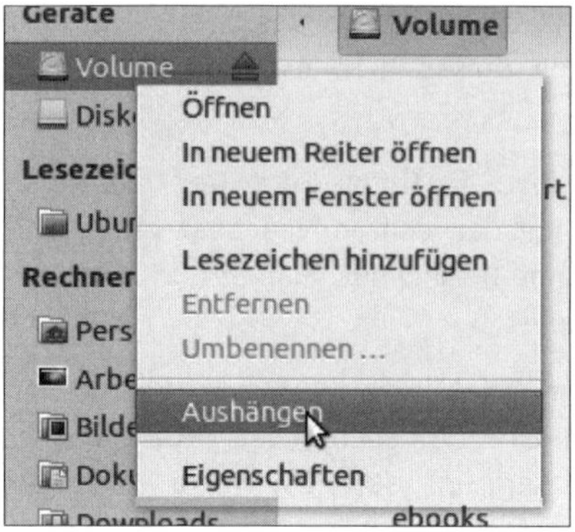

Abb. 11.4: Das zweite Laufwerk wird ausgehängt.

Starten Sie nun das Terminal und tippen Sie die Kommandozeile:

```
sudo mount -t ntfs /dev/sbd1 /home/BENUTZERNAME/platte
```

Bestätigen Sie mit [Enter].

Danach werden Sie nach dem Passwort gefragt. Geben Sie es ein und bestätigen Sie mit [Enter].

Was bedeuten diese Eingaben und wie wende ich sie auf mein System an?

sudo ist der Befehl, mit dem Sie sich für ganz kurze Zeit Systemverwalterrechte geben.

mount ist der Befehl, mit dem Sie das System anweisen, eine Datei einzuhängen, und zwar eine Datei vom Typ (*-t*) *ntfs*. Diese Datei befindet sich unter dem Pfad /dev/sdb1 und soll eingehängt werden unter /home/BENUTZERNAME/ in den Ordner platte. Dort, wo groß BENUTZERNAME steht, gehört dann Ihr Benutzername in Kleinbuchstaben hinein.

Jetzt sollte das Symbol des *Volumens* aus *Nautilus* verschwunden sein, alle Dateien befinden sich jetzt im Ordner platte.

Was aber unterscheidet diesen Vorgang davon, dass Sie die Dateien ganz einfach auf Ihre eigene Festplatte verschieben? Nun, die Daten haben sich physisch nicht verändert und liegen immer noch auf der zweiten Festplatte. Sie können dies auch mit einzelnen Ordnern oder Ordnern, die sich im Hausnetzwerk befinden, praktizieren. Die Daten bleiben dort, wo sie sind, werden aber in Ihren persönlichen Ordner eingehängt und sind somit für die anderen Benutzer unsichtbar.

11.3 Das Terminal

So ganz nebenbei haben Sie im Laufe dieses Buches und auch dieses Kapitels immer wieder mit dem Terminal gearbeitet. Und Sie haben wohl erlebt, dass das Terminal weiß Gott kein Hexenwerk ist. Wozu aber braucht man ein Terminal? Kann man nicht einfach alle Programme mit einer intuitiv zu bedienenden Oberfläche versehen? Im Prinzip kann man das schon, aber viele Programmierer sehen darin keinen Sinn und lassen es einfach. Ursprünglich wurde Linux ausschließlich über das Terminal bedient und die Profis, Sie wissen schon, die aus der Einleitung, tun das immer noch.

Es macht zum Beispiel keinen Unterschied, ob Sie ein Programm über Ubuntu-Software installieren oder im Terminal den Befehl

```
apt-get install PAKETNAME
```

eingeben, das Ergebnis ist ein installiertes Programm. Wissen muss man eigentlich nur, dass Ubuntu-Software nur ein sogenanntes *Front-End* ist, eine Bedienoberfläche für ein Programm, das in den Tiefen des Systems arbeitet, und nicht das Programm an sich.

Ich werde Ihnen einige Befehle auflisten, die Sie gefahrlos im Terminal ausprobieren können.

Die Pfadangabe zu Ihren Dateien lautet:

```
/home/BENUTZERNAME/ORDNER/DATEI
```

Verzeichnisinhalt anzeigen:

```
dir /home/BENUTZERNAME/ORDNER
```

Eine Datei kopieren:

```
cp /home/BENUTZERNAME/ORDNER/DATEI /home/BENUTZERNAME/ZIELORDNER/
```

Eine Datei verschieben:

```
mv /home/BENUTZERNAME/ORDNER/DATEI /home/BENUTZERNAME/ZIELORDNER/
```

Datei löschen:

```
rm /home/BENUTZERNAME/ORDNER/DATEI
```

Alle Anwendungen aktualisieren:

```
apt-get upgrade
```

Programm deinstallieren:

```
apt-get remove PAKETNAME
```

.deb-Datei installieren

```
dpkg DATEI.deb
```

Sollten Sie in einem Forum nach Hilfe fragen, weil eine Komponente nicht richtig funktioniert, so müssen Sie einige Daten angeben, damit die Hilfeleistenden Hinweise über Ihre Hardware bekommen:

Um die USB-Geräte zu überprüfen, geben Sie ein:

```
lsusb
```

Um die Netzwerkkarte zu überprüfen, geben Sie ein:

```
ifconfig
```

Um die WLAN-Karte zu überprüfen, geben Sie ein:

```
iwconfig
```

Um eine Übersicht über die gesamte Hardware zu liefern, geben Sie ein:

```
sudo lshw
```

Sie können die Ausgabe wie in einer üblichen Textverarbeitung markieren, kopieren und mithilfe des Editors in eine Textdatei umwandeln.

Bitte achten Sie auf die Groß- und Kleinschreibung. Ihr Benutzername wird beispielsweise immer kleingeschrieben.

11.4 Nautilus

Der Dateimanager *Nautilus* wurde in den letzten Jahren einer radikalen Kur unterzogen, der Funktionsumfang stark reduziert.

Die Kenntnis des Kopierens und Verschiebens von Dateien setze ich an dieser Stelle einfach einmal voraus. Leider ist es nicht mehr möglich, eine 2-Fenster-Ansicht zu erstellen, die diese Funktion per Drag & Drop möglich macht. Möchten Sie eine Datei per Drag & Drop verschieben, müssen Sie zwei Instanzen von Nautilus öffnen.

Lesezeichen

In der linken Spalte des Dateimanagers sehen Sie die so genannten Lesezeichen. Einige Anwendungen installieren hier automatisch ein eigenes Lesezeichen, so zum Beispiel die *Dropbox*.

Sie können Lesezeichen für häufig genutzte Ordner aber auch selbst anlegen. Erstellen Sie einen Ordner an einer beliebigen Stelle und öffnen Sie ihn. Klicken Sie nun im Menü von *Nautilus* auf LESEZEICHEN FÜR DIESEN ORT ANLEGEN und schon taucht dieser Ordner bei den Lesezeichen auf.

Verborgene Dateien ansehen

Es ist ursprünglich nicht vorgesehen, dass der Nutzer die Systemdateien sieht, also auch diese Dateien nicht versehentlich verändert. Trotzdem können Sie diese Dateien ohne großen Aufwand sichtbar machen. Und gelegentlich ist dies auch nötig, da sich in den versteckten Dateien Konfigurationsdateien verbergen. Im Menü unter ANSICHT / VERBORGENE DATEIEN ANZEIGEN können Sie diese Option aktivieren.

Verborgene Dateien und Ordner erkennen Sie immer am Punkt vor dem kleingeschriebenen Namen. Statt `Mozilla` heißt der verborgene Ordner also `.mozilla`.

Nautilus als Systemadministrator nutzen

Im Kapitel über die Cloud habe ich Ihnen gezeigt, wie Sie die Magentacloud in *Nautilus* einbinden. Dazu war es nötig, einige Konfigurationsdateien wie beispielsweise die Datei `/etc/fstab` zu öffnen und einige Angaben hinzuzufügen. Das Linux-Sicherheitskonzept erlaubt dies allerdings nicht so ohne weiteres, denn die Veränderung dieser Datei erfordert root-Rechte. Im Terminal ist dies kein großes Problem, hier genügt der Befehl sudo und die Legitimation mit dem Supervisor-Passwort.

In *Nautilus* ist dies so nicht vorgesehen. Um die Möglichkeit zu bekommen, Dateien ausnahmsweise mit root-Rechten zu bearbeiten, müssen Sie zuerst ein kleines

Programm namens *gksu* installieren. Im Terminal geben Sie dazu bitte den Befehl `sudo apt-get install gksu` ein. Das Programm ist sehr klein, die Installation in Sekunden geschehen.

Um nun *Nautilus* mit root-Rechten ausgestattet zu starten, nutzen Sie wieder das Terminal mit `gksudo nautilus`. Dann werden Sie nach der Legitimation gefragt und haben root-Zugang.

Nautilus mit Scripts erweitern

Es ist, durchaus möglich, den doch sehr eingeschränkten Funktionsumfang von *Nautilus* mit Hilfe von Scripts zu erweitern. Hierbei hilft Ihnen das tool *Nautilus-Actions Configuration Tool*, das Sie in Ubuntu-Software herunterladen können. Lassen Sie sich von der Oberfläche nicht zu arg verwirren, es wurden bereits eine Menge Scripts programmiert. Ich zeige Ihnen an einem Beispiel, wie Sie vorgefertigte Scripts importieren und nutzbar machen können.

Die Internetseite *http://www.nautilus-actions.org* hält eine Downloadseite bereit, von der Sie sich die neuste Version (nur ist diese auch schon zwei Jahre alt) herunterladen. Speichern Sie die Datei und entpacken Sie die Datei in Ihrem Downloadordner.

Nun starten Sie das *Configuration Tool* und klicken auf WERKZEUGE / IMPORTASSISTENT. Suchen Sie in dem entpackten Ordner nach einer passenden Datei, hier im Beispiel `open Terminal here`.

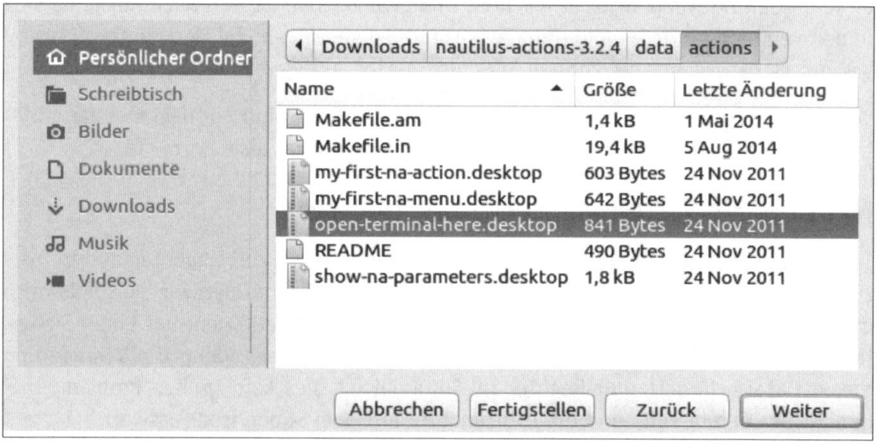

Abb. 11.5. Auswahlmenü für verschiedene Scripte

Dieses Script ermöglicht, per Klick mit der rechten Maustaste ein Terminalfenster zu öffnen, in dem der Pfad zum aktuellen Ordner gleich eingegeben ist. Das erleichtert das Bearbeiten ungemein.

Durch Anklicken des Buttons WEITER starten Sie den Assistenten, dessen Anweisungen Sie einfach folgen.

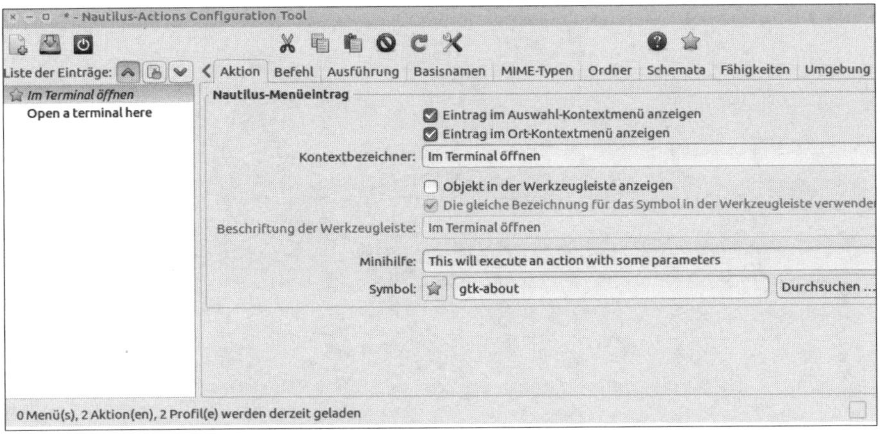

Abb. 11.6: Das Script ist erfolgreich importiert.

Nun geben Sie in das Feld KONTEXTBEZEICHNER noch eine sinnvolle Beschreibung ein und speichern das Ganze.

Wenn Sie jetzt *Nautilus* öffnen, haben Sie Ihr Kontextmenü um den Eintrag TERMINAL ÖFFNEN erweitert.

Kapitel 12

Die Programme der Ubuntu-Distribution

Ziel des Kapitels

- Sie erfahren, mit welchen Programmen Ubuntu ausgeliefert wird und welche Programme Sie möglichweise zusätzlich installieren sollten.

Schritte zum Erfolg

- Den Programmumfang für den Normalbenutzer kennenlernen
- Interessante Alternativen kennenlernen
- Einige sinnvolle Ergänzungen kennenlernen

12.1 Die Software der Ubuntu-Distribution 228

12.2 Systemprogramme 228

12.3 Barrierefrei 233

12.4 Multimedia 233

12.5 Office-Programme 235

12.6 Kommunikation und Internet 235

12.7 Sinnvolle Zusatzprogramme 236

12.1 Die Software der Ubuntu-Distribution

Die Ubuntu-Distribution wird von Haus aus mit einer recht umfangreichen Softwareausstattung ausgeliefert. Schauen wir uns diese Ausstattung einmal genauer an.

12.2 Systemprogramme

Aktualisierungsverwaltung

Die *Aktualisierungsverwaltung* ist eng mit dem Programm Ubuntu-Software verknüpft und überwacht im Hintergrund, ob die installierten Programme up to date sind. Sie brauchen dieses Programm nicht aufzurufen, es arbeitet autonom.

Anwendungen & Aktualisierungen

Die Programmbezeichnung ist schon ein wenig irreführend; handelt es sich bei diesem Programm doch nur um die Einstellebene für Ubuntu-Software und die Aktualisierungsverwaltung. Welche Repositories (Paketquellen) von welchen Servern geladen werden sollen, welche Treiber genutzt werden - dies wird hier eingestellt.

Anzeigegeräte

Ermöglicht die Einrichtung verschiedener Monitore, auch gleichzeitig im Parallelbetrieb. Wird auch über die Systemeinstellung aufgerufen.

Archivverwaltung

Der *Archivmanager* verarbeitet die Linux-typischen Pakete, die beispielsweise mit `tar.gz` enden. Um Windows-typische Archive wie `.rar` oder `.zip` zu öffnen, müssen über Ubuntu-Software Erweiterungen heruntergeladen werden.

Alternativen:

- *7Zip*: Ein in der Windows-Welt verbreitetes und bereits bewährtes Programm zum Packen und Entpacken von Archiven
- *Arc*: Paketverwaltung aus Kubuntu

Benutzer

Die sehr einfache Benutzerverwaltung habe ich weiter vorne im Buch bereits behandelt. In vielen Fällen dürfte sie ausreichen; wer es umfassender und differenzierter mag, lädt sich die Gnome-Utilities herunter.

Bluetooth

Schafft Verbindungen zu Bluetooth-Geräten, ist allerdings in der mitgelieferten Version nicht allzu zuverlässig.

Alternative:

Die *Bluetooth-Unterstützung* ist eine Sammlung von Erweiterungen, die unbedingt installiert werden sollte, um damit die Chance auf Verbindungen erheblich zu verbessern.

Information

Liefert nicht nur einige grundlegende Informationen zum installierten Betriebssystem, hier legen Sie auch fest, mit welchen Anwendungen bestimmte Dateiarten geöffnet werden sollen, zum Beispiel Musikdateien mit *Rhythmbox*.

Nautilus

Der Dateibrowser wird auch als *Dateien* im Dash oder im Starter aufgerufen. In der Einsteigervariante verliert niemand den Überblick.

Alternativen:

Nemo: Erheblich größerer Umfang, geteilte Fensteransicht, umfangreiches Kontextmenü, so auch ein Zugang als Systemverwalter.

Gnome-Commander: Für die Freunde der geteilten Fensteransicht, ähnlich dem beliebten Norton-Commander

Energiestatistiken

Ein Programm, das, wie der Name sagt, Informationen über den Energieverbrauch liefert. Wichtig für Benutzer von Laptops.

Baobab

Firmiert unter dem Namen *Festplattenbelegung analysieren*. Hier finden Sie Informationen, welche Ordner wieviel Platz auf den Laufwerken belegen.

Farbe

Ein nicht ganz so simples Programm, mit dem Sie den Monitor anhand von Profilen oder mithilfe eines Kalibiergeräts einstellen können. Dies ist vor allem für die Benutzer wichtig, die viele Bilder über den Computer drucken und auf dem Monitor das farblich korrekte Ergebnis dargestellt haben wollen.

Remmina Bildschirmbetrachter und Freigabe der Arbeitsfläche

Hier ist es auf einfache Art möglich, seinen Bildschirm und die Arbeitsoberfläche z. B. zu Wartungsarbeiten an einen anderen Benutzer online zu übergeben. Das meistgenutzte Verfahren hierzu heißt *Remote* und ermöglicht es, auf einen Computer zuzugreifen, der entweder im Netzwerk oder geografisch ganz woanders steht. Um dies zu erlauben, muss der passive Computer, also der Computer, auf den zugegriffen wird, sein Einverständnis geben.

Kalender

Ein einfacher Kalender, der aber immerhin mit einem Online-Kalender verknüpft werden kann.

Leistung

Energieverwaltung für Laptops. Über die Systemsteuerung zu erreichen.

Laufwerke

Gibt eine Übersicht über die Partition einer Festplatte. Es gibt einige Möglichkeiten, die Partitionen zu bearbeiten und auf Leistung zu überprüfen,

Alternative:

GParted: Ist weiter vorne im Buch ausführlicher beschrieben.

Tastatur

Haben Sie bereits benutzt, als Sie das Tastatur-Layout während der Installation eingerichtet haben. Über die Systemsteuerung zu erreichen.

Maus und Touchpad

Einstellungen für die Maus und das Touchpad. Wie schnell soll ein Doppelklick sein, wie schnell bewegt sich der Cursor? Über die Systemsteuerung zu erreichen.

Netzwerk

Hinter diesem winzigen Icon verbirgt sich eine enorm leistungsfähige Netzwerkverwaltung. Über die Systemsteuerung zu erreichen.

Online-Konten

An dieser Stelle können Sie zentral die Login-Daten für Ihre Online Konten wie Google, Facebook und so weiter einstellen. Die entsprechenden Programme greifen dann bei Bedarf auf diese Daten zu.

Seahorse

Die Software wird hier als *Passwörter und Verschlüsselung* bezeichnet. Ihre gesamten Passwörter werden vom Programm *Seahorse* verwaltet. Benötigen Sie mehrere Passwörter, wird ein sogenannter Schlüsselbund angelegt – ein Passwort für alle Gelegenheiten.

Alternative:

KeyPassX: Einfacher und benutzerfreundlicher und darüber hinaus plattformunabhängig. Es kann also auch unter Windows oder Mac OS genutzt werden.

Sicherheit und Datenschutz

Ist eigentlich gar kein eigenes Programm, sondern wird aus den Einstellungen heraus aufgerufen. Sie stellen hier ein, welche Verläufe, egal ob in der Textverarbeitung oder per Internet, gespeichert werden sollen.

Déjà Dup

Einfaches, aber sehr leistungsfähiges Programm zur Datensicherung. Da das Programm unauffällig im Hintergrund mitläuft, kann man automatisierte tägliche Backups erstellen. Unterstützt inkrementelle Sicherungen, d. h., nach einer vollständigen Sicherung werden nur noch die Veränderungen gespeichert, was den Aufwand drastisch verringert.

Startmedienersteller

Hier können Sie bootfähige DVDs, CDs, USB-Sticks oder Festplatten erstellen.

Startprogramm

Hierbei handelt es sich eigentlich nicht um ein Programm, sondern eher um einen Ordner, aus dem heraus bestimmte Programme automatisch beim Hochfahren gestartet werden. Entspricht der Autostart-Funktion bei Windows.

Checkbox

Überprüft in einem eigenen Durchlauf Ihr System auf Fehler und gibt die Ergebnisse in einem Bericht bekannt. Darüber hinaus kann das Protokoll an die Ubuntu-Friendly-Datenbank übermittelt werden, um die Datenbank zur Ubuntu-Kompatibilität immer weiter zu vervollständigen.

Ubuntu-Software

Ubuntu-Software dient zum Installieren und Deinstallieren von Programmen. Dabei werden nur Programme von sicheren Quellen angeboten und installiert, was die Kontamination mit Schadsoftware fast ausschließt.

Alternative:

Wem das Programm zu langsam ist, der kann das *Muon-Software Center* versuchen.

Systemprotokoll

Erstellt `.log`-Dateien über alle Aktivitäten auf dem PC. Diese können von erfahrenen Nutzern ausgelesen werden, wenn es irgendwo hakt.

Systemüberwachung

Überwacht in Echtzeit die CPU- und Speicherauslastung und jede Menge anderer Parameter. Sie können darüber hinaus laufende Prozesse beobachten und beenden.

Terminal, XTerm, UXTerm

Das Terminal haben Sie bereits kennengelernt, es ist der Tastatureingabemodus für Linux. XTerm und UXTerm eignen sich in diesem Zusammenhang eher für Systeme, die keine Fenster darstellen können, wie z. B. Serverprogramme. Als Normalanwender werden Sie mit dem komfortableren Terminal besser zurechtkommen.

Xdiagnose

Dieses Programm läuft unbemerkt mit und registriert, wenn im System etwas hakt. Dann öffnet sich ein Fenster und bittet, den Fehler an Ubuntu senden zu dürfen. Auf diese Art werden Systemfehler, aber auch Sicherheitslücken schnell registriert und können behoben werden.

Unity

Ist die nicht ganz unumstrittene Oberfläche von Ubuntu 16.04. Wem dieser Desktop zu beschränkt ist, wird mit dem GNOME-Shell und den Einstellmöglichkeiten glücklicher.

12.3 Barrierefrei

Gemäß dem Ubuntu-Versprechen, dass die Software für alle Menschen nutzbar sein soll, finden sich hier interessante Unterstützungsmöglichkeiten für Seh- und Hörbehinderte sowie motorisch eingeschränkte Benutzer.

Onboard

Ist eine Bildschirmtastatur, die es nicht nur Tablet-PC-Benutzern ermöglicht, auf dem Bildschirm zu schreiben, sondern auch mobilitätseingeschränkten Menschen erlaubt, mit der Maus auf dem Bildschirm zu schreiben.

Zugangshilfen

Bietet weitere Hilfen für seh- und höreingeschränkte Menschen an.

12.4 Multimedia

Cheese Webcam-Automat

Verwaltet, wie es der Name bereits sagt, Webcams.

ImageMagic

Ist ein sehr schneller Bildbetrachter, der zudem eine ganze Reihe einfacher Bearbeitungsmöglichkeiten bietet.

Rhythmbox Musikwiedergabe

Ist ein einfaches Musikabspielprogramm, das recht viele Formate unterstützt, so auch *.mp3* und *.ogg*. Darüber hinaus gibt es eine iPod-Integration, auch Internetradio ist möglich.

Alternativen:

- *GNOME-Musikwiedergabe-Client*: Ein ebenfalls einfach zu handhabendes intuitives Programm, vielleicht etwas übersichtlicher als *Rhythmbox*.
- *Amarok*: In der Bedienung nicht ganz so einfach, aber mit einer Vielzahl von Features und Möglichkeiten.

Bildbetrachter

Tut ganz genau das, was der Name schon sagt: zeigt Bilder an. Man kann die Bilder nach rechts oder links drehen, um Hochformataufnahmen anzuzeigen, sonst sind keine Bearbeitungen möglich.

Alternative:

- *Gwenview*: Zeigt Bilder außerdem in Thumbnails an und hat einige rudimentäre Bearbeitungsmöglichkeiten.

Shotwell

Ist eine Fotoverwaltung von Ubuntu: sehr einfach gehalten, aber mit Anbindung an Facebook. Bilder können gleich aus der Kamera ausgelesen und mit einigen Korrekturmöglichkeiten bearbeitet werden.

Alternative:

- *F-Spot*: Fotoverwaltung mit einen erheblich größeren Funktionsumfang und Anbindung an Web-Alben wie *Picasa* und *Flickr*.

Bildschirmfoto

Das Programm erstellt Screenshots, also Darstellungen des Bildschirms.

Totem

Heißt bei Ubuntu *Videos*. Es ist ein Audio- und Videoplayer mit großem Funktionsumfang und einer Anbindung an arte-tv. DVDs und CDs können aus der Anwendung heraus abgespielt werden, die gängigen Audio- und Videoformate werden unterstützt.

Alternative:

- Der *VLC-Player* ist der Mediaplayer schlechthin. Der Allesspieler kommt mit nahezu jeder Videodatei zurecht, selbst bei fehlenden Dateistücken macht das Programm nicht schlapp. Der Funktionsumfang ist enorm.

12.5 Office-Programme

Textbearbeitung

Gedit ist eine ganz einfache Textverarbeitung, die vor allem bei der Bearbeitung der Systemdateien verwendet wird. Hierzu braucht man natürlich nicht das aufwändige *LibreOffice* zu starten.

LibreOffice

Ist der Nachfolger von *OpenOffice* in der Ubuntu-Suite. Der genauen Beschreibung habe ich hier im Buch ein ganzes Kapitel gewidmet.

Alternative:

- Eigentlich keine

Evince-Dokumentenbetrachter

Stellt Dokumente u. a. im plattformübergreifenden PDF-Format dar. Das Programm läuft sehr stabil und kann auch mit sehr großen Dokumenten umgehen. Anmerkungen und Lesezeichen können angelegt werden.

Alternative:

- *Ocular* aus der *Calligra Office*-Suite

Simple-Scan

Ist eine Schnittstelle, um einen Scanner von einer Textverarbeitung oder einer Bildbearbeitung aus in Betrieb zu nehmen.

Alternative:

- *Scan2PDF* ist keine Alternative, sondern eher eine Ergänzung, die, wie der Name schon sagt, Dokumente automatisch in PDF-Dateien umwandelt.

12.6 Kommunikation und Internet

Browser

Eigentlich widerspricht es dem Bemühen Redundanzen zu vermeiden, denn obwohl mit *Firefox* ein umfangreicher Browser an Bord ist, liefert Ubuntu noch eine kleine, schnelle Engine, um beispielsweise die Amazon-App schnell aufrufen zu können, ohne den großen Firefox-Browser öffnen zu müssen.

Firefox

Ist der State-of-the-art-Internetbrowser der Mozilla-Stiftung, der durch seine Add-ons anpassungsfähig und konfigurierbar ist wie sonst kein anderer.

Alternative:

Chromium: Die quelloffene Basis von *Google Chrome*, enorm schnell

Thunderbird

Wie der *Firefox* ein Produkt der Mozilla-Stiftung. Kann durch Implementierung von Add-ons zum persönlichen Assistenten erweitert werden. Beide Programme sind ausführlich im Buch beschrieben.

Online-Konten

Legen Sie hier Ihre Zugangsdaten an, werden diese in den entsprechenden Anwendungen gleich gestartet. Eher sinnlos, die gleiche Funktion übernimmt auch der Schlüsselbund.

Transmission

Ist ein kleines, intuitiv zu bedienendes Programm, um das BitTorrent-Netzwerk zum Download großer Dateien zu nutzen.

12.7 Sinnvolle Zusatzprogramme

GIMP

Das Bildbearbeitungsprogramm, das sich mit kommerziellen Programmen durchaus messen kann. Enorme Funktionsvielfalt, die allein ein Buch füllen könnte.

Alternative:

Wer es nicht ganz so üppig braucht, beschränkt sich auf *Pinta*, eine einfachere, aber durchaus funktionelle Bildbearbeitung.

Wine (Wine Is Not an Emulator)

Wine täuscht Windows-Programmen vor, sie befänden sich in einer Windows-Umgebung. Ob ein Programm mit *Wine* gestartet werden kann, ist ein wenig Glückssache, aber die meisten älteren Programme funktionieren.

VirtualBox

Ermöglicht die Ausführung eines völlig anderen Betriebssystems innerhalb eines Fensters. Beide Verfahren habe ich ausführlich beschrieben.

Skype

Skype ermöglicht die Telefonie über das Internet, wobei der interessanteste Teil die kostenfreie Nutzung der Bildtelefonie ist.

Kapitel 13

Virtuelles Persönliches Netzwerk (VPN) einrichten

Ziel des Kapitels

- Sie wissen, welchen Vorteil Sie aus einem VPN ziehen können.
- Sie wissen, wie ein VPN funktioniert und welche Rolle die einzelnen Komponenten übernehmen.
- Sie können ein VPN an Ihrem Ubuntu-PC einrichten.
- Sie können an Ihrem Router VPN und DynDNS einrichten.

Schritte zum Erfolg

- Die richtigen Programme zur Einrichtung eines VPN herunterladen und einrichten
- Einen DynDNS-Server einrichten und den Router dementsprechend konfigurieren können
- Router als VPN-Server einrichten

13.1 Eine sichere Sache 240

13.2 Die Einrichtung eines DynDNS-Servers 242

13.3 Den Router einrichten 245

13.4 Die Einrichtung des VPN-Clients im Ubuntu-PC 247

13.1 Eine sichere Sache

Stellen Sie sich bitte vor, Sie sitzen mit Ihrem Laptop in einem Café, das einen kostenlosen WLAN-Hotspot zur Verfügung stellt. Sie rufen Ihre E-Mails ab, überprüfen einmal kurz den Stand der Dinge im großen Internetauktionshaus und erledigen schnell noch ein paar Bankgeschäfte. Außerdem posten Sie noch einige Nachrichten im bevorzugten sozialen Netzwerk.

Ein paar Tage später erhalten Sie einen Anruf, wann Sie denn die Yacht, die Sie ersteigert haben, in der Karibik abholen, Ihr Konto ist geplündert und mithilfe Ihres E-Mail-Accounts sendet jemand Stalking-Mails an einen beliebten Schauspieler. Was ist passiert? Ganz einfach: Jemand hat Sie bei Ihrer Internetsitzung belauscht und mit den gewonnenen Informationen Unfug getrieben.

Zugegeben, dieses Beispiel ist stark übertrieben. Aber Fakt ist: Wenn Sie sich mit einem PC oder Smartphone mittels eines öffentlichen Hotspots ins Internet begeben, sind alle Ihre Internetaktivitäten ungeschützt und ganz leicht nachvollziehbar. Alle Seiten, die Sie aufrufen, alle Passwörter, die Sie eingeben, alle Texte, die Sie posten, werden aufgezeichnet (»geloggt«) und in einer Datei auf dem Router, den der Cafehausbesitzer zur Verfügung stellt, zwischengespeichert. Darüber hinaus kann jeder, der auch nur oberflächliche Ahnung von Netzwerktechnik, aber die richtige Software auf seinem Computer hat, Ihre Internetaktivitäten in Echtzeit mit verfolgen. Diese Hackerprogramme sind nicht einmal illegal, gehören sie doch zur Standardausrüstung eines Netzwerkadministrators.

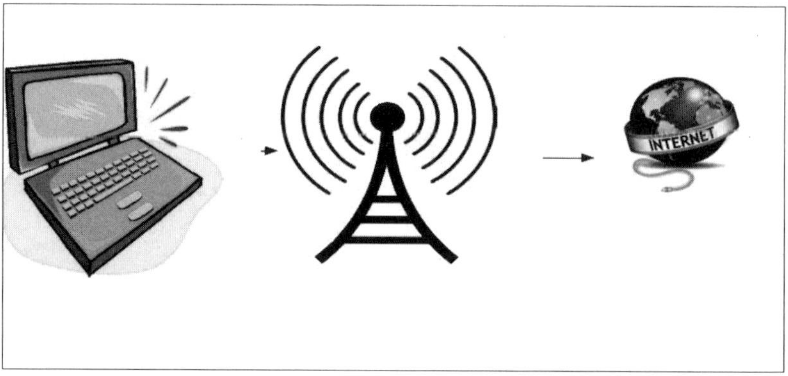

Abb. 13.1: Ganz schlecht: die direkte Verbindung ins Internet mithilfe eines unbekannten offenen Hotspots.

Natürlich gibt es auch eine sichere Möglichkeit, mithilfe eines offenen Hotspots ins Internet zu gelangen: die Einrichtung eines *Virtuellen Privaten Netzwerks* (VPN). Diese Methode ermöglicht es Ihnen, sich verschlüsselt mit dem Hotspot zu verbinden. Danach sorgt das VPN für eine verschlüsselte Verbindung mit Ihrem heimischen Netzwerkrouter. Die eigentliche Internetverbindung erfolgt dann über Ihr heimisches Netzwerk, mit den Sicherheitsvorkehrungen, die Sie zu Hause eben auch haben.

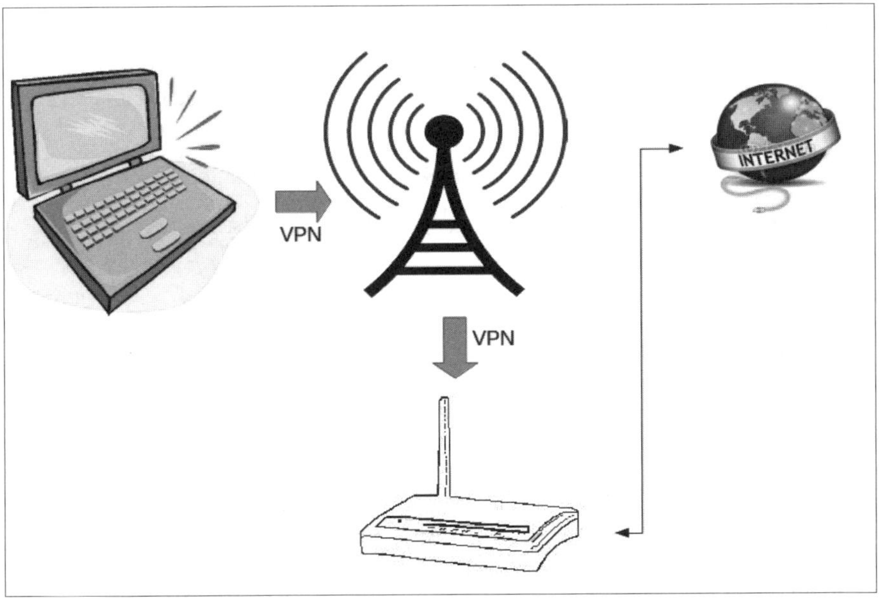

Abb. 13.2: Besser: Der Hotspot dient nur dazu, die Verbindung zum heimischen Netzwerkrouter aufzubauen.

Sie können, die notwendigen Netzwerkkenntnisse vorausgesetzt, Ihre gesamtes heimisches Netzwerk, also auch Drucker und Faxgeräte, Netzwerkfestplatten usw., benutzen, hier geht es aber um die Internetverbindung. Dieses System ist so sicher, dass sogar die NSA eingestehen müsste, kein Mittel zum systematischen Abhören von VPN gefunden zu haben.

Die Einrichtung ist nicht ganz einfach, sollte aber mit der Schritt-für-Schritt-Anleitung gelingen. Sie beinhaltet drei Teile:

- Als Erstes müssen Sie einen sogenannten DynDNS-Server einrichten. Wenn Sie nämlich im Café sitzen, können Sie gar nicht wissen, mit welcher IP-Adresse Ihr heimischer Router gerade mit dem Internet verbunden ist.

- Als Zweites müssen Sie den heimischen Router so einrichten, dass er die Anfrage per VPN überhaupt zulässt und Ihrem Ubuntu-Laptop Zugang zum Netzwerk gewährt.
- Als Drittes müssen Sie den VPN-Client am Ubuntu-PC einrichten.

13.2 Die Einrichtung eines DynDNS-Servers

Die dynamische IP-Adresse

Wenn Sie sich zu Hause über Ihr Modem mit dem Internet verbinden, läuft dies ungefähr so ab:

»Hallo Internetanbieter, hier ist Lieschen Müller, ich will gerne ins Internet.«

»Hallo Lieschen Müller, wenn du mir deine Anmeldedaten gibst, gerne.«

»Ja, meine Anmeldedaten sind (...).«

»Schön, du bekommst für diese Sitzung die Adresse ... lass mal sehen ... die IP-Adresse mit der Nummer 88.152.8.42 ist gerade frei geworden.«

Diese Zahlenkombination identifiziert die Computer, die für das Internet benutzt werden, bei allen Webseiten, die diese besuchen. Für diese Internetsitzung wird Lieschen mit dieser IP-Adresse im Internet angemeldet. Diese Identifikation ändert sich bei jeder neuen Einwahl oder aber spätestens nach 24 Stunden, weil es gar nicht so viele IP-Adressen gibt wie Internetnutzer. Sobald sich ein Nutzer aus dem Netz abmeldet, wird seine IP-Adresse frei und an einen anderen Nutzer, der sich gerade einwählt, weitergegeben.

DynDNS-Server

Wenn Sie also mit Ihrem Ubuntu-Laptop im Café sitzen, können Sie sich nicht ohne Weiteres mit dem heimischen Router verbinden, da Sie ja gar nicht wissen, mit welcher IP-Adresse Ihr Netzwerk gerade mit dem Internet verbunden ist. Aber der heimische Router ist ja immer online, also muss es nur irgendeine Instanz geben, über die Sie die Box im Internet finden und sich mit ihr verbinden können. Dann können Sie auf alle Netzwerkressourcen zugreifen, also auch auf die Internetverbindung, ganz so, als wären Sie zu Hause. Einige Internetdienste bieten hier eine Lösung: Sie behalten, nachdem Sie sich angemeldet haben, Ihre IP-Adresse im Blick. Möchten Sie aus dem Internet heraus auf Ihr Heimnetzwerk zugreifen, wählen Sie diesen Dienst an, der Sie dann sicher zu Ihrem Netzwerk weiterleitet.

Anbieter solcher sogenannter *dynamischer DNS-Server*:

http://www.dyndns.org

http://www.selfhost.de

http://www.no-ip.com

http://www.dnsexit.com

http://www.dyns.cx

Einige dieser Anbieter sind kostenlos, verlangen aber für höhere Übertragungsgeschwindigkeiten einen monatlichen Beitrag.

Wählen Sie einen Anbieter aus und rufen Sie mit dem Browser die Internetseite auf, um sich bei dem Dienst anzumelden. Der Anmeldeprozess ist dabei schnell erledigt. Am Ende erhalten Sie eine sogenannte *Domain*: Im Falle dieses (nicht realen) Beispiels habe ich eine Domain namens `troche.ddns.net` erstellt. In der Regel werden Sie eine Bestätigungsmail an die angegebene E-Mail-Adresse erhalten, die einen Link enthält. Diesen Link müssen Sie anklicken, jetzt ist Ihre Anmeldung komplett.

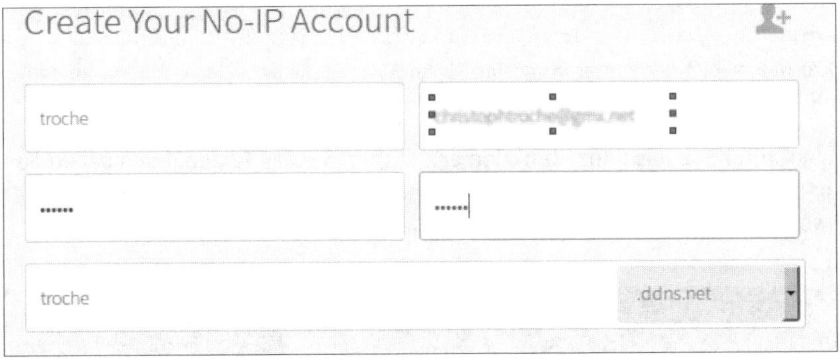

Abb. 13.3: Das Anmeldefenster von *No-ip.com*

Um die Einrichtung der dynamischen DNS abzuschließen, müssen Sie Ihren Router nur noch instruieren, die aktuelle IP-Adresse regelmäßig an den Dienstanbieter zu senden. Die meisten modernen Router haben diese Funktion bereits eingebaut.

Rufen Sie die Arbeitsoberfläche Ihres Routers auf. In unserem Beispiel handelt es sich um eine FRITZ!Box, das Verfahren funktioniert aber analog mit Routern anderer Hersteller. Dazu geben Sie in die Adresszeile des Webbrowsers `fritz.box` ein und loggen sich mit dem Passwort in die Konfigurationsoberfläche ein. Hier öffnen Sie den Reiter Internet / Freigaben / Dynamic DNS.

Aktivieren Sie die Option Dynamic DNS benutzen, suchen Sie aus dem Dropdown-Menü Ihren Anbieter aus und geben Sie die Anmeldedaten ein.

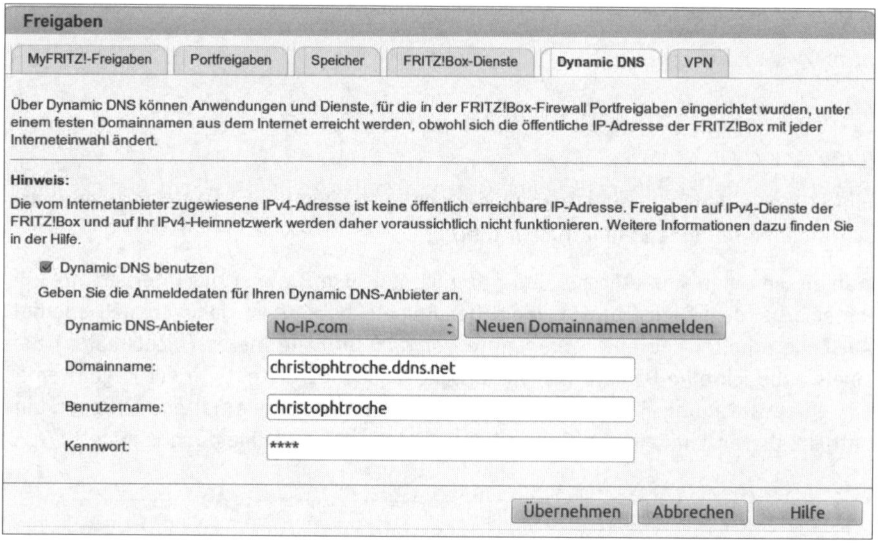

Abb. 13.4: Nun meldet der Router in regelmäßigem Abstand die aktuelle IP-Adresse an den DynDNS-Dienst.

Um zu überprüfen, ob das Ganze funktioniert, starten Sie das Terminal und geben den Befehl `ping` gefolgt von Ihrem Domainnamen ein. Wenn dann einige Sekunden später die Antwort der Domain eintrifft, hat alles geklappt.

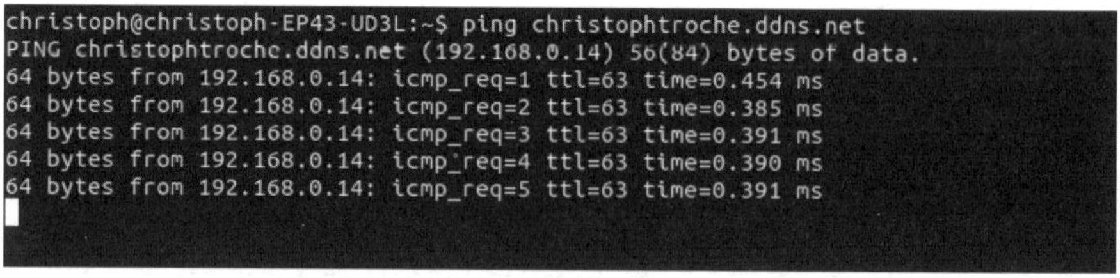

Abb. 13.5: Alles hat geklappt: Dynamic DNS funktioniert.

TIPP

Je nach dem verwendeten Router kann es sein, dass Sie gar keine Auswahl an DynDNS-Servern vorfinden oder dass Sie diese Funktion gar nicht finden. Hier hilft nur ein Blick in das Handbuch Ihres Routers oder eventuell ein Firmware-Update. Fruchtet dies alles nichts, sollten Sie über den Neukauf eines Routers nachdenken.

Falls Ihr Router die Einrichtung und Organisation eines DynDNS-Servers nicht unterstützt, stellen einige Dienstanbieter auch Software-Tools zur Verfügung. Diese setzen dann allerdings voraus, dass ein PC rund um die Uhr innerhalb des heimischen Netzwerks läuft und die IP-Veränderungen an den Dienstanbieter sendet. Ob Sie im Falle eines mehrwöchigen Urlaubs stets einen PC zu Hause laufen lassen wollen, dessen einzige Aufgabe es ist, die aktuelle IP-Adresse zu melden, müssen Sie entscheiden.

13.3 Den Router einrichten

Als zweiten Schritt müssen Sie Ihrem Router beibringen, dass er die VPN-Anfrage zulassen soll. Und hier wird es kompliziert, da die Modalitäten der verschiedenen Router-Hersteller unterschiedlich sind.

Ich möchte dies anhand der Fritz!Box erklären. Diese Boxen und ihre Derivate stellen einen Großteil der in Privathaushalten verwendeten Router. Die Chance, lieber Leser, dass ich hier Ihren Hersteller treffe, ist am höchsten. Andere Hersteller haben andere Verfahren, ihren Routern die VPN-Verbindung zu ermöglichen, oft hilft schon ein Blick ins Handbuch.

Mit einer Firmware-Version ab 6.0

Falls Sie nicht wissen, mit welcher Firmware-Version Ihre Box arbeitet, geben Sie in das Adressfeld Ihres Browsers *http://fritz.box* ein, nun befinden Sie sich auf der Einstell-Oberfläche. Hier können Sie die verwendete Firmware-Version ablesen. Falls Sie eine ältere Firmware-Version besitzen, sollten Sie die Update-Funktion nutzen, je nach Baujahr der Box steht vielleicht eine aktuelle Version zur Verfügung. Sollte dies nicht der Fall sein, sollten Sie über den Erwerb einer neuen Box nachdenken. Die Boxen mit alten Firmware-Versionen sind nur eingeschränkt sicher.

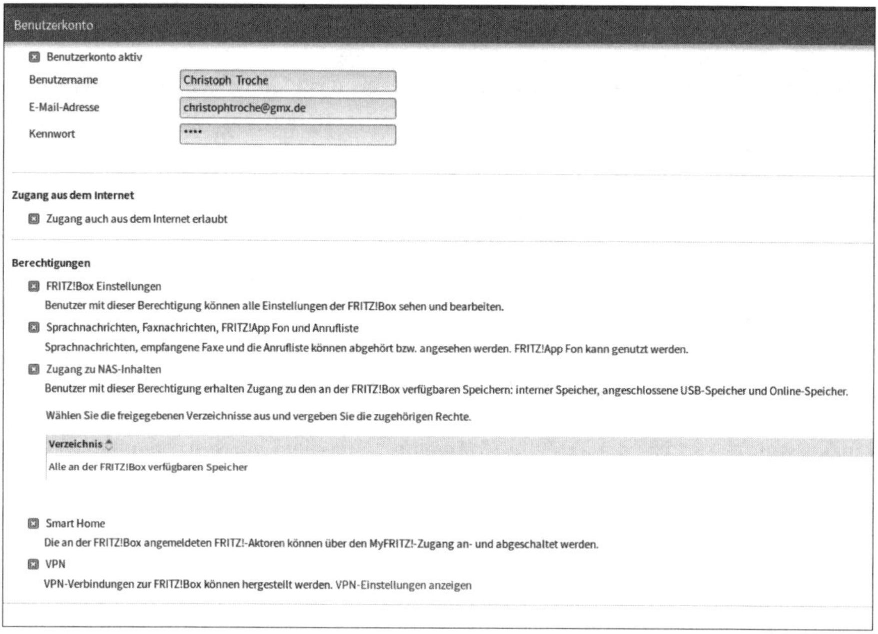

Abb. 13.6: Schnell eingerichtet: VPN-Zugang

Öffnen Sie das Menü Internet / Freigaben / VPN und klicken Sie auf den Button VPN hinzufügen. Hier wählen Sie nun die Funktion Fernzugang für einen Benutzer einrichten. Klicken Sie auf den Button Weiter. Nun erreichen Sie die Benutzer-Verwaltung, in der Sie entweder einen neuen Fritz!Box-Benutzer einrichten oder über das Edit-Icon einen bereits existierenden Benutzer bearbeiten können. Da Sie ja als Nutzer registriert sind, können Sie diese Option auswählen. Aktivieren Sie die Option VPN-Verbindungen zur FRITZ!Box können hergestellt werden. Klicken Sie zum Schluss auf den Eintrag VPN-Einstellungen anzeigen. Nun öffnet sich ein Pop-up-Fenster, in dem die Einstell-Daten für die Box angezeigt werden.

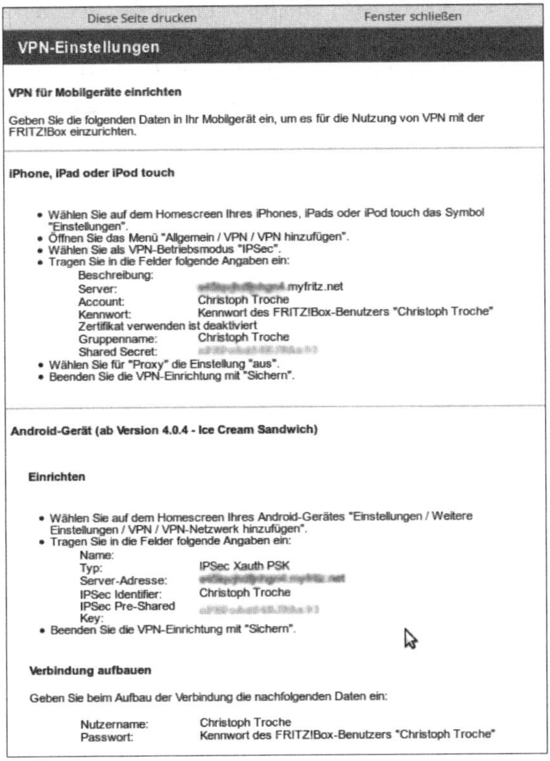

Diese Seite drucken | Fenster schließen

VPN-Einstellungen

VPN für Mobilgeräte einrichten

Geben Sie die folgenden Daten in Ihr Mobilgerät ein, um es für die Nutzung von VPN mit der FRITZ!Box einzurichten.

iPhone, iPad oder iPod touch

- Wählen Sie auf dem Homescreen Ihres iPhones, iPads oder iPod touch das Symbol "Einstellungen".
- Öffnen Sie das Menü "Allgemein / VPN / VPN hinzufügen".
- Wählen Sie als VPN-Betriebsmodus "IPSec".
- Tragen Sie in die Felder folgende Angaben ein:
  - Beschreibung:
  - Server: [illegible].myfritz.net
  - Account: Christoph Troche
  - Kennwort: Kennwort des FRITZ!Box-Benutzers "Christoph Troche"
  - Zertifikat verwenden ist deaktiviert
  - Gruppenname: Christoph Troche
  - Shared Secret: [illegible]
- Wählen Sie für "Proxy" die Einstellung "aus".
- Beenden Sie die VPN-Einrichtung mit "Sichern".

Android-Gerät (ab Version 4.0.4 - Ice Cream Sandwich)

Einrichten

- Wählen Sie auf dem Homescreen Ihres Android-Gerätes "Einstellungen / Weitere Einstellungen / VPN / VPN-Netzwerk hinzufügen".
- Tragen Sie in die Felder folgende Angaben ein:
  - Name:
  - Typ: IPSec Xauth PSK
  - Server-Adresse: [illegible]
  - IPSec Identifier: Christoph Troche
  - IPSec Pre-Shared Key: [illegible]
- Beenden Sie die VPN-Einrichtung mit "Sichern".

Verbindung aufbauen

Geben Sie beim Aufbau der Verbindung die nachfolgenden Daten ein:

Nutzername: Christoph Troche
Passwort: Kennwort des FRITZ!Box-Benutzers "Christoph Troche"

Abb. 13.7: Diese Seite sollten Sie sich ausdrucken.

13.4 Die Einrichtung des VPN-Clients im Ubuntu-PC

Als aufmerksamer Ubuntu-Nutzer werden Sie schon bemerkt haben, dass der Network-Manager bereits eine vorbereitete VPN-Verbindung vorhält: das *PPTP-Tunneling-Protokoll*. Die Geschehnisse um die NSA-Affäre haben allerdings gezeigt, dass dieses Verfahren unsicher ist. Besser ist die Verschlüsselung mit *VPNc*. Hierzu installieren Sie mithilfe des Terminals zwei Softwarepakete:

```
sudo apt-get install vpnc

sudo apt-get install network-manager-vpnc
```

Starten Sie jetzt noch einmal den Network-Manager durch Anklicken des Netzwerk-Symbols rechts oben auf dem Desktop. Rufen Sie den Menüpunkt VPN-VERBINDUNGEN / VPN KONFIGURIEREN auf. Wählen Sie den Reiter VPN und klicken Sie auf den Button HINZUFÜGEN. Im nun erscheinenden Dropdown-Menü erscheint der Eintrag CISCO-KOMPATIBLER VPN-CLIENT.

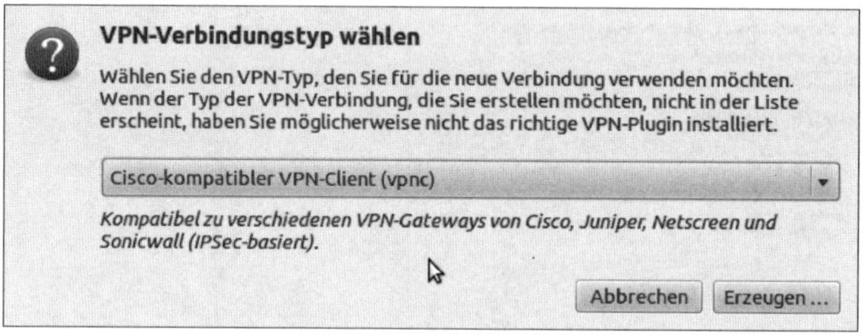

Abb. 13.8: Wählen Sie diesen Eintrag aus, um eine sichere VPN-Verbindung zu installieren.

Klicken Sie auf den Button ERZEUGEN. Im sich nun öffnenden Dialog geben Sie die Daten ein, die Sie im Textdokument gespeichert haben.

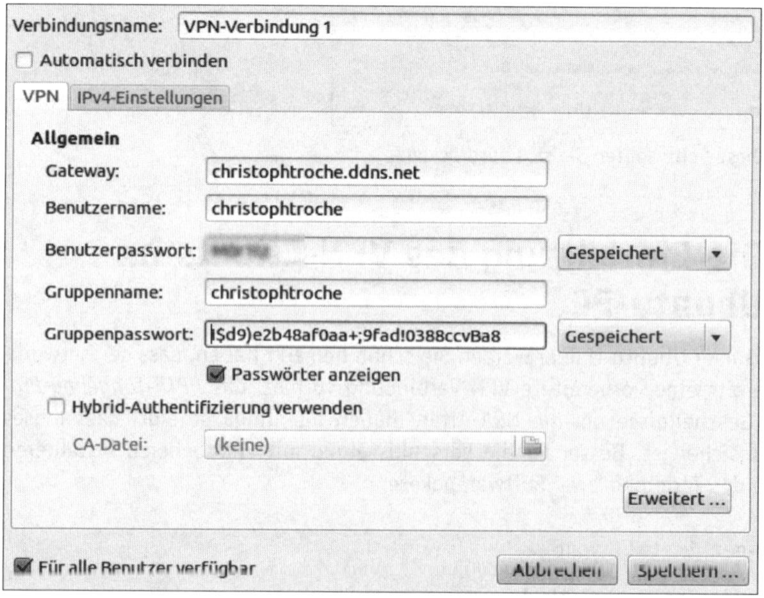

Abb. 13.9: Dialog zur Einrichtung eines VPN-Clients auf Ihrem Laptop

Geben Sie der Verbindung einen Namen, falls Sie mit Ihrem Laptop mehrere VPN-Verbindungen planen.

Geben Sie als Gateway den Namen der vorhin erstellten Domain ein.

Geben Sie den Benutzernamen für das VPN-Protokoll ein, falls Sie ihn nicht mehr wissen, schauen Sie doch im Textdokument nach.

Das Gruppenpasswort hingegen ist ein von der FRITZ!Box erstellter Schlüssel namens *Shared Secret*. Diesen können Sie jetzt entweder abschreiben oder per Copy & Paste aus der Textdatei importieren.

Speichern Sie Ihre Einträge. Wenn Sie nun noch einmal auf das Symbol des Netzwerkmanagers klicken, können Sie den eben erstellten Eintrag sehen.

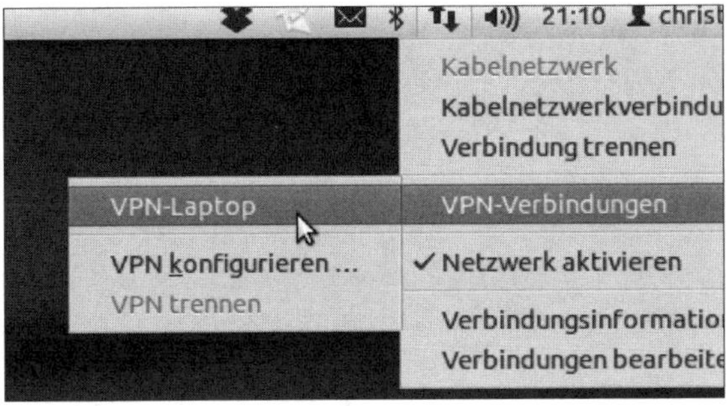

Abb. 13.10: Das Laptop wäre nun in der Lage, eine VPN-Verbindung aufzubauen.

Das war's schon. Klicken Sie auf den Eintrag VPN-LAPTOP, die Verbindung zu einem Netzwerk wird automatisch hergestellt.

TIPP

Die Einstelldaten aus dem Textdokument können Sie tatsächlich auch dazu benutzen, mit Ihrem Smartphone oder iPhone eine VPN-Verbindung zum heimischen Router aufzubauen. Das ermöglicht Ihnen, auch mit den mobilen Geräten sicher aus öffentlichen Hotspots ins Internet zu gehen.

Sollte Ihr heimischer Router die Prozeduren des DynDNS und VPN nicht unterstützen, denken Sie über einen Neukauf nach. Ich kann in diesem Zusammenhang die Router von AVM empfehlen, die Einrichtung sicherheitsrelevanter Programme ist hier bedienungsfreundlich und sicher gestaltet. Und nein, ich habe keinen Werbevertrag mit AVM.

Kapitel 14

Ubuntu einmal anders

Ziel des Kapitels

- Sie lernen die verschiedenen Ubuntu-Varianten kennen
- Sie können bestimmen, welches der Ubuntu-Derivate für Sie geeignet ist

14.1 »Derivate« – was ist das 252

14.2 Ubuntu Gnome 253

14.3 Kubuntu 255

14.4 Lubuntu 258

14.5 Xubuntu 261

14.6 Spezialisierte Varianten 262

14.1 »Derivate« – was ist das

Als Windows-Nutzer ist Ihnen die Möglichkeit, ein und dasselbe Betriebssystem in vielen Varianten zu erleben, sicher völlig unbekannt. Die Arbeitsoberfläche, die mitgelieferten Systemprogramme – Sie müssen nehmen, was Sie kriegen.

Die Linux-Welt funktioniert anders. Wie ich mehrfach in diesem Buch beschrieben habe, ist Linux ein System mit einer offen einsehbaren Architektur. Dabei ist Linux eigentlich »nur« der *Kernel*, also der innerste Kern des Betriebssystems. Dieser stellt als elementarster und wichtigster Bestandteil eine Art Vermittlungsschnittstelle zwischen dem Rechner und der Software dar. Als Benutzer kommen Sie mit dem Kernel selbst gar nicht in Berührung. Auch Windows hat einen Kernel, dieser gehört allerdings zu den am besten gesicherten Industriegeheimnissen der Welt.

Die offene Architektur hat zur Folge, dass, vereinfacht gesagt, jeder Entwickler, der sich dazu berufen fühlt, sein eigenes Linux zusammenstellen kann. Die Entwickler einer Distribution, wie auch die Entwickler von Ubuntu, können den Kernel nutzen, wie bei einem Baukastensystem einige Werkzeuge hinzufügen und mit Hilfe einer Desktop-Umgebung und einer Auswahl von Anwendungsprogrammen ihre Distribution zusammenstellen.

Installieren Sie also Ubuntu, so installieren Sie mehr als nur ein Betriebssystem: Sie installieren eine Arbeitsoberfläche, Werkzeuge wie z. B. Fenstermanager und Soundserver und schließlich eine Reihe von Programmen und Anwendungen. Diese unterscheiden sich natürlich in Umfang und Anspruch. Ein Brennprogramm beispielsweise kann sehr simpel und einfach sein und es kann jede Menge zusätzlicher Funktionen enthalten, z. B. die Möglichkeit mp3-Dateien zu decodieren und als Musik-CD zu brennen.

Da allerdings unpassende Programme schnell neu installiert und deinstalliert werden können, ist für den Nutzer die Arbeitsoberfläche viel interessanter als Auswahlkriterium. Nicht jeder Nutzer kommt mit *Unity*, der Arbeitsoberfläche von Ubuntu, gut zurecht, da sie eine Abkehr von gewohnten Bedienkonzepten darstellt. Wenn Sie Unity nicht mögen, installieren Sie ein Ubuntu mit einer anderen Oberfläche – fertig.

Das zweite Auswahlkriterium ist die vorhandene Hardware. Möchten Sie ein altes Netbook wieder in Betrieb nehmen, auf dem bereits Windows XP installiert war und das über wenig Arbeitsspeicher verfügt, oder haben Sie einen einigermaßen modernen PC mit schnellem Prozessor und ausreichend viel Arbeitsspeicher?

Bei den hier vorgestellten Derivaten handelt es sich also nicht um »Bastelware«, sondern um offizielle, von Canonical unterstützte Varianten. Die Langzeitunterstützung beträgt hier allerdings in der Regel drei statt fünf Jahre.

Laden Sie die Installationsdateien von der Ubuntu-Webseite *http://www.ubuntu.com/download* als so genanntes *flavour* herunter. Die Installation unterscheidet sich nicht von der Vorgehensweise, die in diesem Buch für Ubuntu mit der Oberfläche *Unity* beschrieben wird.

14.2 Ubuntu Gnome

http://ubuntugnome.org

Mindestvoraussetzungen

- 1-GHz-Prozessor
- 1.5 GB RAM
- 7 GB freier Festplattenspeicher
- 3D-fähige Grafikkarte
- Langzeitunterstützung: 3 Jahre

Der Desktop *Unitiy* war anfangs so umstritten und unbeliebt, dass es nicht lange dauerte, bis sich die ersten Entwickler dransetzten, den bis dahin verwendeten Desktop *Gnome* wieder zu implementieren. Ubuntu-Gnome startet mit der Oberfläche *Gnome 3*, Sie können aber beim Start auch die Oberfläche *Gnome classic* auswählen. Es ist reine Geschmacksfrage.

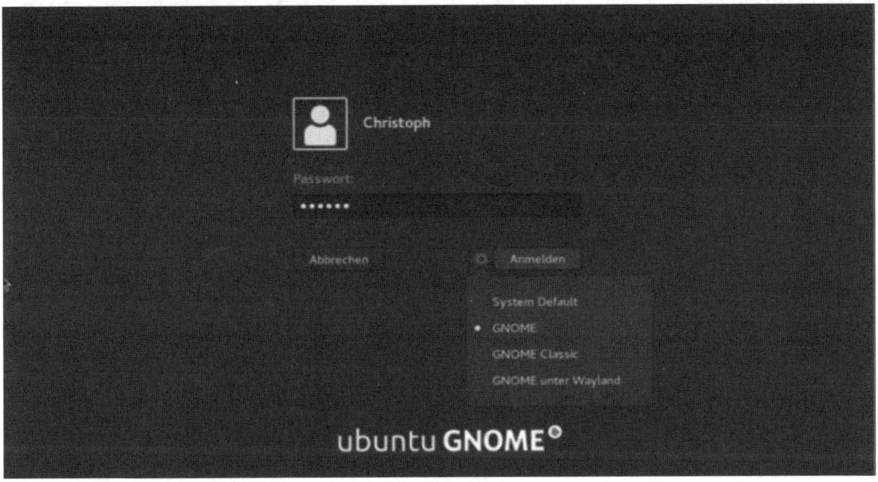

Abb. 14.1: Auswahl während des Anmeldevorgangs

Gnome 3 kommt dabei ebenfalls als ungewöhnlich und puristisch daher, allein ein Eintrag Aktivitäten empfängt den Nutzer. Ein Klick hierauf öffnet eine Seitenleiste mit favorisierten Anwendungen.

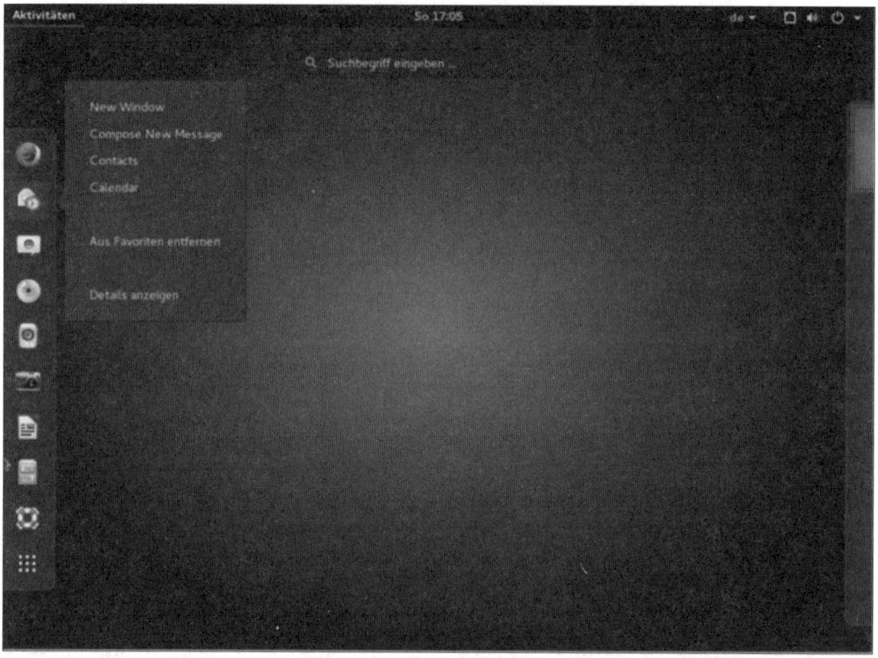

Abb. 14.2: Desktop bei Gnome 3

Diese lassen sich recht leicht mit der rechten Maustaste ergänzen oder entfernen. Die Auswahl der Programme gleicht sehr dem Original-Ubuntu, nur *Brasero* als Brennprogramm und *Empathy*, ein Programm zur Verwaltung von Chat- und Sofortnachrichten, sind noch vorhanden. Diese sind bei Unity gestrichen worden. Außerdem wird *Evolution* statt *Thunderbird* als E-Mail-Client benutzt.

Es ist nicht möglich, Icons zum Programmstart auf dem Desktop zu platzieren, nur Icons, die mit Dateien verknüpft sind, finden hier Platz. Dies hält den Schreibtisch aufgeräumt.

Wenn Ihnen die Bedienung zu ungewohnt ist, können Sie Gnome auch unter der Option *Gnome-Classic* starten. Gnome Classic stellt hier die Oberfläche der Vorgängerversion *Gnome 2* zur Verfügung. Auch diese Oberfläche ist einfach gehalten. Ein Klick auf den Button Anwendungen öffnet eine Programmübersicht, die einfach und übersichtlich gestaltet ist. Außerdem finden Sie einen Butten ORTE, hier werden die angeschlossenen Laufwerke abgebildet.

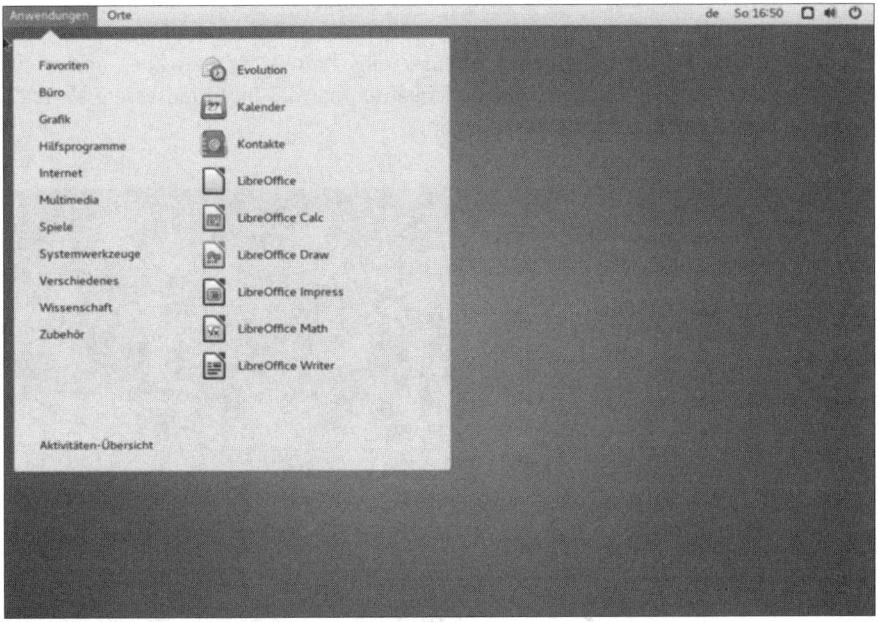

Abb. 14.3: Die Arbeitsoberfläche Gnome-Classic

Jedes gerade aktive Programm legt einen Eintrag in der oberen Leiste ab.

Ungewohnt ist, dass es keine Fensterbuttons gibt, mit denen Sie ein Fenster minimieren könnten, diese Funktion kann nur über die linke Maustaste vorgenommen werden.

14.3 Kubuntu

http://www.kubuntu.org/

Mindestvoraussetzungen

- 1-GHz-Prozessor
- 1.5 GB RAM
- 7 GB freier Festplattenspeicher

- 3D-fähige Grafikkarte
- Langzeitunterstützung: 3 Jahre

Kubuntu ist ein Derivat, das auf den Entwicklungen der KDE-Community basiert, insbesondere auf der Desktop-Umgebung *KDE Plasma*. Während Ubuntu *Unity* die Einstellmöglichkeiten des Benutzers bewusst einschränkt, ist hier alles immer ein bisschen »mehr«. Mehr Einstellungsmöglichkeiten, sowohl im Grundsystem als auch in den von KDE entwickelten Anwendungen.

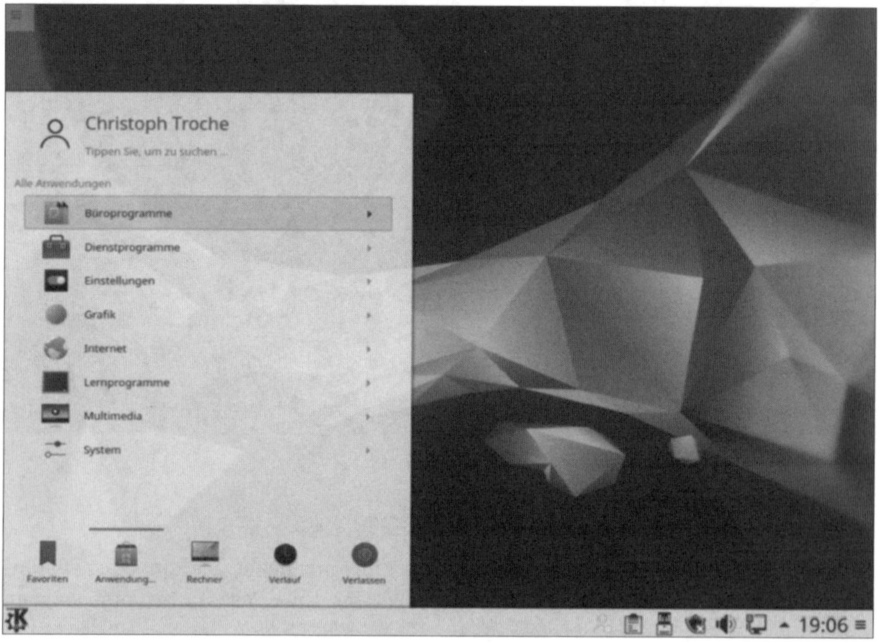

Abb. 14.4: Startbildschirm: Alle Programme auf einen Blick

Es ist beispielsweise sehr einfach, per Mausklick individuelle Arbeitsumgebungen zu schaffen, die die jeweils benötigten Programmicons vorhält: eine Arbeitsumgebung für die Arbeit, eine für zu Hause, eine für die Schule. Zwischen diesen Arbeitsumgebungen kann selbstverständlich flexibel hin- und hergewechselt werden. Diese Arbeitsumgebungen können mit Miniprogrammen ausgestattet werden, die von der Wettervorhersage bis zur Gestaltung des Desktops alle Möglichkeiten bieten. Alleine mit dem Ausprobieren der unwahrscheinlich vielen Möglichkeiten kann man verregnete Samstage verbringen. Oder anders ausgedrückt: Wo Ubuntu die Motorhaube zugeschweißt hat, ist sie hier wieder aufgeflext worden.

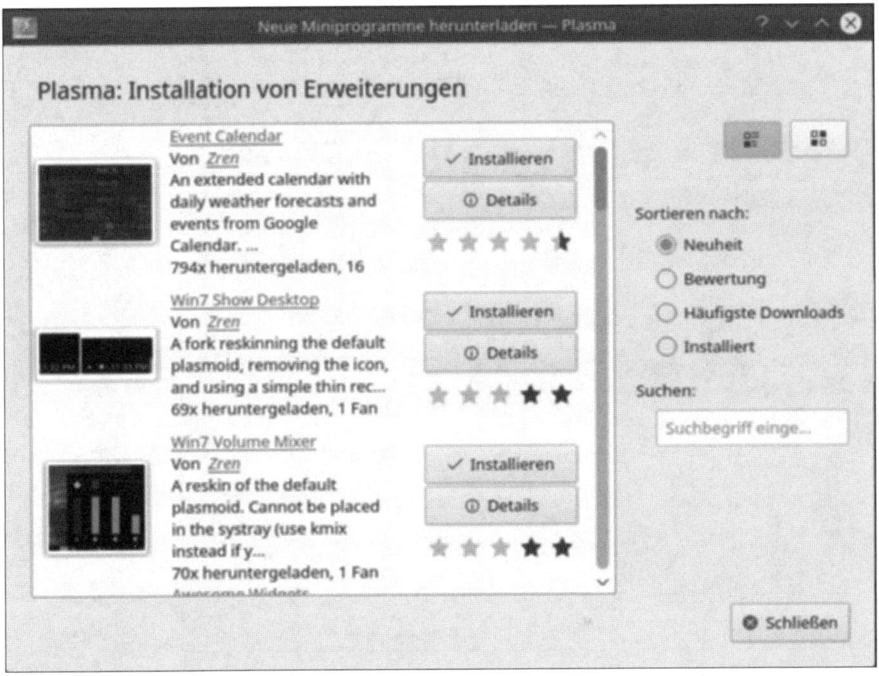

Abb. 14.5: Miniprogramme zur Gestaltung des Desktops

Nicht nur das Grundsystem, auch die meisten Programme bieten sehr viel mehr Einstellmöglichkeiten als die der *Unity*-Version. Die Aktualisierungsverwaltung beispielsweise macht die Möglichkeiten von *synaptic* nutz- und sichtbar, einzelne ausgewählte Bibliotheken zu installieren anstatt alle Vorgeschlagenen.

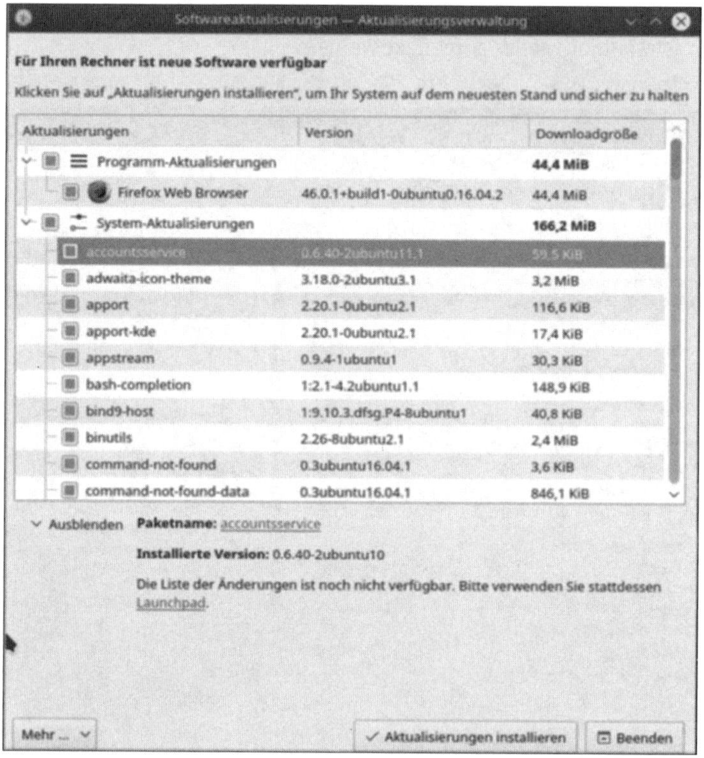

Abb. 14.6: Mehr Einstellmöglichkeiten innerhalb der KDE-Anwendungen

Kubuntu bedient sich wie Ubuntu ebenfalls *Firefox* und *LibreOffice*, aber darüber hinaus sind die Programme alle von KDE entwickelt worden.

Es versteht sich von selbst, dass eine derartige Vielfalt eine etwas kräftigere Hardware benötigt.

14.4 Lubuntu

http://lubuntu.net/

- Pentium-4-Prozessor
- 512 GB RAM
- 4 GB freier Festplattenspeicher
- Langzeitunterstützung: 3 Jahre

Lubuntu ist das genaue Gegenteil der eben vorgestellten *Kubuntu*-Version und verkörpert das Leichtgewicht aller Derivate. Wichtig ist den Entwicklern Schnelligkeit und Energieeffizienz, wodurch das Betriebssystem verhältnismäßig niedrige Anforderungen an die Hardware stellt. *Lubuntu* eignet es sich besonders, aber nicht ausschließlich auch für ältere oder leistungsschwächere Geräte.

Das eher unauffällige *LXDE* als Desktopumgebung repräsentiert das nüchterne, pragmatische Linux, in dem die jeweils eingesetzten Anwendungen wichtig sind, nicht das »Klicki-Bunti« der Arbeitsumgebung. So finden Sie *Lubuntu* auch in einer angepassten Version für die Einplatinen-Computer *Raspberry Pi* und *Banana Pi*. Und auch hier leisten sie gute Dienste.

Die oben angegebenen Mindestanforderungen gelten für die installierten einfacheren Programme. Sie können, wenn Sie über eine leistungsstärkere Hardware verfügen, in dieser anspruchslosen Umgebung selbstverständlich trotzdem die anspruchsvollen KDE-Programme installieren, sie sind völlig kompatibel.

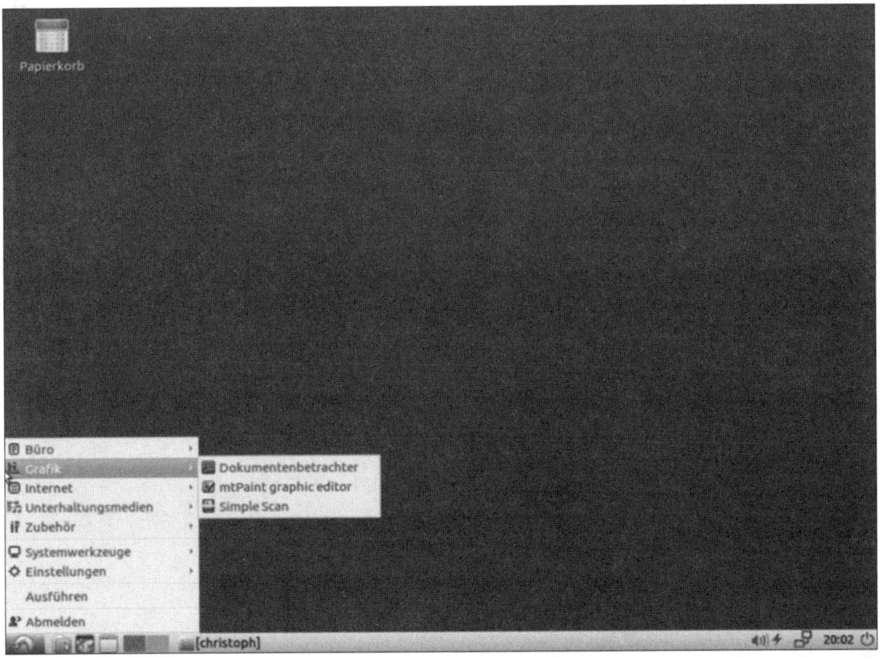

Abb. 14.7: Programme werden über einen klassischen Programmstarter ...

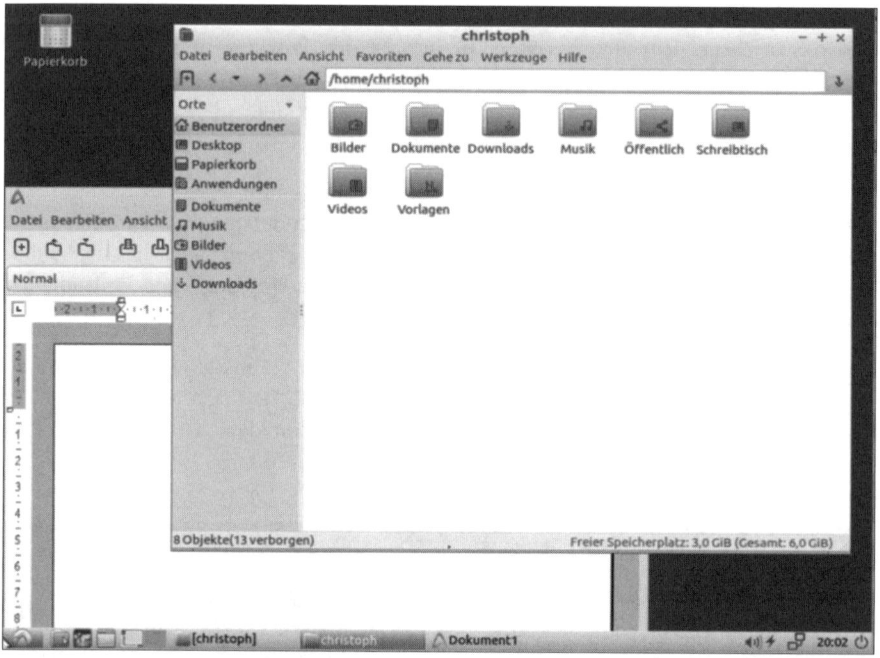

Abb. 14.8: ... oder Desktop-Icons gestartet.

Die Programme werden aus einem Startmenü heraus gestartet, es ist aber auch möglich, Icons auf dem Desktop zu hinterlegen. Auf der Leiste am unteren Bildrand werden aktive Programme markiert, Programme, die eben zu den einfacheren zählen: Statt *LibreOffice* ist *AbiWord* an Bord, *xfburn* statt *Brasero*.

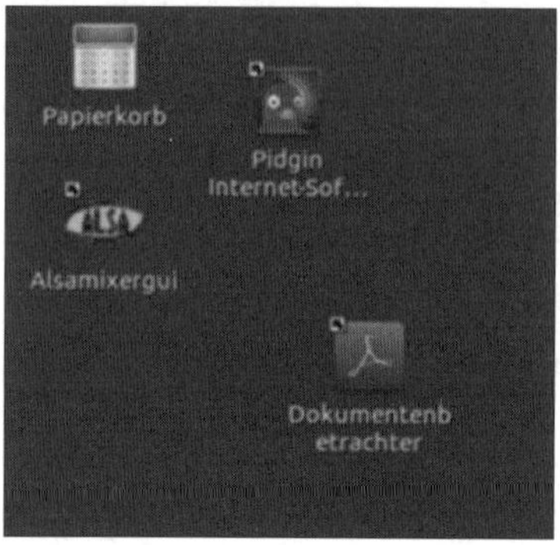

Abb. 14.9: Nüchtern und schmucklos, aber sehr effizient

14.5 Xubuntu

http://www.xubuntu.org/

- Pentium-4-Prozessor
- 512 GB RAM
- 4 GB freier Festplattenspeicher
- Langzeitunterstützung: 3 Jahre

Xubuntu ist die Variante von Ubuntu mit der Desktop-Umgebung *Xfce*. Das Hauptaugenmerk der Entwickler richtet sich auf einen Kompromiss zwischen traditioneller Desktop-Benutzung und Ubuntu-Komfort. Während der Desktop eigentlich verhältnismäßig moderate Anforderungen an die Hardware stellt, gilt das nicht zwingend auch für *Xubuntu*. Denn im Unterschied zu *Lubuntu* sind durchaus anspruchsvolle Programme installiert. Und die benötigen mehr Speicherplatz und Systemressourcen.

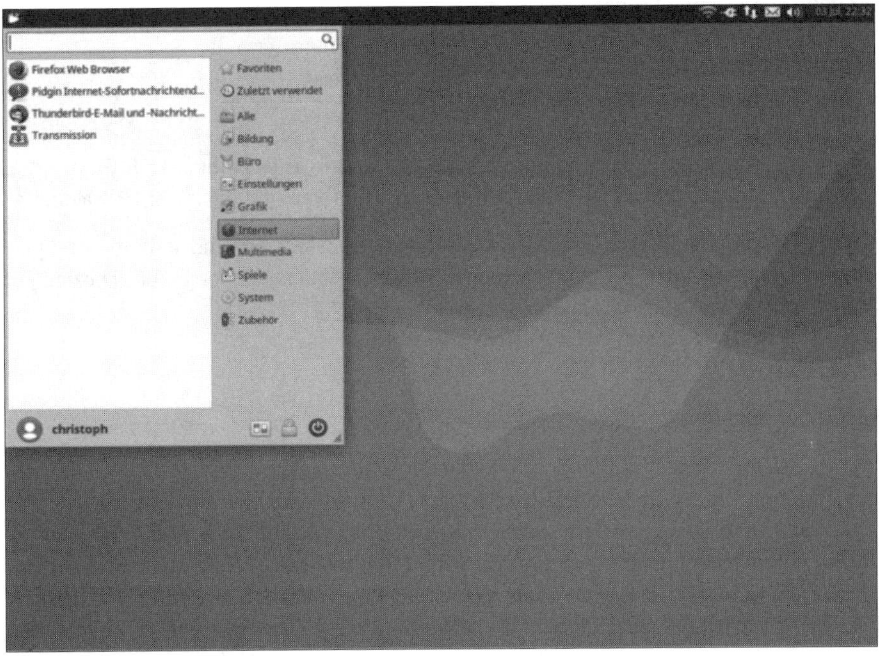

Abb. 14.10: Startbildschirm Xubuntu

Wenn Sie sich bei *Unity* darüber ärgern, dass Sie keine Icons zum Schreibtisch hinzufügen können: Hier ist die Möglichkeit gegeben. Darüber hinaus bietet diese Leichtgewicht-Version durchaus Potential mit Hilfe sehr differenzierter Einstellparameter für Fenster, Startverhalten bis hin zum Design der Leisten. In diese Leiste, die den oberen Bildrand einnimmt, lassen sich jede Menge Elemente einfügen: Schnellstarter, Wetterberichte, Wörterbuch ...

Ich halte *Xubuntu* nicht für eine Einsteiger-Variante, da sehr viele teileweise schwer verständliche Einstellmöglichkeiten vorhanden sind.

14.6 Spezialisierte Varianten

Sind die oben beschriebenen Systeme Allround-Betriebssysteme, die möglichst viele Bereiche des täglichen Lebens abdecken sollen, bietet Ubuntu auch sehr spezialisierte Varianten an. Diese können dann nur wenig – aber das richtig gut.

In ganz kurzer Vorstellung:

Ubuntu-Studio

http://www.ubuntustudio.org/

Sie schneiden intensiv aufwändige Videofilme, wollen Ihre Flohmarkt-E-Gitarre mal als Fender Stratocaster hören? Bearbeiten Fotos, Grafiken und entwerfen 3D-Modelle?

Ubuntu Studio ist auf Multimedia-Anwendungen spezialisiert und hält die entsprechenden, aufwändigen Programme bereit. Darüber hinaus ist der Kernel speziell für Multimedia-Anwendungen angepasst worden.

Mythbuntu

http://www.mythbuntu.org/

Mythbuntu dient dazu, einen PC als Mediacenter einzusetzen. Dazu wird ein reduziertes *Xfce* und die Mediacenter-Software *MythTV* verwendet. Hiermit können Sie analoges und digitales Fernsehen sowie Internet-Streams empfangen und aufnehmen. DVDs, Audio-CDs, mp3-Dateien und Bildergalerien werden übersichtlich in einer Datenbank gespeichert und sind ebenfalls jederzeit abrufbereit. Sie können allerdings hier keinen alten PC reaktivieren: *Mythbuntu* erfordert einen wesentlich schnelleren Prozessor als andere Ubuntu-Versionen – die Website nennt 1 GHz minimal und empfiehlt je nach Anwendung 2 oder sogar 3 GHz.

Edubuntu

http://www.edubuntu.org/

Edubuntu ist eine Ubuntu-Version, die nach didaktischen Gesichtspunkten zusammen mit Lehrern entwickelt wurde und für Kinder ab sechs Jahren bis hin zum Studentenalter geeignet ist. Zum einen sind Schul- und Lernprogramme wie die *KDE-Education*-Suite installiert, zum anderen ist die Distribution mit dem *Linux Terminal Server Project* (*LTSP*) klassenzimmertauglich.

Leider ist die Langzeitunterstützung zur Zeit nicht gesichert, die Distribution wird (Stand Juni 2016) bis April 2019 unterstützt.

Index

Symbole

3D-Objekte ... 178
7Zip ... 228
32-Bit-Version ... 21
64-Bit-Version ... 20
/bin ... 215
/boot ... 215
.csv ... 104
.deb ... 91
  Datei installieren ... 222
/dev ... 215
/etc ... 215
/home ... 215
/lib ... 215
/mnt ... 215
/proc ... 215
.pst ... 100
/sbin ... 215
/temp ... 215
/usr ... 216
/var ... 216

A

Add-on-Manager ... 115
Add-ons
  empfehlenswerte ... 122
Adressbücher ... 101
Aerosnap ... 62
Aktualisierungsverwaltung ... 228
Amarok ... 234
Android ... 133
Anwendungen
  aktualisieren ... 222
Anwendungssuche ... 56
Arbeitsfläche
  Hintergrund ... 60
  Thema ... 61
  verdoppeln ... 82
Arbeitsflächenumschalter ... 54
Arbeitsgruppen ... 148
Arc ... 228
Autokorrektur ... 168

B

Backslash ... 215
Backup ... 207
  auf externe Festplatte ... 209
Baobab ... 229
Barrierefrei ... 233
Bedienoberfläche ... 221
Benutzergruppen ... 148
Benutzermenüs ... 50, 59
Benutzername ... 40
Benutzerverwaltung ... 149
Besitzer ... 151
Bildbearbeitung ... 87
Bildbetrachter ... 234
Bildschirm
  sperren ... 60
Bildschirmtastatur ... 233
BIOS-Einstellungen ... 30
BIOS-Setup ... 28
BitTorrent ... 21
Bluetooth ... 229
Bootfähiger USB-Stick ... 26
Bootloader ... 37, 41
Boot-Menü ... 126
Boot Options ... 30
Bootsektor ... 28

Bootsequenz 30, 42
Briefvorlage nach DIN 160

C

Cheese Webcam-Automat 233
Chromium 236
Client 185
Cloud Computing 184
CompizConfig 61
Computerviren 196
Cookies 120, 204

D

Dash-Startbildschirm 55
Dateien
  aushängen 219
  im persönlichen Ordner verschlüsseln 202
  kopieren 221
  löschen 222
  sichern 207
  verschieben 221
Datenschutz 231
  Firefox 203
Deinstallieren
  Wine 130
Déjà Dup 231
Derivate 252
Desktop 50
Diagramme erstellen 178
Dokumente
  erstellen 166
  online sichern 186
Dokumentvorlagen 162
DOS 133
Download-Quellen 20
Draw
  Verbinder 180
Dropbox 210
Drucker 84

E

Edubuntu 263
Einhängen von Verzeichnissen 217
Einhängepunkt 219
Ein-Klick-Funktion 114
E-Mails 96
  Konten verwalten 112
Evince 235
Externe Festplatte 33

F

Fensterleiste 58
Festinstallation 28
Festplattenbelegung
  analysieren 229
Firefox 236
  Datenschutz 203
  Migration 116
  privater Modus 120
Firefox Sync 121
Firewall 197
Flash 177
Flowchart 178, 180
Foliengliederung 177
Folienhintergrund 176
Folienpräsentationen 174
Foliensortierung 177
Folienwechsel 177
Formataustausch 170
Formatleiste 165
Formatvorlagen 36
Fritz!WLAN-USB-Stick 68
Front-End 221
F-Spot 234

G

Gastzugang 151
Geräte 63
GIMP 236

Gnome-Commander 229
gnome-system-tools 154
Google Calendar 106
  Provider 106
GParted 142
Grafikkarte 81
Gwenview 234

H

Handout 177
Handzettel 177
Hardwaredatenbank 67
Hauptbenutzer 40
Hauptnutzer 39

I

ICAL 109
IMAP 98
Impress 174
  Assistent 175
  Handout 177
  Notizen 177
Informationelle Selbst-
  bestimmung 202
Inhaltsverzeichnis 170
Inkrementelle Sicherung 210
Installation
  parallele 33
Installations-DVD 21
Instanzen
  mehrere 53
Internetchronik 120
Internet Explorer 117
IP-Adresse
  statische 76
iPhone 72

K

Kalender
  einrichten 108
Kalenderdaten
  aus Outlook 104
Kalender sichern 34
KeyPassX 231
Konto
  neues erstellen 96
Kubuntu 255

L

Legitimation 149
LibreOffice 235
  Assistent 166
  Calc 172
  Impress 174
  Start-Center 159
  Symbolleisten 165
  Writer 167
Lightning 102
Linux Live USB Creator 24
Live-Installation 28
Lotus Notes 100
Lubuntu 258

M

Master-Passwort 121
Maus 230
Modem 67
Modus
  privater 120
mount 220
Mounten 218
Mozilla 96
MS Outlook 34
  Kalender sichern 34
Muon-Software Center 232
Musikwiedergabe 233
Mythbuntu 262

N

Nautilus 62, 202, 223, 229
ndiswrapper 69
Nemo 229
Netzwerk
  anmelden 76
  Passwort 76
Netzwerkkarte
  überprüfen 222
Netzwerkmanager 76
Netzwerkverwaltung 230
Notizen 177
  Impress 177

O

Online-Konten 236
OpenDocument 158
Open Source 197
Opera 90
Organigramm 178
Outlook 100
Outlook-Express 100

P

Panel 50, 58
Passwörter
  sichere 198
Phishing 205
Pinta 236
PlayOnLinux 131
POP3 98
Pop-up-Fenster 119
Posteingänge
  sortieren 114
PostScript 84
Präsentationen 174
Privater Modus 120
Privatsphäre 147
Profiles-Ordner 33
Programme
  deinstallieren 222
  installieren 85, 89

R

Rechte 148
Rechtschreibprüfung 167
Rechtschreibung 161
Remmina 230
Root-Verzeichnis 214
Router 67

S

Scan2PDF 235
Scanner einrichten 85
Schadprogramme 196
Schriftarten 158
Screenshots 234
Seahorse 231
Selbstbestimmung
  informationelle 202
Server 185
Shotwell 234
Sicherheit 231
Sicherung 207
  inkrementelle 210
Silbentrennung 161
Simple-Scan 235
Skype 122, 237
Slash 215
Smartphone 72
Software Center
  Muon 232
Solaris 133
Spamfilter 115
Spracheingabe 30
Sprachpakete 81
Standby-Modus 60
Start-Center
  LibreOffice 159

Starter ... 50, 53
ausblenden ... 61
Starter-Symbole
entfernen ... 54
Größe ändern ... 61
hinzufügen ... 54
Statusanzeige ... 52
Statusleiste ... 166
sudo ... 197, 220
Supertaste ... 54
Surfverhalten ... 204
Symbolleisten ... 161
Synchronisation ... 184
Systemeinstellungen ... 59
Systemverwalter ... 147

T

Tabbed Browsing ... 122
Tabellenkalkulation ... 171
Tastaturbelegung ... 39
Tastatur-Layout ... 230
Templates ... 171
Terminal ... 221, 232
Terminalbefehle ... 221
Termindaten
eingeben ... 112
online speichern ... 105
Terminkalender ... 102
Tethering ... 72
Thesaurus ... 161
Thunderbird ... 96, 236
Import-Assistent ... 101
installieren ... 100
Migration ... 96
Symbolleiste anpassen ... 113
Tippfehler ... 168, 169
Totem ... 234
Touchpad ... 230
Transmission ... 236
Treiber ... 66
installieren ... 68
ttf-mscorefonts-installer ... 158

U

Übersicht
über die Hardware ... 222
Ubuntu Gnome ... 253
Ubuntu installieren ... 36
Ubuntu One ... 184
Ubuntu-Software ... 232
Ubuntu Software-Center ... 85
Ubuntu-Studio ... 262
Unity ... 41, 50, 233
USB-Geräte
überprüfen ... 222
USB-Tethering ... 74

V

Verborgene Dateien
anzeigen ... 99
Verzeichnisbaum ... 214
Verzeichnisinhalt
anzeigen ... 221
Verzeichnisse
einhängen ... 217
Videotelefonate ... 122
Virenscanner ... 197
VirtualBox ... 135, 237
Virtuelle Maschine ... 133
Vollbildmodus ... 52
Vorlagen ... 171

W

WEP-Verschlüsselung ... 76
Wiederherstellen ... 210
Windows
Installationsdatei ... 129
Registrierungsschlüssel ... 140

Windows-Partition ... 126
  entfernen ... 142
Wine ... 237
  deinstallieren ... 130
WLAN-Adapter ... 68
WLAN-Karte
  überprüfen ... 222
Wörterbuch ... 168
Wörterbuchangriffe ... 198
Writer ... 164
  Menüleiste ... 164

X

Xubuntu ... 261

Z

Zellen formatieren ... 173
Zugriffsoptionen ... 153

Christoph Troche

FRITZ!Box

Von der optimalen Einrichtung bis zum Heimnetzwerk

- **Schritt-für-Schritt-Anleitungen und praxisnahe Beispiele**
- **Telefonzentrale, Cloud und VPN einfach einrichten**
- **Sicherheit mit der FRITZ!Box: WLAN verschlüsseln, Kindersicherung einrichten, Firmware aktualisieren**

2. Auflage

Die FRITZ!Box ist der unangefochtene Marktführer unter den Netzwerklösungen für den privaten Gebrauch – egal ob Sie nur einen Telefon- und Internetanschluss einrichten oder ein komplexes Netzwerk mit mehreren Teilnehmern aufbauen wollen.
Der Autor Christoph Troche zeigt Ihnen in diesem praktischen Handbuch, wie Sie die FRITZ!Box ganz einfach Ihren Wünschen entsprechend konfigurieren können. Am Beispiel von Peter, Paul und Marie, die in einer Wohngemeinschaft zusammenleben und ganz unterschiedliche Ansprüche an die FRITZ!Box haben, erklärt er leicht nachvollziehbar und praxisnah alle Möglichkeiten der Heimzentrale und die dafür notwendigen Einrichtungsschritte.
Im ersten Teil behandelt Troche den Anschluss und die Einrichtung der Box, den Aufbau eines Medienservers und die Konfiguration eines virtuellen persönlichen Netzwerkes (VPN), um zum Beispiel auch zwei Arbeitsplätze miteinander zu verbinden.
Im zweiten Teil werden die Funktionen der FRITZ!Box voll ausgenutzt: Sie optimieren die Sicherheitseinstellungen, entdecken nützliche Zusatzsoftware, richten sich einen eigenen Webserver ein, stellen einen Gastzugang zur Verfügung, aktualisieren die Firmware und vieles mehr.
Vorkenntnisse sind für die Umsetzung dieser Aufgaben nicht nötig, aber auch erfahrene Nutzer kommen mit diesem Buch auf ihre Kosten.

Probekapitel und Infos erhalten Sie unter:
www.mitp.de/156

ISBN 978-3-95845-156-8

Winfried Seimert

LibreOffice 5

Für Ein- und Umsteiger

- **Mit der kostenlosen und gleichwertigen Alternative zu Microsoft Office arbeiten**
- **Textverarbeitung, Tabellenkalkulation, Datenbankverwaltung, Präsentations- und Zeichenprogramm**
- **Mit praxisnahen Beispielen zum besseren Verständnis**

Das freie und kostenlose Bürosoftware-Paket LibreOffice bietet Ihnen alles, was Sie von anderen Office-Paketen gewohnt sind.

Mit dem vorliegenden Buch erhalten Sie einen umfassenden Überblick über alle wichtigen Funktionen und erfahren, wie Sie Textdokumente mit Writer verfassen, bearbeiten und weitergeben. Zeichnungen mit Draw, Präsentationen mit Impress oder Tabellenkalkulationen mit Calc – die einzelnen Programme von LibreOffice stellen alle Funktionen bereit, die Sie im Alltag benötigen und eventuell bereits von anderen Anwendungen kennen. Mit dem integrierten Datenbankmodul Base können Sie sowohl Datenbanken neu erstellen als auch auf vorhandene Datenbanken zugreifen. Dabei können Sie alle Dateien in den verbreiteten Formaten öffnen und abspeichern, so dass es auch keinerlei Probleme beim Austausch der Dateien, insbesondere bei Word- und Excel-Dokumenten, gibt.

Aus dem Inhalt:

- Basiswissen LibreOffice
- Textdokumente mit Writer
- Tabellenkalkulationen mit Calc
- Präsentationen mit Impress
- Zeichnungen mit Draw
- Datenbanken mit Base
- LibreOffice im Alltag

Probekapitel und Infos erhalten Sie unter:
www.mitp.de/215

ISBN 978-3-95845-215-2